Christoph Pokrandt

Weltreise zurück ins Leben

Christoph Pokrandt

Weltreise zurück ins Leben

- Die Geschichte eines Aussteigers -

Impressum

2. Auflage: Oktober 2008
© „Telescope" Verlag und Druck, Bürgerstr. 20, 01127 Dresden • www.telescope-verlag.de

Lektorat: „Verlags- & Autorenservice" Peggy Salomo, Bürgerstr. 20, 01127 Dresden •
www.lektorat-salomo.de

Covergestaltung: Marketing + Design Elfie Kulig
Umschlagfoto: © Ana de Sousa - Fotolia.com

ISBN: 978-3-941139-74-9

Preis: 16,90 EURO

„Eine Reise von tausend Meilen beginnt mit einem einzigen Schritt."

Lao-Tse

1. Teil

Einen Monat wohne ich nun schon in diesem kleinen möblierten Appartement in Valdivia, einer südchilenischen Stadt in der zehnten Region des Landes. Von meiner schweren Krankheit, die mich um ein Haar das Leben gekostet hätte, habe ich mich körperlich wieder ganz gut erholt. Seit meiner Ausreise aus Deutschland ist ein gutes halbes Jahr vergangen. Wie schnell doch die Zeit vergeht! Es ist so vieles passiert und seit Langem verspüre ich einen immer stärker werdenden Wunsch, meine bisherigen Erlebnisse auf dieser langen Reise niederzuschreiben.

Aufgeregt und nervös wie ein kleiner Junge war ich, als ich aus Deutschland ausreiste. Fast vier Stunden vor Abflug saß ich schon mit schweißnassen Händen auf meinem geliebten Platz im Abflugbereich des Flughafens. Diese vier Stunden waren auch das Mindeste, was ich diesem Ort schuldig gewesen bin. Dies ist auch bis heute nicht irgendein unpersönliches Flughafenterminal für mich, hier war quasi über viele Jahre mein zweites Zuhause, auch wenn sich kaum jemand für den anderen interessierte. Einige Reisende sind vielleicht nur ein einziges Mal in ihrem Leben an diesem Flughafen gewesen und von einem zum anderen Abflugsteig gehetzt, ohne die besondere Atmosphäre zu spüren. Wenn man jedoch, mit Blick auf die zahlreichen Flugziele, in der Abflughalle sitzt und dazu noch ein wenig Zeit mitbringt, spürt man den besonderen Flair der großen weiten Welt an solch einem Ort, den alle Flughäfen gemeinsam haben und der einen unbewusst gefangen nimmt.
Es ist kaum zu glauben: Die ratternde schwarze Anzeigetafel mit den Flugzielen im Abflugbereich gibt es heute noch. Viele Jahre habe ich früher an diesem Flughafen als Praktikant, Schüler und Student in den Ferien gearbeitet. Wie schön war es, im Abflugbereich zu sitzen, in Gedanken irgendeinen Flug auszuwählen, in sich zu versinken, die Zeit zu vergessen und zu träumen, einfach dort hin-

zufliegen. Die Erinnerung ist noch da, manchmal mit Sehnsüchten an Nairobi/Johannisburg „LH 22.30 Uhr" auf der Anzeigetafel hängen geblieben zu sein.

Flughäfen, Bahnhöfe oder Häfen mit großen Schiffen hatten schon immer irgendwie eine intensive Anziehungskraft. Ankommende und abfliegende bzw. abfahrende Flugzeuge oder Schiffe zu beobachten, berührt wohl einen tiefen Urinstinkt eines jeden Menschen. Zumindest für eine kurze Zeit war das Gefühl da, in eine andere Welt entfliehen zu können. Natürlich kam das Erwachen wieder und schließlich angekommen auf dem Boden der Tatsachen, fuhr ich oft ein wenig enttäuscht wieder nach Hause.

Aber mit den Jahren ist dieser Ort schließlich immer mehr ein zweites Zuhause für mich geworden und trotz des rasanten Wandels in dieser schnelllebigen Welt sind einige Bereiche und natürlich die weichen Sessel sowie die schon fast historische Anzeigetafel dieselben geblieben. Manchmal, wenn ich nicht schlafen konnte, fuhr ich ganz früh morgens zum Flughafen und sah, wie langsam ein Abflugschalter nach dem anderen geöffnet wurde, man die Rollgitter von den Geschäften hochzog und nach und nach Leben ins Terminal einkehrte. Ob Zeitungsstand, Erfrischungsshop oder Reisebüro, jedes Geschäft kannte ich, ohne wirklich mit den Verkäufern in Kontakt gekommen zu sein. Allein diese tägliche Routine zu beobachten, vermittelte eine gewisse Vertrautheit. So war es immer wieder ein wärmendes Gefühl, hier zu sein und träumen zu dürfen. Ja, träumen, einfach wegzufliegen in eine fremde, mir unbekannte Stadt. Und diese unbekannte Stadt wurde natürlich von mir idealisiert und in sie alle meine Hoffnungen und Wünsche gesteckt. Aufgrund all dieser Ereignisse war dieser Ort für mich schließlich gar nicht mehr unpersönlich.

Vor einem halben Jahr saß ich dann wieder im Terminal vor der schwarzen Anzeigetafel und diesmal, nach so vielen Jahren, musste ich mit Sicherheit nicht wieder nach Hause fahren. Meine Träume und Fantasien hatten endlich eine reale Chance, in die Tat umgesetzt zu werden.

Es war ein ganz besonderer Tag mit einem besonderen Flug, denn es war *nur* ein Hinflug – und so wollte ich ein letztes Mal jeden Augenblick bis zur endgültigen Ausreise aus Deutschland auf meinem alten Lieblingsplatz einfach nur genießen. Ja, es war tatsächlich so weit, fast alles lag nun endlich hinter mir!

Ordentlich, wie ich bin, hatte ich meinen Abschied korrekt geregelt. Nach über zwölf Jahren als Maschinenbau-Ingenieur einen gut bezahlten Job als Projektleiter mit Anfang vierzig einfach aufzugeben, war keine leichte Entscheidung. Meine Wohnung zu verkaufen, hat mir dagegen richtig gut getan.
Es hingen einfach zu viele Erinnerungen an diesem alten Zuhause und außerdem hatte ich dadurch Startkapital für die erste Zeit an einem fremden Ort.
Der Ausstieg aus meinem bisherigen Leben vor sechs Monaten war mir nach zähem Ringen mit mir selbst wirklich sehr ernst. Ich stand an einem Scheideweg: entweder so werden wie *Thomas Müller* oder etwas ganz Neues wagen. Ich entschied mich, Gott sei Dank, mit allen Konsequenzen etwas Neues zu wagen.
Thomas Müller war übrigens ein alter Freund und Schulkamerad. Wir gingen vor 25 Jahren in dieselbe Klasse. Als er damals sitzen blieb, hat er jedoch den Kontakt zu seinen alten Klassenkameraden und mir abgebrochen. Für seine Eltern war das Nicht-Erreichen des Klassenziels ihres einzigen Sohnes in diesem kleinen Ort so peinlich, dass sie ihn in eine andere Schule steckten. Vielleicht war auch dies der Grund, weshalb sich unsere Wege trennten.
Letzten Sommer, wir hatten nach all den Jahren unser erstes Klassentreffen, sah ich ihn schließlich wieder – seltsamerweise nicht auf dem Treffen, sondern in seinem Garten.
Ich bin an diesem Tage schon mittags in die alte Heimat, ein Dorf im Rhein-Main-Gebiet, gereist und habe vor dem großen Klassentreffen noch einen Freund besucht. Es war schon eigenartig, von der Dachgeschosswohnung des Freundes konnte ich, ohne dass er mich sehen konnte, genau in den Garten von Thomas Müllers Rei-

henhaus schauen. Es erschreckte mich, als ich ihn plötzlich in seinem Garten wiedererkannte. Eine Ewigkeit starrte ich ihn an. Und je länger ich dies tat, desto mehr Erinnerungen an seine Person und die damalige Zeit tauchten wieder auf. Schließlich reizte es mich, ihn den ganzen Nachmittag über zu beobachten, und ich glaube, das war so abschreckend für mich, dass dies ein Hauptgrund war, warum ich nun am anderen Ende der Welt lebe.

Obwohl der exakt quadratische Garten des Reihenmittelhauses winzig klein war, hatte Thomas Müller diagonal zur Reihenhauszeile einen ovalen Teich angelegt.

Der Teich war mit einer dicken schwarzen Kunststofffolie ausgelegt und mit weißen Kieselsteinen umrandet. Auf einer Anhöhe des kleinen mit etwa einem halben Kubikmeter Wasser gefüllten Teiches angelte ein Gartenzwerg. Thomas Müller saß im Liegestuhl, trank ein Bier nach dem anderen und beobachtete apathisch den angelnden Gartenzwerg. Vor zwanzig Jahren war er schon ein wenig einfältig gewesen. Als ich ihn aber dann in seinem Liegestuhl sitzend wiedersah, schien es, als ob er sich mit seinem Zentner Übergewicht endgültig aufgegeben hätte. Alle Reihenhäuser hatten übrigens den gleichen Holzgeräteschuppen, Minikomposthaufen, grüne Kunststoffregentonne sowie Waschbetonplatten vor dem Haus. Auf jeden Fall beobachtete er die ganze Zeit den angelnden Gartenzwerg und ich beobachtete, wie bereits erwähnt, meinen alten Klassenkameraden. Sogar, wenn er die Bierflasche zum Trinken ansetzte, ließ er den angelnden Gartenzwerg nicht aus den Augen. Ich hoffte am Anfang noch, dass der Gartenzwerg vielleicht so eine Art Elektronik oder Mechanik hätte, der Arm mit der Angel sich heben, ein Fisch am Haken zappeln, der Gartenzwerg „Hohohohoho" sagen und der Arm sich wieder senken würde. Nach mehreren Stunden des Beobachtens war ich mir jedoch sicher, dass der Gartenzwerg niemals einen Fisch angeln und auch nicht sprechen konnte.

Am Abend hatte ich schließlich genug gesehen und bin zum Klassentreffen gegangen.

Aufgrund dieses Erlebnisses dachte ich in den darauffolgenden Tagen und Wochen wirklich sehr lange über das Leben meines alten Schulkameraden Thomas Müller nach. Ich versetzte mich in seine Lage und stellte mir vor, in einigen Jahren vielleicht selbst solch ein Leben führen zu müssen. Wenn wirklich mein Werdegang einen ähnlichen Verlauf genommen hätte, gäbe es für mich nur eine Lösung: den Freitod.

Erst dachte ich da an die zwei übrig gebliebenen Waschbetonplatten, die neben seinem Komposthaufen standen. Diese Platten hätte man mit einem Seil umwickeln können, sich das Seil dann um den Hals binden und sich im Teich neben dem angelnden Gartenzwerg ertränken können.

Aber nein, ich hätte da eher an einen wirklich ehrenvollen Freitod gedacht, passend zu Thomas Müllers Lebensstil, wobei der Teich, der Lebensmittelpunkt Thomas Müllers, auch eine Rolle spielen sollte. Einen langsamen, emotionslosen, im vollsten Bewusstsein „selbst verursachten" Freitod, ohne Hilfsmittel.

Ich würde am Samstagmittag bei Sonnenschein, während alle Nachbarn links und rechts im Garten grillen, ganz ruhig und im nüchternen Zustand zu meinem angelnden Gartenzwerg gehen, mich von ihm verabschieden und den Kopf so lange freiwillig ins Wasser des Gartenteiches halten, bis ich schließlich – exakt parallel zum Haus liegend – ertrunken wäre.

Langsam begann das Einsteigen in die Maschine.

Meine innere Anspannung stieg ins Unermessliche. Eine Ewigkeit hatte ich von diesem Augenblick geträumt. Allein die Vorstellung, jederzeit ein neues Leben beginnen zu können, gab mir die letzten Jahre einen gewissen Halt, ließ mich über größere oder kleinere Krisen leichter hinwegkommen. Aber dieses neue Leben nun mit allen Konsequenzen auch tatsächlich zu beginnen, überforderte mich fast schon. Von nun an konnte ich mich nicht mehr, wenn es mir schlecht ging, in meine idealisierte Traumwelt zurückziehen, denn sie wurde mit diesem Tage Wirklichkeit.

Ich fühlte mich beobachtet von den anderen Flugpassagieren, als ob sie ahnten, welche Gedanken in meinem Kopf herumschwirrten. Als ich das Flugzeug betrat und die Flugbegleiterin mich anlächelte, bekam ich plötzlich eine Gänsehaut. Dies war mir richtig unangenehm. Ich denke, in dem Moment könnte es auch die Angst vor der eigenen Courage gewesen sein, schließlich schlichen sich schon die ersten Zweifel ein. War es wirklich richtig, fast alles aufzugeben? Wäre ein längerer Urlaub nicht doch besser gewesen? Nein! Nicht schon wieder Kompromisse machen! Diesmal nicht! Entweder – oder!

Meine erste Station nach den Zwischenlandungen in Amsterdam und Aruba war Lima in Peru. Es ist immer sehr wertvoll, wenn man in einem fremden Land Kontakte hat. In meinem Bauchgurt – neben Kreditkarten, meinem Ausweis und einigen US-Dollars in kleinen Scheinen – befand sich eine Adresse in Los Olivos, einem Stadtteil nicht sehr weit entfernt vom internationalen Flughafen Limas. Dort wohnte Marta mit ihren Kindern sowie ihre Schwester Estrella. Marta und Estrella hatte ich vor einem Jahr bei einem Salsa-Merengue-Abend unseres spanischen Kulturkreises in Deutschland kennen gelernt. Die beiden hatten mich und meinen argentinischen Kumpel Julio ein paar Wochen später zu einer privaten Feier eingeladen. Ich hatte wenig Lust, dort hinzugehen. Julio überredete mich schließlich. Wir waren fast die einzigen Männer unter den vielen Frauen und Kindern.

Eine Situation an diesem Abend hatte mich sehr nachdenklich gemacht: Als ich aufstehen wollte, um mir am Buffet einen Nachschlag zu genehmigen, nahm mir Estrella meinen Teller ab und signalisierte, dass ich sitzen bleiben sollte. Sie kam kurz darauf mit einem neuen Teller und leckeren *Tapas* wieder. Doch Estrella gab ihn mir nicht einfach so, sondern reichte mir den Teller demonstrativ unterwürfig mit beiden Händen, während sie mich mit ihren großen braunen Augen demütig anschaute.

Estrella ist ansonsten eine stolze Frau mit Stil, aber sie hat sich auch nicht vor mir oder den anderen durch diese Szene erniedrigt. Ohne dass ich es anfangs registrierte, war es jedoch mehr als nur eine nette Geste – mit weit reichenden Folgen, wie sich viel später herausstellte … Niemals hätte mich meine damalige langjährige Freundin, eine promovierte Ärztin, so bedient. Im Nachhinein kann ich mit Sicherheit behaupten, dass diese Geste mein Leben ebenfalls entscheidend veränderte.

Ein paar Tage nach dieser Feier erhielt ich einen seltsamen Telefonanruf von Marta. Aufgrund von Sprachschwierigkeiten dauerte es lange, bis die Situation einigermaßen verständlich wurde. Martas Schwester Estrella sei im Gefängnis. Ich wäre doch Deutscher, ob ich ihr helfen könnte?

Eigentlich kannte ich ja weder Estrella noch Marta kaum, Estrella tat mir jedoch irgendwie leid und so versuchte ich, ihr zu helfen. Nach Rücksprache mit der Polizei und ihrer Schwester Marta sowie nach Einschalten eines Anwalts war die Situation klar: Durch eine zufällige Ausweiskontrolle wurde bei Estrella festgestellt, dass sie ihr dreimonatiges Touristenvisum um fast zwei Jahre überzogen hatte. Sie kam deshalb nach einem kurzen Gefängnisaufenthalt direkt in Abschiebehaft und es gab keine Möglichkeit, ihre Abschiebung zu verhindern. Aufgrund der Tatsache, dass Estrellas Schwester Marta ebenfalls schon vier Jahre illegal in Deutschland lebte und somit ein Besuch in der Abschiebehaft für sie zu gefährlich war, sollte ich Estrella wenigstens einmal vor der Abschiebung besuchen und ihr einige persönliche Sachen überbringen. In Wahrheit wollte mich Estrella ein letztes Mal alleine sehen.

So sah ich bei meinem Besuch in der Abschiebehaft ein Häufchen Elend vor mir. Estrella tat mir so schrecklich leid und um sie aufzumuntern, erzählte ich ihr einfach von einer geplanten großen Weltreise und versprach, sie in Peru zu besuchen. Von diesem Tage an nahm meine Reise konkrete Formen an, ich hatte ein erstes Ziel.

Nach Estrellas Abschiebung schaute ich noch einige Male bei ihrer älteren Schwester Marta vorbei, die mit ihren drei Kindern in einer kleinen Einzimmerwohnung lebte. Unglaublich, welch ein Leben! Vier Jahre mit drei Kindern illegal in Deutschland – ohne Krankenversicherung, Sozialhilfe und immer in Gefahr, entdeckt zu werden. Die Kinder Martas gingen, ungeachtet der Illegalität, in den Kindergarten beziehungsweise in die Schule. Wenn sie einen Arzt benötigten, musste dieser bar bezahlt werden. Die Wohnung lief über eine deutsche Bekannte.

An Martas Gesichtzügen konnte man ablesen, dass sie ihr Leben lang geschuftet hatte. Ich begegnete ihr mit Respekt und auch mit einer gewissen Bewunderung, denn sie hatte diese Strapazen hauptsächlich für ihre Kinder auf sich genommen.

Aufgrund dieses Erlebnisses änderte sich meine Meinung über Illegale in Deutschland grundlegend, denn sicherlich hätte ich auch versucht, in einem wohlhabenden Land Fuß zu fassen.

Eines Tages erzählte sie mir, dass sie nun genug gespart hätte, um nach Lima zurückzukehren. Jetzt wohnte sie mit Estrella in Lima und genau diese Adresse hatte ich bei mir.

Als die Maschine endlich abhob, hätte ich vor Freude laut schreien können. Ein befreiendes, ja, ein mächtiges Gefühl breitete sich rasend schnell in meinem ganzen Körper aus. Es ist einfach schwierig zu beschreiben, wie mich dieser Augenblick im positiven Sinne erschütterte. Ich hatte nun endgültig die Gewissheit, frei und völlig losgelöst von meinem bisherigen Alltagstrott zu sein. Den einen oder anderen letzten Zweifel, der mich noch im Unterbewusstsein plagte, weil es einfach kein Zurück mehr gab, besänftigte das mittlerweile fünfte Bier.

Als ich nach kurzer Flugzeit aus dem Fenster schaute, konnte ich immer noch deutlich einzelne Häuser erkennen, doch diese Gebäude schmolzen langsam zu einem großen Fleck zusammen, je höher das Flugzeug stieg. Der Häuserfleck wurde immer kleiner, bis er sich einfach in nichts auflöste. Über welche Probleme sich die Menschen, die dort unten zurückblieben, wohl den Kopf zerbrachen? Wie viele wünschten sich vielleicht, auch in einem Flugzeug zu sitzen? Warum bin ich eigentlich nicht schon früher auf die Idee gekommen, einfach abzuhauen, dachte ich mir in dem Moment, als die Häuser verschwanden.

Völlig in Gedanken versunken, bekam ich kaum etwas von dem Flug nach Lima mit. Ich dachte an Estrella, ob sie vielleicht am Flughafen sein würde, um mich abzuholen, und wie sie wohl jetzt aussehen würde. Beim letzten Treffen in der Abschiebehaft ging es ihr schließlich noch so schlecht und sie sah richtig krank aus, obwohl sie eigentlich eine sehr attraktive Frau ist. Aber wahrscheinlich hatte sie wieder einen Mann in Peru und so versuchte ich, keinen weiteren Gedanken diesbezüglich zu verschwenden.

Die Zwischenlandung auf der kleinen holländischen Karibikinsel Aruba sollte eigentlich nur eine Stunde dauern, doch aufgrund eines Defektes am Flugzeug konnte die Reise nach Lima nicht fortgesetzt werden. Der Weiterflug mit einem anderen Flugzeug wurde auf den nächsten Tag verschoben, deshalb sind alle Passagiere für eine Nacht auf zwei Luxushotels verteilt worden.
Auf früheren Geschäftsreisen übernachtete ich häufig in solchen schicken, aber oft auch unpersönlichen großen Hotels der internationalen Luxusklasse. Wenn ich jedoch privat mit meinem Rucksack unterwegs war, suchte ich mir viel lieber einfache Unterkünfte. Dies schonte außerdem meinen Geldbeutel.
Die Karibikinsel Aruba mit ihren geschäftstüchtigen Bewohnern, den bunten Häuschen, den kitschigen Einkaufszentren sowie den extravaganten Hotels und Casinos kam mir vor wie eine Mischung aus Las Vegas und karibischem Disneyland.
Unser Hotel lag direkt am feinsandigen Hauptstrand der Insel mit Blick auf Kokosnusspalmen und das türkisfarbene Meer. Das tropische Klima konnte man aufgrund des frischen Passatwindes noch gut vertragen. Die holländische Fluggesellschaft *KLM* übernahm alle Kosten für den unfreiwilligen Zwischenstopp, so konnten sich die peruanischen Familien und europäischen Rucksackreisenden am Traumbuffet so richtig satt essen. Natürlich war ich auch dabei, wer weiß denn schon, wann wieder so eine Gelegenheit kommt. Die größtenteils US-amerikanischen Nobelgäste fühlten sich von dem Gedränge am Buffet belästigt und beschwerten sich bei der Hotel-

leitung, was mich köstlich amüsierte. Auch ein junger peruanischer „Spezialfluggast" durfte sich in Begleitung eines Sicherheitsbeamten etwas zu essen holen, musste sich dann aber abseits vom Trubel in eine Ecke setzen. Er war schon am Flughafen nicht zu übersehen. Dieser ärmlich gekleidete Mann ohne Gepäck und mit einem großen braunen Briefumschlag in der Hand war ein Abschiebehäftling. Er hatte sicherlich gehofft, in Europa ein besseres Leben führen zu können. Ihn traf genau das gleiche Schicksal wie Estrella. Was muss wohl an diesem Abend in ihm vorgegangen sein, als er diese Völlerei in dem Luxusbetonklotz mitansehen musste? Wenigstens durfte er während der Abschiebung ohne Handschellen zurück in seine Heimat Peru reisen. Den hasserfüllten Blick dieses jungen Mannes werde ich so schnell nicht vergessen. Die Gegensätze an diesem Abend hätten kaum größer sein können.

Am nächsten Tag ging es mit 24 Stunden Verspätung weiter nach Lima.

Die Einreiseformalitäten in Peru konnte ich erstaunlicherweise in Rekordzeit erledigen. Vorsichtshalber trug ich bei der Passkontrolle erst einmal „Tourist für sechs Wochen" in die Einreiseformulare ein. Man muss ja nicht gleich mit der Tür ins Haus fallen.

Als endlich in der spartanisch ausgestatteten Ankunftshalle mein Rucksack auf dem Rundlauf auftauchte, wollte ich mich schnell durch die Menschenmassen am Eingang des Flughafens quetschen, um in eines der vielen Taxis zu steigen.

Vor ungefähr zehn Jahren war ich schon einmal mit drei Freunden in Lima. Damals sind wir in vier Wochen durch fünf Länder Südamerikas gehetzt. In Lima blieben wir nur eine Nacht, denn am nächsten Tag flogen wir schon nach Cusco weiter, um Machu Picchu zu besichtigen. Es war der typisch touristische Peru-Besuch – im Schnellverfahren so viel wie möglich zu sehen.

Die Überraschung am Ausgang der Ankunftshalle hätte schöner nicht sein können. Trotz der 24-stündigen Verspätung stand Estrella, braungebrannt und bildhübsch in einem weißen Kleid plötzlich vor mir.

Sie ist vom Typ her eine Mestizin mit italienischen Wurzeln und diese Mischung aus indianisch-spanisch-italienischem Blut ist wohl ausschlaggebend für ihre aparte Schönheit. In diesem Moment konnte ich mein Glück kaum fassen. Estrella hatte mich sofort verzaubert. Es war ja schließlich der Anfang in ein neues Leben für mich, da ist doch jeder Mensch noch ein wenig unsicher und anfällig.

Ja, ich war sehr anfällig – anfällig für die weiblichen Reize einer besonders attraktiven, rassigen Peruanerin Mitte dreißig, die auch noch sehr warmherzig war, wie sich später herausstellte. Eigentlich hatte ich ja noch so viele Fragen an Estrella, aber ihre wunderschönen dunkelbraunen Augen fesselten mich und machten jegliche Konversation völlig überflüssig. Warum war es jetzt auf einmal so intensiv, warum nicht schon damals in Deutschland?

Was wirklich vor sechs Monaten in Peru mit mir passierte, kann ich nicht erklären, nur so viel: Ich war plötzlich hoffnungslos in Estrella verliebt. Die Hektik, die Menschenmassen, alles um mich herum verstummte und verschwamm langsam ins Unbewusste. Instinktiv warf ich meinen Rucksack und das Handgepäck in den Kofferraum eines Taxis. Wir setzten uns auf den Rücksitz. Es war schon dunkel und immer noch schauten wir uns in die Augen. Eine tiefe Vertrautheit ließ mich meine Augen schließen. Ganz langsam lehnte ich mich vor und nicht nur durch den Temperaturunterschied zwischen dem deutschen Spätherbst und dem südamerikanischen Frühling erwärmte sich mein ganzer Körper. Plötzlich spürte ich die zarten Hände Estrellas an meinem Nacken. Sie zog mich sanft noch näher zu sich, bis unsere Lippen sich endlich berührten.

Ein lautes Klopfen an die Scheibe des Autos brachte mich vorübergehend wieder zurück in die Wirklichkeit. Es war Veronika, die älteste Tochter Martas, die genervt an die Seitenscheibe des Taxis klopfte und uns dadurch zum Aussteigen bewegte. Ich hatte keine blasse Ahnung, wie wir vom Flughafen in den Stadtteil Los Olivos gekommen waren und wie lange das Taxi schon vor dem Haus Martas stand. Der alte Taxifahrer, natürlich ein Schlitzohr mit viel Menschenkenntnis, verlangte doch tatsächlich hartnäckig den fünffachen „Gringopreis".

Natürlich hatte Estrella vor Antritt der Fahrt einen anderen Preis mit ihm ausgehandelt, doch sicherlich hatte er uns auf der Fahrt beobachtet und wusste somit genau, dass ich an diesem Abend auf keine lange Diskussion aus war. Schließlich zahlte ich bereitwillig, obwohl sich Estrella heftig beschwerte.

Die gemietete Wohnung Martas war recht groß, aber dürftig eingerichtet, deshalb wirkte die Wohnung mit den weißen Wänden und dem hellen Fliesenboden kühl auf mich, als ich eintrat. Doch die Begrüßung war umso herzlicher. Marta umarmte mich fest und natürlich gab es die obligatorischen Küsschen auf die linke und rechte Wange.

Paul, der fünfjährige goldige Sohn Martas, begrüßte mich mit einem Lächeln sowie einem festen Handschlag, wie es unter echten Männern üblich ist. Paul ist mir schon damals in Deutschland ans Herz gewachsen und so gab ich ihm sein kleines Geschenk als Erstes, ein Fußballtrikot.

Während Hector, ein Bruder Martas und Estrellas, mir und den anderen Erwachsenen gerade ein richtig leckeres kaltes *Cuzqueña-Bier* aus dem Kühlschrank reichte, verteilte ich die anderen kleinen Mitbringsel.

Es war ein besonderer Abend, nicht nur weil „Fruta Fresca" von Carlos Vives (bei diesem Lied eines bekannten kolumbianischen Sängers lernte ich Estrella in Deutschland kennen) im Hintergrund lief. Es war ein Abend der Freude, der Ausgelassenheit und der Freiheit. Jeder spürte es und keiner musste darauf extra hingewiesen werden. Für Estrella und mich war es *unser* Abend.

Marta und ihre Kinder waren nach vier Jahren der Illegalität in Deutschland endlich wieder frei und mussten keine Angst mehr haben, erwischt und abgeschoben zu werden. Ich fühlte mich wie neu geboren, als ob mein Leben an diesem Tag erst richtig angefangen hätte. Estrella war nach dem schrecklichen Erlebnis der Abschiebehaft in Deutschland ebenfalls eine freie, glückliche und lebenshungrige Frau. Vom ersten Augenblick an, als wir uns am Flughafen wiedersahen, spürten wir eine tiefe Zuneigung. Es war einfach unbeschreiblich schön, die ganze Zeit über kreuzten sich unsere Blicke. Nie hätte ich damit gerechnet, dass ich mich so zu Estrella hingezogen fühlen würde.

Alle lachten, tanzten, tranken und aßen. Marta hatte eine leckere peruanische Spezialität für uns gekocht: *Ají de Gallina* – Huhn in gelber scharfer Chilisoße. Es herrschte eine tiefe Freude und Ausgelassenheit, die allen sehr viel Kraft gab und diesen Abend einzigartig machte. Die Tanzpartner – einschließlich der Kinder – wechselten ständig, bis schließlich nur noch Estrella und ich immer wieder „Fruta Fresca" hörten und gar nicht bemerkten, dass die anderen schon zu Bett gegangen waren. Da saßen wir nun auf der Couch, streichelten und küssten uns leidenschaftlich.

Tief in der Nacht erhob sich Estrella und zeigte mir mein Zimmer. Es war eigentlich das Zimmer des kleinen Paul, aber der schlief an diesem Abend bei seiner Mutter Marta.

Estrella hatte in dieser Nacht tatsächlich noch einmal ihre große Schwester geweckt, um zu fragen, ob sie bei mir schlafen dürfe. Sie war eigentlich mit Mitte dreißig alt genug, so etwas selbst zu entscheiden, dachte ich mir und wollte das auch sagen, doch sie legte ihre zarten Finger auf meine Lippen, zündete eine Kerze an und machte das große Licht an der Zimmerdecke aus.

Ein bisschen zitternd, ja, ängstlich zog sie sich langsam ihre Kleider aus. Ich staunte nur, wie schön sie war, und nahm sie zärtlich in die Arme. Ihre dunkelbraunen Augen strahlten etwas Warmherziges aus, so dass ich mich bei Estrella sehr geborgen fühlte. Wir liebten uns, bis die ersten Sonnenstrahlen durch das kleine Fenster schienen, erst dann – eng umschlugen, aber trotzdem tief entspannt – fielen wir schließlich in Tiefschlaf.

Lima, bekannt als die „Stadt der Könige", bietet jede Menge Kultur und Geschichte. Wenn man jedoch die ganze Zeit im Bett verbringt, abgesehen von einigen wenigen Spaziergängen und Besorgungen, bekommt man von dieser Seite Limas kaum etwas mit. Aber das Hetzen von einer Sehenswürdigkeit zur anderen war schon lange nicht mehr meine Sache, außerdem war die Zeit in Lima für mich ja auch eine Art von „Kulturaustausch". Es war einfach der schönste Start in ein neues Leben, den man sich wünschen konnte, und den wollten wir beide richtig ausleben.

Als jedoch nach über einer Woche jemand an unsere Zimmertür klopfte und eine laute fremde Männerstimme *„Mamá desayuno!"* („Frühstück!") rief, erschreckte ich mich. Ich hatte bis zu diesem Zeitpunkt noch keinen der beiden Söhne von Estrella kennen gelernt. Ich wusste nur, sie sind 15 und 17 Jahre alt und wohnen in Huancayo im Landesinneren bei ihrem Vater. Aber in dieser Situation die beiden kennen zu lernen, war mir sehr peinlich. So schnell ich konnte, sprang ich aus dem Bett und zog mich an. Vielleicht steckt Marta hinter diesem Besuch, dachte ich mir noch. Es könnte doch gut sein, dass sie ein wenig eifersüchtig auf ihre jüngere Schwester ist.

Schließlich öffneten wir die Tür und setzten uns zum verspäteten Frühstück mit den beiden Söhnen Estrellas und den anderen Familienangehörigen an den Esstisch. Ein wenig beschämt saß ich schließlich zwischen den Söhnen und hielt mich mit den Gesprächen bei Tisch erst einmal im Hintergrund. Estrella sah die ganze Situation wesentlich entspannter.

Paul, der ältere Sohn, war auch noch einen halben Kopf größer als ich, was völlig untypisch ist für einen Peruaner. Schließlich bin ich mit meinen knapp 1,80 Metern doch bestimmt kein Zwerg. Alle möglichen Gedanken schossen mir durch den Kopf. Die kulturellen, sozialen und familiären Unterschiede zwischen Estrella und mir wurden mir plötzlich wieder bewusst. Hatte das denn alles Zukunft? Machte es Sinn, hier zu sitzen?

Bitte so nicht! Wir sind doch nicht in Deutschland! Ich will einfach nur leben, genießen und mir keine Gedanken darüber machen, was in Zukunft sein könnte und was vernünftig ist oder auch nicht. Einfach diese wunderschöne Zeit so lange festhalten, wie es nur geht, sagte ich mir.

Nach anfänglichem gegenseitigem vorsichtigem Beobachten ist es dann doch noch zu einem interessanten und herzlichen Gespräch zwischen

Paul, dem älteren, Julio, dem jüngeren Sohn Estrellas, und mir gekommen. Die beiden stellten mir viele Fragen über Deutschland und Europa. Paul war besonders an unserem Bildungssystem interessiert. Nach dem Frühstück ging ich erleichtert ins Zimmer zu Estrella und wollte sie umarmen, als plötzlich der ältere Sohn ins Zimmer kam. Er stellte sich zwischen Estrella und mich, schaute uns beide an und machte dann einen halben Schritt zurück. Mit dem rechten Arm umfasste er die Hüfte seiner Mutter, mit dem linken meinen Rücken. Schließlich drückte er Estrella und mich ganz sanft mit beiden Armen zusammen und sagte ganz ruhig: „Ich wünsche euch beiden von ganzem Herzen alles Gute für die Zukunft."

Mit den Söhnen Estrellas und Martas Familie unternahmen wir die längst überfälligen Tagesausflüge. Einmal mieteten wir uns einen kompletten Bus mit Fahrer, um an einen großen Sandstrand weit entfernt von Lima zu gelangen.
Wir bereiteten für diesen Strandausflug fleißig in der Küche diverse Speisen zu. Süßkartoffeln und Reis wurden gekocht, Hähnchen und Meerschweinchen gebraten sowie Besteck, Teller, Servietten, Becher und Getränke verpackt.
Meerschweinchenbraten ist übrigens ein peruanisches Nationalgericht aus der Andenregion. Die Meerschweinchen wurden schon von den Inkas domestiziert und als Speisetiere gehalten. Als kleiner Junge hatte ich viele Jahre lang solche niedlichen Tierchen als Haustiere und so brachte ich es nicht übers Herz, diese Speise zu probieren. Trotzdem war dieser Ausflug ein unvergessliches Erlebnis, denn außer uns nahm fast die komplette Großfamilie der beiden Schwestern teil. Dies verband mich noch stärker mit Estrella.

Nach einem kurzen Telefonat, das Estrella mit ihrem ältesten Sohn Paul führte, sagte sie mir, sie müsse nach Huancayo reisen, um einige Formalitäten zu erledigen.
Paul war mittlerweile wieder bei seinem Vater in Huancayo. Julio, der jüngere Sohn Estrellas, befand sich mit uns bei Marta in Lima.

Julio hing sehr an seiner Mutter, zumindest hatte ich diesen Eindruck. Irgendwie war er auf mich nicht ganz so gut zu sprechen. Ich denke, es war Eifersucht. Er versuchte, den verlorenen Platz seines Vaters einzunehmen.

Estrella erzählte mir, dass eine andere Schwester ebenfalls in Huancayo lebe und eine Keksfabrik besäße. Das machte mich neugierig. Sie musste mich nicht überreden, mitzukommen.

Wir reisten schon am nächsten Abend zu dritt nach Huancayo – Estrella, ihr jüngster Sohn Julio und ich. Vor der Fahrt flüsterte ich Estrella leise ins Ohr, dass ich überhaupt keine Lust hätte, ihren Ex-Mann dort kennen zu lernen.

Wir fuhren in einem sehr geräumigen alten US-amerikanischen Straßenkreuzer in diese peruanische Andenstadt. Der Wagen fungierte als Sammeltaxi, erst wenn genügend Mitfahrer vorhanden waren, fuhr der Fahrer los.

Für die sechs Stunden Fahrt von Lima nach Huancayo war es für peruanische Verhältnisse eigentlich eine bequeme und günstige Art, zu reisen, obwohl mit zwei Kindern insgesamt sieben Leute in dem Auto saßen. Auf dem breiten Beifahrersitz machten es sich Estrella und ich gemütlich.

Die 300 Kilometer lange Strecke von Lima nach Huancayo führte unter anderem über den 4800 Meter hohen *Ticlio-Pass*. Die Stadt Huancayo selbst liegt knapp 3300 Meter über dem Meeresspiegel. Solche Höhen war ich überhaupt nicht gewöhnt und schon während der Fahrt hatte ich einige Schwierigkeiten mit meinem Kreislauf. Abgesehen von den wenigen Tagesausflügen verbrachten wir die meiste Zeit in Martas Wohnung, so genoss ich die Fahrt aber trotzdem.

Der Fahrer war ein alter Peruaner, der seinen Amischlitten wohl über alles liebte. Er fuhr diesen Oldtimer voller Ehrfurcht wie eine Staatslimousine.

Die Nacht brach herein, im Radio des alten Wagens spielte melancholische südamerikanische Volksmusik. Estrella streichelte mich mit ihrer zarten Hand. Ich öffnete das Fenster, nahm die andere

Hand Estrellas, schloss die Augen und genoss den Augenblick. Durch den schnellen Höhenanstieg war mir zwar etwas schwindlig, aber irgendwie gab mir diese warmherzige Frau an meiner Seite ein sicheres Gefühl.

Die langsame Fahrt in dem alten schweren Straßenkreuzer, eine Kehre nach der anderen immer höher die Berge hinauf, wie in einem US-amerikanischen Film aus den Siebzigern! Die melancholische Musik! Die untergehende Sonne! Die zärtlichen Hände Estrellas! Diese Fahrt in eine für mich unbekannte Region hätte einfach ewig dauern können. Ein tiefes Glücksgefühl fesselte mich, das mit Worten schwer zu beschreiben ist. In diesem Moment wurden einfach alle meine Träume, Fantasien und Wünsche Wirklichkeit.

Estrella ist eine *Huancaina*. Sie ist in Huancayo geboren und aufgewachsen. Ihre Eltern besitzen ein altes schmales Haus, nicht weit von der Innenstadt Huancayos entfernt.

Wir spazierten direkt dort hin. Das Haus war vermietet, bis auf ein kleines Zimmer im oberen Stockwerk, in dem wir übernachten konnten.

Als wir ankamen, sah ich, dass das Haus in keinem guten Zustand war. Im Parterre befand sich ein alter heruntergekommener Mini-Supermarkt. Ein älteres ebenfalls ungepflegtes Ehepaar betrieb wohl dieses Geschäft. Er hatte kaum noch Zähne im Mund, ein schmutziges Hemd mit abgerissenen Knöpfen an und roch nach Alkohol. Sie lief mit ungekämmten, zotteligen grauen Haaren herum und hatte billige Badelatschen an.

„*Buenas*", hieß die Alte uns willkommen. Ihre listigen Augen taxierten uns – den Gringo und die *Huancaina*. Die beiden Alten waren sicherlich selbst ihre besten Kunden bezüglich der alkoholischen Getränke in dem Geschäft.

Da es schon spät war, übernachteten Estrella und ich in dem kleinen freien Zimmerchen im oberen Stockwerk. Julio schlief bei seinem Bruder in der Wohnung des Vaters zwei Blocks weiter. Estrella freute sich so sehr, diese Nacht nicht wieder alleine in diesem einfachen

Zimmer schlafen zu müssen. Ich musste sogar meinen Talisman, ein kleines Stofftier, als Andenken in diesem Zimmer lassen.

„Christoph, wenn ich wieder einmal hier alleine übernachten muss, habe ich etwas von dir und kann immer ganz fest an dich denken!", flüsterte sie mir zu.

Sie bemerkte natürlich, dass ich mich noch nicht so schnell an die Höhe gewöhnen konnte, und so übernahm sie die Initiative und verwöhnte mich fast die ganze Nacht. Der Holzboden sowie das alte Bett knarrten fast bei jeder Bewegung und die Wände waren sehr dünn, aber das störte uns in dieser Nacht nicht.

Am nächsten Morgen stand Estrella zeitig auf, um die Formalitäten bezüglich des neuen Schuljahres ihrer Söhne auf den Ämtern der Stadt zu erledigen. Ich hatte das warme Bettchen für mich alleine und genoss den zweiten Schlaf.

Gegen Mittag zeigte mir Estrella Huancayo mit ihren Lieblingsplätzen. Die mitten in den Anden gelegene Geburtsstadt Estrellas ist mit ihren etwa 270 000 Einwohnern für Peruaner ein bedeutendes Handels- und Agrarzentrum. Für Reisende hat die Stadt, abgesehen von der Kathedrale und der Universität, eher wenige Sehenswürdigkeiten. Sie ist mit den schachbrettartig angelegten Straßen und dem großen *Plaza* im Zentrum sowie der im spanischen Kolonialstil gebauten Kathedrale eine typische südamerikanische Stadt.

Am späten Nachmittag besuchten wir Estrellas älteste Schwester Carmen, die, wie bereits erwähnt, eine Keksfabrik besitzt. Wir gingen etwas abseits vom Stadtkern an einer hohen Mauer entlang, bis wir vor einem großen rostigen grünen Tor standen. Als Estrella den Namen ihrer Schwester Carmen rief, öffnete nach einer Weile ein junger sehr dünner indianisch aussehender Mann langsam das schwergängige quietschende Tor. Als wir in das bauernhofähnliche Gelände eintraten, sah ich zwei gelangweilte junge Männer – zwischen 16 und 20 Jahren alt – vor dem Hauptgebäude sitzen.

„Das sind die Söhne Carmens", erklärte mir Estrella. Sie stellte mich den beiden Söhnen ihrer Schwester kurz vor und wir gingen ins Haus. In einem großen Raum an einem Tisch voll mit Zetteln und

Ordnern saß ein älterer Mann. Ich begrüßte ihn und erfuhr, dass es Antonio, der Ehemann Carmens, war. Jedoch ließ er sich nicht von uns stören und kramte weiter in seinen Papieren. Das Einzige, was wir von ihm erfuhren, war, dass Carmen – die „Dame des Hauses", wie er seine Frau nannte – unterwegs sei. So warteten wir in der Ecke des großen Raumes auf einem Sofa und unterhielten uns leise. Irgendwie kam ich mir dort nach einer Weile ein wenig überflüssig vor, ließ es mir aber noch nicht anmerken.

Am frühen Abend kam dann endlich Carmen, mit Ende vierzig eine noch sehr attraktive Frau, genau so, wie Estrella sie mir beschrieben hatte. Eigenartig, dass Carmen grüne Augen und viel hellere Haare hatte als Estrella. Nach einem kurzen Gespräch setzte sie sich ebenfalls an den Tisch zu ihrem Mann, ohne ihn zu begrüßen, und las Zeitung. Zwischendurch gingen Carmen und Estrella sogar noch für eine Weile in ein anderes Zimmer.

Na prima, wie komme ich jetzt hier am besten wieder raus? Einfach unhöflich, mich hier alleine sitzen zu lassen, dachte ich mir. Notgedrungen ging ich vor die Tür und versuchte mit den beiden Söhnen Carmens ein Gespräch anzufangen, jedoch waren die ebenfalls überhaupt nicht an meiner Person interessiert. Schließlich konnte ich den Jüngeren dazu überreden, mir die Keksfabrik zu zeigen. Widerwillig ging er mit mir kurz durch die kleine Fabrik.

In einem angrenzenden stallähnlichen Gebäude standen zwei sehr alte schwarze Maschinen aus Stahl sowie ein großer Ofen. Zwei Männer und eine Frau verpackten fertige Kekse in Plastiktüten, verschweißten diese und legten sie in Kartons. Carmens Sohn war wortkarg und schien übel gelaunt zu sein und ich konnte nicht viel in den wenigen Minuten erkennen.

Am Abend saßen wir alle am Tisch und aßen eine Suppe, als der dünne indianisch aussehende junge Mann, der uns mittags das Tor öffnete, dazukam und an der Schwelle wie angewurzelt stehen blieb. Keiner kümmerte sich um den jungen Arbeiter.

Das Gespräch beim Essen ist so kühl wie die Begrüßung, dachte ich mir.

Mittlerweile stand der dürre Mann mit seinem eingefallenen Gesicht bestimmt schon fünf Minuten vor der Türschwelle, ohne sich zu bewegen oder auch nur einen Pieps zu sagen. Er war mit Sicherheit einer von den vielen „modernen Sklaven des 21. Jahrhunderts", die mit Versprechungen aus ihren verarmten Dörfern gelockt wurden. Wohlhabende Familien bieten diesen jungen Menschen in der Stadt dann eine Unterkunft, Verpflegung, Arbeit und sogar einen Schulbesuch an. Klingt theoretisch eigentlich gar nicht mal so übel, die Praxis sieht, wie so oft, aber ganz anders aus. Für Schlafstelle und Verpflegung sowie einen Minilohn müssen diese armen Menschen den ganzen Tag hart schuften. Die staatliche Abendschule von 18 bis 21 Uhr wird in den Städten landesweit angeboten und ist kostenlos. Die wenigsten Arbeiter und Dienstmädchen schaffen es aber auf diesem Wege, den langwierigen Schulabschluss nachzuholen, und bleiben so für immer bei ihrem „Herrn". Viele heiraten untereinander, manche versuchen es mit ihren kargen Ersparnissen auf eigene Faust, aber scheitern oftmals, und nicht wenige gleiten in die Kriminalität ab.

Egal, wie aussichtslos ihre Situation auch ist, kaum einer würde sich aus Stolz die Blöße geben und als „Versager" in sein Heimatdorf zurückkehren.

„Schaut doch mal, da möchte euch jemand sprechen!", sagte ich in die „fröhliche" Runde am Esstisch und verhielt mich so, als ob ich den Mann an der Türschwelle gerade erst bemerkt hätte.

Als schließlich nach einer Weile Antonio seine Suppe widerwillig ausgelöffelt hatte, fragte er den Mann in einem genervten, abfälligen Ton, was er denn wolle.

Es ging um eine der alten Maschinen, die ein Problem hatte und plötzlich stillstand, aber das wusste der Herr des Hauses sicherlich schon, als er den Arbeiter kommen sah und ihn extra lange warten ließ.

Was mich an diesem Abend besonders ärgerte, war, dass Carmen mich immer „Gringo" nannte. Selbst Estrella machte sie darauf aufmerksam, dass ich auch einen Namen hätte und mich „Gringo" zu nennen, nicht gerade höflich wäre.

Nach dem Essen gingen Estrella, Carmen und ich nach oben ins Wohnzimmer.

„Du suchst Abenteuer, Gringo?", fragte mich nach einer Weile Carmen in einem hochnäsigen Ton, während sie mir tief in die Augen blickte. „Hast du jemals in deinem Leben arbeiten müssen? Schaffst du es, um 5 Uhr aufzustehen?", provozierte mich die Dame des Hauses weiter, bevor ich antworten konnte.

„Erstens ist mein Name Christoph und zweitens weiß ich nicht, von welchem *niño mimado* (Müttersöhnchen) du ausgehst. In meiner Familie jedenfalls wissen wir, was Arbeit ist", antwortete ich Carmen in einem unmissverständlich scharfen Ton.

„*Muy bien* (sehr gut), Christoph! Dann stehen wir morgen um 5 Uhr auf und liefern Kekse aus!", sagte Carmen mit einem überheblichen Lächeln.

Die Nacht in Carmens Gästezimmer war kurz und eiskalt – genauso kalt wie die Art der Dame des Hauses. Es dauerte lange, bis ich einschlafen konnte, denn ich ärgerte mich über fast alles, was am Tage geschehen war: der unfreundliche Empfang in diesem Hause, die unhöflichen und verwöhnten Söhne Carmens, die Großgrundbesitzer-Mentalität dieser ganzen Familie. Wenn einem solch negative Gedanken nachts durch den Kopf gehen, kann man sich so richtig hineinsteigern und vor Wut nicht einschlafen. Doch nach dem gestrigen Gespräch mit Carmen blieb mir leider nichts anderes übrig, als mitzufahren, um mein Gesicht nicht zu verlieren, obwohl ich mich am liebsten mit Estrella aus dem Staub gemacht hätte.

Der rote schmale asiatische Minitransporter war bereits mit Keksen beladen – bis zu einem Meter hoch stapelten sich die Kekstüten auf dem Dach des Wagens –, als wir nach einem kurzen Frühstück gegen 6 Uhr zu fünft losfuhren. Komischerweise fuhr Antonio, Carmens Ehemann, nicht mit, was ich aber sehr begrüßte. Estrella und ich saßen auf dem Beifahrersitz. Carmen fuhr das schwer beladene Fahrzeug und ihre beiden Söhne lagen hinten zwischen den Kekstüten und schliefen.

Wir fuhren fast drei Stunden, bis wir die ersten Kekstüten verkauften. Unterwegs gab Carmen an den vielen Straßenkontrollen jeweils einige Tüten Kekse an die Polizisten ab, sozusagen als eine Art Wegezoll. Die Polizisten schauten mich jedes Mal grimmig an. Sie dachten wohl: Was hat denn der Gringo hier verloren? Aber nicht ein Mal musste ich meinen Ausweis zeigen.

Unsere Tour verlief abseits der klassischen Hauptroute *Lima-Huancayo-Ayacucho-Cusco*. Wir fuhren immer höher in einsame felsige Landstriche, vorbei an den kargen Bergspitzen der Anden. Der Transporter schlängelte sich die nicht asphaltierte holprige Piste entlang. Manchmal fiel die Straße mehrere hundert Meter steil ins Tal ab, ohne von Leitplanken abgesichert zu sein, wobei der Blick in die tiefen Schluchten nichts für schwache Nerven war.

Ein Pass war doch tatsächlich über 5000 Meter hoch. Wahnsinn, dass der Wagen, immer noch fast voll beladen, das alles mitmachte! Diese Straße war der höchstgelegene Pass Perus. Sie war immerhin höher als die Spitze des Montblanc-Massivs. Mir schnürte jedoch diese extreme Höhe immer mehr den Hals zu. Das Atmen in der dünnen Luft wurde immer beschwerlicher, trotzdem hatte ich Carmen mehrmals angeboten, zu fahren, aber sie wollte nicht. Zwischen scharfkantigen Felsschluchten flossen kleine Bäche über die Straße, welche bei Regen sehr schnell zu Sturzbächen anschwollen und dadurch sehr gefährlich werden konnten. Carmen fuhr immer mit viel Schwung durch die quer zur Straße verlaufenden Furten. Eine langsame Überquerung hätte fatale Folgen haben können, da die Piste an diesen Stellen sehr glitschig war. Einige Pkw wurden schon von der Strömung in solchen Furten weggedrückt und fielen die Schlucht hinunter. Hin und wieder konnte man rostige Schrottkarosserien an den Abhängen entdecken. Aber es eröffnete sich auch oft eine grandiose Aussicht in die gewaltigen Canyons. Manchmal sah man auch einen majestätisch fliegenden Andenkondor, der langsam seine Kreise über den Canyons drehte. Carmen liebte wohl diesen „König der Lüfte" mit seinen über drei Metern Flügelspannweite, denn sie kam ins Schwärmen, als wir einen dieser Riesenvögel zu Gesicht bekamen.

Wenn am späten Morgen die Luft durch die Sonne ausreichend erwärmt ist, nutzt der Kondor die Thermik in den Canyons und lässt sich energiesparend durch die Lüfte gleiten. Durch seine große Spannweite und die Flügelspitzen, die wie Finger aussehen, hat dieser Vogel unglaubliche Flugeigenschaften.

Carmen stoppte extra ihren Wagen an einem besonders malerischen Aussichtspunkt, um uns die Besonderheiten dieses Vogels zu erklären. Die Landschaft wurde mit jedem weiteren Kilometer – im wahrsten Sinne des Wortes – atemberaubend schöner. In den großen Höhen zeigten sich die Anden von einer landschaftlich traumhaften, aber auch von ihrer menschenfeindlichen Seite.

Als die Piste sich wieder bergab schlängelte und die Landschaft grüner wurde, sah man vereinzelte kleine Häuschen, mal ein paar Alpakas, die uns neugierig beäugten, oder auch einige zottelige Schafherden. Estrella schlief leider, den Kopf an meine Schulter gelehnt, fast den ganzen Vormittag. Als ich bei langsamer Fahrt aus dem Fenster in die Ferne auf die Bergspitzen schaute, fesselte mich wieder dieses zufriedene und entspannende Gefühl. Es ist einfach reizvoll, nicht zu wissen, was einen unterwegs erwartet. Da es praktisch keine Busverbindungen gab und nur selten überhaupt ein Fahrzeug zu sehen war, verliefen sich hierher auch keine Touristen, das hatte ebenfalls einen besonderen Reiz.

Das Ausliefern der Kekse auf den staubigen Pisten fand immer nach demselben Rhythmus statt: Carmen hupte drei Mal und wie aus dem Nichts tauchten ein paar Gestalten auf. Sie stoppte den Bus und reichte ein paar Tüten Kekse aus dem Auto, die von den Leuten dann bezahlt wurden. In den Dörfern belieferten wir die Geschäfte meist mit einer größeren Menge – wegen Geldmangels oft auch auf Kommission. Lediglich der jüngere Sohn Carmens half ab und zu mal beim Tragen der Ware. Der ältere – äußerst faule – Sohn ruhte sich zwischen den Kekstüten aus und machte höchstens mal die Schiebetür vom Wagen auf und zu, um träge dem Treiben zuzusehen. Carmen dagegen taute langsam auf und wurde freundlicher zu mir. Sie erzählte, wie beschwerlich das Leben für die Menschen in dieser einsamen

Region Perus sei. Die Kekse seien über Monate haltbar und für die armen Menschen sei dies oft die einzige Nahrungsreserve. Dabei reichte sie mir eine offene Kekstüte.

An dem Gebäck konnte man sich fast die Zähne ausbeißen. Diese harten Dinger erinnerten mich an die „Panzerplattenkekse" der Bundeswehr aus der Ein-Mann-Überlebenspackung.

„Warum vertreibst du dein Produkt nicht auf einem anderen Wege?", fragte ich Carmen, nachdem ich den ersten Keks runtergewürgt hatte.

Sie seufzte, nickte bedächtig mit dem Kopf und überlegte lange, bis sie mir antwortete. „Vor einigen Jahren hatten wir uns eine moderne Anlage aus den USA gekauft. Du hast sie noch nicht gesehen, Christoph. Diese automatisierte Anlage steht im Industriegebiet von Huancayo. Das erste Jahr lief hervorragend. Wir belieferten sogar eine Supermarktkette in Peru. Aber dann haben gleich zwei neue Firmen direkt nebenan unsere Produkte ebenfalls hergestellt. Erschwerend kam auch noch hinzu, dass die ländlichen Regionen Perus wirtschaftlich seit Jahren in einer Rezession stecken. Heute ist unsere Anlage noch nicht mal zu 40 Prozent ausgelastet. Wenn die Kunden nicht mehr zu uns kommen, muss ich halt zu ihnen gehen – und bis hier hin ist die Konkurrenz noch nicht vorgedrungen."

Sie schlug mit der flachen Hand auf ihre schwere Geldbörse in ihrer Hosentasche und sagte mit einem zufriedenen Lächeln: „Dies hier ist mein Geschäft und mein Geld!"

Ich erfuhr von ihr noch, dass sie diese Knochentour tatsächlich zwei Mal wöchentlich durchführte. Carmen spürte, dass ich Spaß an dieser anstrengenden Tour hatte und die Landschaft mich sichtlich beeindruckte. Sie wurde richtig neugierig und bombardierte mich mit gezielten Fragen: Warum ich meine Heimat verlassen hatte? Was ich von der Zukunft erwarte?

Ich brauchte ebenfalls eine gewisse Zeit, bis ich antworten konnte. „Carmen, viele Jahre war ich in dem Glauben, fast alles zu haben, was sich ein Mensch wünschen konnte. Ich nutzte die Möglichkeit, zu studieren, hatte eine verantwortungsvolle und gut bezahlte Anstellung als Ingenieur bei einem der größten Unternehmen der Welt. Fast zehn Jahre lang stand eine treue und attraktive Freundin an meiner Seite. Die ersten Jahre nach meinem Studium waren interessant, ich war neugierig, doch nach und nach schlich sich immer mehr Routine in meine Projekte. Schließlich wurde die Neugier in beruflicher Hinsicht endgültig befriedigt, ich strebte nicht mehr die große Karriere an. Immer deutlicher spürte ich, dass mit dem stetigen Anstieg des Wohlstandes auch das Glücklich-und-erfüllt-sein Schritt halten sollte. Auch hatte ich immer seltener – durch die Unzufriedenheit in meiner Arbeit – die Zeit und die Muße, mich an den kleinen Dingen des Lebens zu erfreuen. Wenn man sich aber nicht mehr an den kleinen Dingen erfreuen kann, ist man auch blind für die großen Dinge. Meine Freundin, eine Medizinerin, hat sich dagegen ihren Traum einer eigenen Praxis erfüllt. Allerdings hat sie in mehrfacher Hinsicht einen hohen Preis dafür bezahlt. Tag und Nacht opferte sie sich für ihre Arbeit auf. Ich sah jedoch keinen Sinn darin, ausschließlich für den Beruf zu leben. Unsere Wege trennten sich leider. Anfangs war ich noch feige. Ich arbeitete Teilzeit und versuchte auf diese Weise, mir Freiraum für andere, für kreativere Dinge zu schaffen. Doch ich erkannte schnell, dass dies für mich nur ein fauler Kompromiss war. Schließlich kündigte ich und genieße seitdem ein ganz neues Gefühl von Leben. Ich denke auch nicht, dass ich vor irgendetwas weggelaufen bin, denn das hätte mich selbst an dem entlegensten Ort bestimmt wieder eingeholt. Durch meine gut bezahlte Arbeit habe ich mir etwas ansparen können, aber noch wichtiger ist, dass ich bis heute im Grunde genommen sehr wenig zum Leben brauche, und dies ist wohl mein größter Reichtum. Mein Urgroßvater wanderte vor vielen Jahren nach Südamerika aus. Vielleicht habe ich auch deshalb auf diesem Kontinent meine Reise begonnen. Ich bin mir sicher, in Zukunft einen Weg zu finden, um glücklich zu werden", erwiderte ich ihr nachdenklich. Carmen hörte mir die ganze Zeit aufmerksam zu. Es fiel mir auch schon viel leichter, meine Gedanken in Spanisch zu formulieren. Immer seltener musste ich fehlende Wörter umschreiben.

Carmen öffnete sich nun auch mir gegenüber, ohne ein Blatt vor den Mund zu nehmen. Ihre anstrengenden Touren ins Hochland von Peru waren Ausbrüche aus ihrem monotonen Alltag. Schon lange war sie nur noch nach außen hin mit ihrem senilen Ehemann zusammen, sie erzählte mir sogar von ihrem langjährigen wesentlich jüngeren Freund.

Wir philosophierten während der Fahrt stundenlang über das Leben, die Menschen und die Landschaft. Carmens Lebenserfahrung und ihre Art, die Dinge zu betrachten, gepaart mit ihrem scharfen Verstand waren beeindruckend.

Am späten Nachmittag fuhren wir von der Piste ab und gelangten auf einen steilen schmalen Weg, der uns zu einer ärmlichen Hütte hinaufführte. Carmens Söhne, mittlerweile wieder aufgewacht, riefen von hinten abfällig: „Jetzt kommen wir zu den vier schwulen bettelnden Idiotenbrüdern!"

Als wir vor der Hütte stoppten, vertrieben sich tatsächlich vier junge Männer mit völlig zerrissenen und verdreckten Klamotten die Zeit damit, Steinchen in einen rostigen Eimer zu werfen. Apathisch kamen zwei von ihnen in Zeitlupe zum Wagen. Die jungen Männer schielten so extrem, dass ich ihnen nicht lange in die Augen schauen konnte. Die anderen zwei Männer waren offensichtlich geistig behindert. Selten habe ich Menschen gesehen, die dermaßen krank, abgemagert, schmutzig und bettelarm aussahen. Carmen schenkte ihnen eine große Tüte Kekse. Während einer der Brüder die Tüte mit seinen schmutzigen Fingern entgegennahm, weinte er vor Freude.

Als Carmen dann aber den Transporter wendete, bewarf ihr älterer Sohn die Männer noch mit einem Stein und beschimpfte sie lautstark. Nach dieser üblen Szene schauten Carmen und ich uns kurz in die Augen, ohne etwas sagen zu müssen. Es gibt Situationen, die bedürfen keiner Worte. Mimik und Gestik reichen völlig aus, wenn Menschen sich auf einer Wellenlänge befinden.

Ich hatte Carmen völlig falsch eingeschätzt. Sie hatte mich den Abend vorher nur provozieren wollen, was ihr auch sehr gut gelang.

Sie war bestimmt acht Jahre älter als ich, aber ihre Intelligenz, ihr weiches Herz in rauer Schale und diese bestechenden grünen Augen machten den Altersunterschied allemal wieder wett. Ja, scharfer Verstand hat doch einfach etwas sehr Erotisches! Beruhigend, dass Estrella wieder eingenickt war und kaum etwas von unseren angeregten Gesprächen mitbekam.

Zurück auf der Andenpiste musste Carmen nach einigen Kilometern plötzlich bremsen, weil Steine den Weg versperrten. Einige Meter weiter rollten zwei Jungs langsam einen Stein nach dem anderen zur Seite. Carmen sprang aus dem Wagen und schnappte sich einen Jungen, bevor er wegrennen konnte. Sie schimpfte ihn lautstark aus, gab ihm aber eine kleine Tüte Kekse, nachdem er alle Steine weggerollt hatte.

Sie erklärte uns später, dass die Jungs selbst die Steine auf die Straße rollten, um Geld von ahnungslosen Autofahrern für das Wegräumen erbetteln zu können. Allerdings sind auch schon einige Fahrzeuge durch solche Aktionen den Hang hinuntergestürzt.

Am frühen Abend erreichten wir das Gebiet um die Stadt Huancavelica, welche rund 450 Kilometer von der Hauptstadt Lima entfernt liegt. Die abseits vom Haupttourismus fast 3700 Meter hoch gelegene Stadt befindet sich in einem schmalen Tal inmitten fruchtbarer Felder und grüner Wiesen. Aber die Region Huancavelica, bestehend aus vielen kleinen Dorfgemeinschaften mit überwiegender *Indígena*-Bevölkerung, ist der ärmste Landesteil Perus. In einem dieser kleinen Orte, 30 Kilometer entfernt von der Provinzhauptstadt Huancavelica, konnten wir eine größere Menge Kekse ausliefern. Der Ortskern bestand aus etwa fünfzig zweistöckigen schmalen Häusern, die in geschlossener Bauweise um einen rechteckig angelegten staubigen Platz standen. Dort gingen wir in ein mit nur zwei klapprigen Plastiktischen eingerichtetes Restaurant essen. Die Speisenauswahl des Restaurants mit dem Namen „Fray Martin" war nicht besonders vielfältig, es gab nur gebratenen Reis mit Eiern.

Carmen zeigte bei den angeregten Gesprächen bei Tisch nun ganz offen ihre herzliche Seite.

„So, jetzt müssen wir aber die restlichen Kekse verkaufen!", sagte sie, als wir mit dem Essen fertig waren. „Christoph, wenn du mich nächstes Mal besuchen kommst, bringst du bitte einen Mann für mich mit, der genauso ist, wie du – nur ein wenig älter", fügte Carmen in lautem Ton hinzu, während wir uns von den Plastikstühlen erhoben.

Diese Worte schlugen wie eine Bombe ein. Ihre Söhne schauten beschämt auf den Boden und bekamen einen roten Kopf. Meine Freude konnte ich nur schwer verbergen. Ein wunderschönes Kompliment und eine Bestätigung, von ihr verstanden worden zu sein, dachte ich mir in dem Moment.

Nach dem Essen beeilten wir uns, die restlichen Kekse noch vor der Dämmerung loszuwerden. Carmen erklärte uns, dass Ware über Nacht im Bus Diebe anlocken könnte und da sie mit ihren Söhnen im Transportbus übernachte, wolle sie nicht alle im Wagen gefährden.

Erst am späten Abend konnten wir die restlichen Kekse, meist wieder auf Kommission, verkaufen. Carmen bestand darauf, dass ihre Schwester Estrella und ich in einer Pension übernachteten. Erschöpft fiel ich auf einem durchgelegenen Bett in Estrellas Armen in den Schlaf.

Den zweiten Tag unserer Tour gingen wir etwas gemächlicher an. Wir kauften uns für die Rückfahrt frisches Weißbrot, Wurst und Käse und fuhren gegen 10 Uhr zurück nach Huancayo.

Die Fahrt war diesmal mit dem leeren Bus wesentlich einfacher, aber Carmen wollte immer noch nicht, dass jemand sie am Steuer ablöste. Mittlerweile verstand ich mich mit ihr blendend und es entwickelte sich auch an diesem Tage ein harmonisches Gespräch auf der Heimfahrt.

Instinktiv bemerkte Estrella, trotz ihrer ständigen Müdigkeit, dass mir ihre Schwester immer sympathischer wurde. Es machte sie rasend eifersüchtig.

In Huancayo angekommen, blieben wir noch eine Nacht in Carmens Gästezimmer und am nächsten Tag ging es zurück nach Lima. Carmen brachte uns zum Sammeltaxistand und drückte ihre Schwester und mich zum Abschied ganz fest. Ihre Augen strahlten uns viel Sympathie entgegen, hatten aber auch etwas Trauriges. Ich schaute Carmen noch lange nach, bis ich plötzlich einen stechenden Schmerz in meinem Handrücken verspürte. Es waren die Fingernägel Estrellas, die sich vor Eifersucht in meine Haut bohrten.

Abgesehen von dem Ausflug nach Huancayo wohnte ich nun schon über vier Wochen mit Estrella bei ihrer ältesten Schwester Marta in Lima. In den letzten Tagen schnitt uns Marta und sie hatte ständig schlechte Laune.

Natürlich beteiligte ich mich an den Kosten für die Einkäufe und half auch mit, die Wohnung sauber zu halten – was immer noch für südamerikanische Verhältnisse für einen Mann nicht gerade typisch ist. Ab und zu lud ich die ganze Bagage zum Essen ein. Den Kindern Martas kaufte ich verschiedene Spiele, damit sie nicht den ganzen Tag vor dem Fernseher verbringen mussten.

Estrella erzählte mir eines Abends, dass ihre Schwester schon mehr als fünf Jahre geschieden sei und die ganze Zeit wohl keinen neuen Freund hatte. Sogar heimliche Kontaktanzeigen während ihres Aufenthaltes in Deutschland hätten keinen Erfolg gebracht.

Marta tat mir leid. Kaum einmal hatte ich versucht, mich in ihre Lage zu versetzen. Das war sehr egoistisch von mir. Sie musste mit ihrem kleinen Sohn in einem Bett schlafen, damit ich mich ungestört mit ihrer jüngeren hübschen Schwester wochenlang in ihrer Wohnung vergnügen konnte.

Es war wirklich an der Zeit, weitere Ecken von Peru kennen zu lernen, dachten wir uns, und so fuhren wir am nächsten Morgen mit dem roten *El Rápido*-Bus in die Innenstadt, um uns zwei Bustickets nach Pisco zu besorgen.

Estrella wünschte sich, in das kleine Städtchen Pisco zu reisen, denn dort ist der Ausgangspunkt für Touren zur Halbinsel Paracas und den Islas Ballestas. Wir wollten jedoch erst noch die bevorstehenden Weihnachtsfeiertage bei der Familie verbringen.

Estrella zeigte mir bei dieser Gelegenheit die so genannten „Vorzeigestadtteile" San Isidro und Miraflores, welche größtenteils von der Oberschicht, Touristen oder Politikern bewohnt werden. Die Fahrt mit dem Bus führte uns durch die verschiedensten Stadtteile der peruanischen Hauptstadt. Leute stiegen ständig ein und aus. Menschen in einer fremden Stadt „am anderen Ende der Welt" zu beobachten, faszinierte mich schon immer. Einige teils noch sehr kleine Kinder von vielleicht höchstens acht Jahren mit struppigen Haaren und verschmutzten Kleidern versuchten selbst gebastelte ziemlich nutzlose Dinge im Bus zu verkaufen. Etwas ältere ärmlich gekleidete, teilweise – dem Aussehen nach – heruntergekommene Jugendliche erzählten etwas von Hilfsorganisationen, die unterstützt werden müssten, und versuchten so, Geld zu sammeln. Eigentlich war es ein ständiges Betteln.

Los Olivos ist wohl eher noch ein Stadtteil für die Mittelschicht, aber schon in manchen Nachbarstadtteilen konnte man Berge von Müll auf der Fahrt durch Lima sehen. Teils gab es keine geteerten Seitenstraßen oder Bürgersteige. Schäbig gekleidete Menschen mit Mini-Verkaufsständen, die auf diese Weise zu überleben versuchten, boten ihre Waren an. Von Kopf bis Fuß mit Öl beschmierte Menschen standen vor unzähligen selbst gegrabenen von Altöl schwarz gefärbten Erdlöchern an der Straße. Man konnte erkennen, dass diese „selbstständigen Mechaniker" Ölwechsel anboten. Das Altöl ließen sie einfach in Löchern am Straßenrand ins Erdreich versickern. An einem anderen Straßenrand lagen alte Auspuffteile, Draht und rostige Schellen vor ebenfalls selbst gegrabenen Erdlöchern. Hier war wohl die „Werkstatt" für Auspuffschäden.

Der Straßenverkehr war chaotisch. Ich bewunderte den routinierten nervenstarken Busfahrer und seinen kassierenden Kollegen. Bei offener Tür hing dieser, lautstark rufend und mit seinen Armen winkend, halb auf der Straße und versuchte, Kundschaft anzulocken.

Nach einstündiger Fahrt erreichten wir schließlich Miraflores. Dort stiegen wir aus und gingen in diesem „Vorzeigestadtteil" Limas spazieren. An einem kleinen Busterminal einer privaten Busgesellschaft kauften wir zwei Tickets für die Fahrt Anfang der kommenden Woche nach Pisco.

Der touristische Teil Miraflores' am Pazifik ist sehr sauber und bewacht, aber leider auch mit den bunten Fastfood-Läden irgendwie künstlich, kalt und unpersönlich. Da sind mir die typischen chaotischen und etwas schmutzigen Märkte, in denen wir frisches Gemüse, Obst und Geflügel kauften, viel sympathischer.

„Also, nächste Woche fahren wir definitiv hier ab? Raus aus Lima?", fragte ich Estrella noch einmal.

Sie nickte mit einem zufriedenen Lächeln.

In diesem Teil Limas fanden wir auch Estrellas Weihnachtsgeschenk. Sie wünschte sich einen Ring von mir.

Nachdem sie Dutzende Ringe stundenlang in den verschiedensten Geschäften anprobiert hatte, entschied sie sich endlich für einen. Erschöpft stiegen wir in den Bus zurück in Richtung Los Olivos. Wir hatten gerade zwei Sitzplätze ergattern können, als ich plötzlich bemerkte, wie ein Jugendlicher einem älteren Mann ganz vorsichtig die Brieftasche aus der Hosentasche zog. Ich tippte Estrella an und zeigte mit meinen Augen auf den Diebstahl. Als sie nicht reagierte, wollte ich dazwischengehen, um den Diebstahl noch zu verhindern, doch Estrella hielt mich unauffällig, aber sehr energisch zurück, indem sie sich an meinem Arm festkrallte.

„Was soll das? Hast du etwa nicht gesehen, was hier gerade passierte?", fragte ich sie etwas beleidigt.

„Verhalte dich bitte jetzt ganz ruhig! Ich erkläre dir alles später", antwortete mir Estrella im Flüsterton.

An der nächsten Haltestelle stieg der Dieb mit der Brieftasche des Mannes aus. Daraufhin sah mich Estrella an und sagte leise zu mir: „Wir waren nicht die Einzigen, die diese Diebesbande bemerkt haben."

„Wieso Bande?", fragte ich erstaunt.

„Solche Diebe sind selten alleine. Sie arbeiten in großen Gruppen in einem eingespielten Team. Wehe, einer versucht, sie zu stören! Die haben schon manchem in solchen Fällen ohne zu zögern das Gesicht

zerschnitten. Der Mann war selbst schuld. Sicherlich wird er das nächste Mal besser auf sein Portemonnaie aufpassen", erläuterte mir Estrella.
Andere Länder, andere Sitten, aber Estrella übertreibt sicherlich, dachte ich da nur. Gut, dass meine Wertsachen in meinem Bauchgurt sicher versteckt sind. Die restliche Fahrt verlief dann aber ohne Zwischenfälle.

Zu Weihnachten besuchten wir die Eltern von Estrella und Marta. Auf dem Familienausflug zum Pazifikstrand hatte ich den Vater und die Mutter bereits kurz kennen gelernt.
Das Haus der Eltern lag sehr weit entfernt vom Stadtkern Limas. Mit den größtenteils halb fertig gestellten Gebäuden wirkte das gesamte Gelände wie ein Provisorium. Die Gegend sah ärmlich aus, ich hatte den Eindruck, dass der Bauplatz noch gar nicht richtig erschlossen war. Das kleine Haus der Eltern hatte keinen betonierten Boden und keine Heizung, als Dach diente eine dicke blaue notdürftig angebrachte Kunststofffolie.
„Wie gefällt es dir hier?", fragte mich der vielleicht 75-jährige Vater Estrellas, als wir mit weiteren Familienangehörigen um zwei wackelige Klapptische Platz genommen hatten.
„Hier in der Gegend ist die Luft wesentlich sauberer als in der von Abgasen verschmutzten der Innenstadt", antwortete ich diplomatisch, um ihn nicht zu beleidigen.
Er nickte zufrieden, musterte mich aber mit verkniffenem Blick ganz genau.
An der Wand hingen alte Bilder von einem Autorennen und einer Siegerehrung. Als mein Blick auf die Bilder fiel, fing der alte Mann stolz an zu erzählen: „Zwei Mal habe ich damals die Rallye *Camino del Inca* mit meinem Volvo gewonnen!"
Hector, der Bruder Estrellas, der auch anwesend war, erklärte mir weitere Einzelheiten: „Diese populäre mehrtägige Autorallye erstreckt sich über verschiedene Andenpässe durch halb Peru. Unser Vater war damals mit seinen zwei Siegen im ganzen Land berühmt. Heute gewinnen nur noch ausländische Profi-Teams diese Rallye, ein-

heimische Teams verfügen leider nicht über die finanziellen Mittel für die teuren Rallye-Autos."

„Hier bin ich der Hitler in der Familie!", sagte plötzlich der Vater mit lauter Stimme, während er mit der Faust auf den klapprigen Tisch schlug und dieser fast zusammenbrach.

Mit dieser unschönen Aktion versuchte er mir wohl zu zeigen, wer das Sagen in der ärmlichen Hütte hatte. Dieser alte Macho hat bestimmt noch nie in der Küche seiner Frau geholfen, dachte ich mir, bei seinem despotischen Gehabe. Aber was ich später erfuhr, hat mal wieder bestätigt, dass dieses Land, ja, sogar der ganze Kontinent, eine „Machokultur" durch und durch haben: Aufgrund seiner Berühmtheit und wohl auch wegen seines guten Aussehens damals hatte das Familienoberhaupt doch tatsächlich noch heimlich zwei Nebenfrauen und mit diesen auch noch mehrere Kinder gezeugt. Um sie nicht zu verwechseln, hatte der Alte damals bei der Namensgebung jeweils den Anfangsbuchstaben des Namens der Kindesmutter benutzt. Ein schlauer Fuchs!

Na, das wäre doch der ideale Mann für die zahlreichen emanzipierten mitteleuropäischen Frauen gewesen … Diesen Gedankengang behielt ich jedoch lieber für mich.

Carmen, Marta und Estrella hatten die gleichen Eltern – zumindest versicherte mir das Estrella. Woher aber Carmen wohl die grünen Augen hatte? Ist schon eine seltsame Familie!

Schließlich ließen wir uns die von Marta mitgebrachten dicken knusprigen Hähnchen schmecken. Kleine Geschenke bekamen nur die anwesenden Kinder.

Estrellas Söhne blieben über Weihnachten in Huancayo bei ihrem Vater, was sie traurig machte. Leider war auch Carmen in Huancayo bei ihrer Familie, was natürlich verständlich war, obwohl ich sie sehr gerne wiedergesehen hätte. Nach dem Essen fuhren wir am späten Abend wieder zu Marta nach Hause und genossen den letzten Abend in Lima.

Endlich geht es raus aus Lima, dachten wir uns, als pünktlich unser uralter mit reichlich Chrom verzierter „Doppelachser-Bus" das Busterminal in Miraflores in Richtung Südperu verließ. Die 300 Kilometer lange Fahrt von Lima nach Pisco führte an der Küstenstraße entlang. Diese berühmte Straße ist ein Teilstück der *Panamericana*, die Alaska mit dem Feuerland verbindet.

Obwohl es nur eine kurze Fahrt werden sollte, kribbelte es am ganzen Körper. Estrella und ich waren endlich wieder alleine, ausgeruht, in bester Laune und richtig hungrig, Neues zu entdecken. Der überladene Bus quälte sich mächtig auf der staubigen teilweise direkt an der Pazifikteilküste entlangführenden Schnellstraße Richtung Pisco. Ein lautes Krachen sowie das Aufheulen des Dieselmotors und ein penetranter Gestank nach Gummi bzw. verbrannter Kupplung rissen uns plötzlich aus den Gedanken. Der alte Bus hatte offensichtlich seinen Geist aufgegeben. Für solche kurzen Strecken werden häufig die ältesten Busse eingesetzt. Schließlich warteten wir über zwei Stunden am einsamen Straßenrand auf einen Ersatzbus.

Nach endlosen Diskussionen sowie dem Auftauchen mehrerer Taxis holten wir, wie auch einige andere Mitreisende, unsere große Tasche sowie den Rucksack aus dem Gepäckfach und fuhren die letzten 80 Kilometer zusammengequetscht in den Taxis nach Pisco. Die mitternächtliche Ankunft in Pisco, unser schlichtes, antik wirkendes *Hostal* und die plötzliche sentimentale Stimmung Estrellas inspirierten uns zum Nachdenken.

Estrella erinnerte sich in allen Einzelheiten, diesen Ort als kleines Mädchen mit ihren Eltern besucht zu haben. Einerseits schwärmte sie überschwänglich von dem Ausflug zu den Ballestas-Inseln, kurze Zeit später verfiel sie jedoch in eine traurige, fast depressive Stimmung. Geduldig hörte ich in dieser lauen Sommernacht den Erzählungen Estrellas zu. Ihre heftigen Gefühlsschwankungen, plötzlich den Ort ihrer alten Erinnerungen wiederentdeckt zu haben, konnte ich nur zu gut nachempfinden. Für sie verkörperte die damalige Reise eine harmonische und behütete Kindheit, die wenige Jahre später abrupt endete. An Vergangenes erinnert zu werden, kann einen Zauber in sich tragen, manchmal aber auch Wehmut auslösen. Unangenehme Erlebnisse hatte ich dagegen über die Jahre immer wieder zu verdrängen versucht. Eine Vorgehensweise, die sich im Nachhinein wenig ausgezahlt hat.

Als wir am nächsten Morgen mit einem Bus die kurze Strecke von Pisco nach Paracas fuhren, hatte ich ein seltsames Erlebnis. Wie immer zeigte ich dem Busfahrer unsere zwei Fahrscheine und stieg ein. Während ich mich langsam durch den Gang bewegte, um nach einem geeigneten Sitzplatz zu suchen, schaute mich ein etwa fünfjähriges peruanisches Mädchen, welches neben ihrer jungen Mutter saß, mit großen Augen ganz erstaunt an. Sie hatte so einen gutmütigen, treuen Blick, der mich veranlasste, kurz stehen zu bleiben und ihr zuzulächeln. Plötzlich sagte das niedliche peruanische Mädchen voller Freude „Papá" zu mir. Verdutzt schaute ich sie an.

Die Leute, die bereits im Bus saßen und die Szene mitbekamen, fingen an zu lachen. Der jungen Mutter war die Situation sichtlich peinlich. Sie versuchte schließlich krampfhaft, mitzulachen. Als die Kleine dann Estrella hinter mir sah und bemerkte, dass sie zu mir gehörte, schaute sie enttäuscht und traurig nach unten. In dem Moment hätte ich das kleine Mädchen so gerne getröstet, Estrella sagte jedoch frech: „Ich wusste ja gar nicht, dass du früher schon mal hier gewesen bist …"

Die ganze Fahrt über schaute die Kleine in regelmäßigen Abständen ganz vorsichtig durch die Lücke zwischen den Sitzen zu mir nach hinten, während ihre Mutter schlief. Das kleine Mädchen tat mir leid. Wahrscheinlich hatte sie nur ihre Mutter und wünschte sich so sehr einen Vater.

Als wir an der Bootsanlegestelle von Paracas ausstiegen, fuhr sie mit ihrer Mutter weiter. Ich schaute dem Bus noch nachdenklich hinterher. Die Kleine hatte mich sehr traurig gemacht.

Schließlich unternahmen wir eine vierstündige Bootstour mit anderen Touristen zu den Ballestas-Inseln, die vor der Küste der Paracas-Halbinsel liegen.

Nach kurzer Fahrt mit dem Motorboot kamen wir an einem rund 180 Meter hohen seltsamen Wüstensandbild vorbei. Diese an einem steilen Hang angebrachte deutlich sichtbare uralte Zeichnung stellt eine Art Kaktus dar und soll wohl den Seefahrern als Navigationshilfe gedient haben.

Die Bootsfahrt führte weiter zu der wild zerklüfteten Ballestas-Inselgruppe. Estrella hatte tatsächlich nicht übertrieben. In diesem Naturschutzgebiet leben auf engstem Raum über 100 000 Vögel, z. B. Pelikane, Kormorane, Möwen, Tölpel, Guanovögel. Aber man kann dort tatsächlich auch Pinguine und Seelöwen, die eigentlich in den polaren Regionen heimisch sind, entdecken. Das liegt an dem kalten nährstoffreichen Tiefseewasser, welches durch den Humboldtstrom an die peruanische Küste getrieben wird. Auch wird heute immer noch der beliebte „Guanodünger", der aus den Exkrementen der Seevögel besteht, auf den kleinen Inseln abgebaut.

Am lustigsten waren auf diesem Ausflug die Seelöwen-Kolonien. Diese kräftigen Tiere machten einen mächtigen Lärm, als wir ganz nah mit dem Boot zu ihnen fuhren. Wir hätten stundenlang diese in Freiheit lebenden Tiere beobachten können.

Am nächsten Morgen informierte ich mich genauer über diese seltsame in den Wüstensand gekratzte Zeichnung. Ich erfuhr, dass sie Ähnlichkeit mit anderen Bildern aus Nazca hatte, und je mehr ich über die Nazca-Kultur las, desto neugieriger wurde ich.

Am Anfang unserer Reise verfielen Estrella und ich doch wieder in die typische Touristenmentalität, in kurzer Zeit möglichst viel von einem Land zu sehen.

Wie bereits erwähnt, gestaltete sich mein letzter Urlaub in Südamerika, als ich mich mit meinen Freunden ausschließlich auf die Hauptsehenswürdigkeiten konzentrierte und wir von einem Ort zum anderen hetzten, ähnlich. Weniger ist manchmal wirklich mehr ...

Vielleicht verbrachten wir auch aus diesem Grunde fast zwei Wochen in der trockenen Gegend um Nazca, einer faszinierenden untergegangenen indianischen Kultur, die vor über 2000 Jahren entstand.

Die 450 Kilometer von Lima entfernte Stadt Nazca selbst hat eigentlich wenig zu bieten, aber die nur wenige Kilometer vor Nazca in den Boden gekratzten Geoglyphen direkt an der *Panamericana* sind einzigartig und weltberühmt. Nie hätte ich mich mit dem einzigartigen Lebenswerk einer Deutschen, die dort über 50 Jahre – bis ins hohe Alter von 95 Jahren – Forschungen betrieben hatte, so sehr beschäftigt. Zu Recht ist Nazca in die Liste der UNESCO des Kulturerbes der Menschheit aufgenommen worden. Über 1000 Jahre hatte es gedauert, bis die teilweise bis zu fünf Kilometer großen in die Geröllwüste gescharrten Geoglyphen wiederentdeckt wurden. Maria Reiche hatte an der Erforschung dieser Bodenzeichnungen großen Anteil. Bis kurz vor ihrem Tode ist sie von den Einheimischen aber nur abfällig *„la loca de la carretera"* („die Verrückte der Landstraße") genannt worden. Erst sehr spät würdigte man ihr Lebenswerk und überhäufte sie mit Ehrungen.

Die Zeichnung eines Kolibris sowie viele weitere Zeichnungen, wie etwa ein Affe mit langem spiralförmig aufgerolltem Schwanz, kann man vor der Stadt Nazca bewundern. Aber das Sonderbare an diesen Zeichnungen ist, dass diese alten Kunstwerke aufgrund ihrer Größe eigentlich nur vom Flugzeug aus zu erkennen sind.

Warum nur haben Menschen vor über 1000 Jahren solche überdimensionalen Geoglyphen in die trockene Geröllwüste gekratzt? Seltsam ist auch, dass es in dieser Gegend praktisch nie regnet und dadurch diese Zeichnungen bis heute erhalten geblieben sind. Es freute mich, dass sich Estrella auch für diese Wunder immer mehr begeisterte.

Als Einheimische ist es wesentlich einfacher, mit Menschen in Kontakt zu kommen und Freundschaften zu schließen. So lernten wir eines Abends einen etwa 60-jährigen charismatischen Wissenschaftler kennen. Der peruanische Gelehrte war sehr stolz auf seine indianischen Vorfahren und man sah es ihm auch an seinem markanten Gesicht an, dass indianisches Blut in seinen Adern floss. Estrella und ich verbrachten einige hochinteressante Tage mit ihm.

Am Silvesterabend schauten wir bei Einbruch der Dunkelheit mit ihm in einer Sternwarte durch ein Riesenteleskop in den intensiv leuchtenden Sternenhimmel, der sich sehr von dem mitteleuropäischen Sternenhimmel unterscheidet – schließlich standen wir ja auch auf der Südhälfte unseres blauen Planeten. Entscheidend aber ist, dass im Gegensatz zu Mitteleuropa viel weniger Licht von dieser Region der Erde in den Himmel abgestrahlt wird und dadurch viel mehr Sterne sichtbar werden. Jedes seiner Worte, jede Erklärung über die Himmelskörper war so faszinierend, dass es sich alleine schon für diese lehrreiche Begegnung mehr als gelohnt hatte, hierher zu kommen. Die aus Eis, Stein und Gaspartikeln bestehenden Ringgruppen des Saturn mit eigenen Augen sehen zu können, hatte mich an diesem Silvesterabend sehr beeindruckt. Wahrscheinlich hätte ich diese Saturn-Ringgruppen auch in Deutschland beobachten können, aber durch den Alltagstrott sind mir solche Ideen leider verschlossen geblieben. Wie wichtig ist es doch, endlich wieder die Zeit zu haben, Gesehenes in aller Ruhe zu verarbeiten, sich mit anderen interessierten Menschen darüber auszutauschen und nicht sofort wieder an das nächste Reiseziel, an das nächste „Highlight" oder die Rückreise zu denken. Eigenartig, nun bin ich offen für so viele unterschiedliche Dinge …

Wir erfuhren auch Interessantes über die Bewässerung dieser trockenen Gegend.

Bei Nazca befinden sich kilometerlange unterirdische, künstlich angelegte Wasserkanäle, die einzigartig sind. Diese historischen Kanäle leiten das Wasser von den Anden bis zu den Feldern an der Küste.

Pünktlich um Mitternacht feierten wir mit anderen Menschen auf der *Plaza de Armas* in der Stadtmitte von Nazca den Beginn des neuen Jahres. Der leidenschaftliche Kuss von Estrella während der Glockenschläge war der schönste Start ins neue Jahr, den ich mir wünschen konnte.

Unsere gemeinsame Reise führte uns schließlich noch tiefer in den Süden Perus. Noch in Lima erzählte mir Estrella, wie sehr sie sich darauf freue, das Dominikanerkloster „Santa Catalina" mitten in Arequipa zu besuchen.

Nun ja, in dieses Kloster werde ich wohl oder übel mitgehen müssen, obwohl ich eigentlich keine allzu große Lust dazu verspüre, dachte ich mir damals.

Arequipa, die zweitgrößte Stadt Perus, liegt inmitten dreier Vulkane auf einer Höhe von 2350 Metern. Estrella erklärte mir, dass der Name der Stadt von der Inkasprache *Quechua* abstammt und so viel wie „Hier will ich bleiben" bedeutet.

An diesem zauberhaften Ort in den südperuanischen Anden, rund 1000 Kilometer von Lima entfernt, ist es tatsächlich ein absolutes Muss, mindestens einige Tage zu bleiben. Reinste spanische Kolonialarchitektur prägt das historische Zentrum mit seinen weißen Prachtbauten. Fast alle Gebäude sind damals aus einem speziellen Gestein, dem Sillargestein, errichtet worden. Dieses harte Material von weißer perlenartiger Farbe und gut zu bearbeitender poröser Oberfläche ist Jahrtausende alte Vulkanlava. Wir empfanden die Stadt – im Gegensatz zu manchen Stadtteilen Limas – als sehr sauber und das Klima ist aufgrund der Lage richtig angenehm frisch.

Bevor ich am frühen Morgen zum Kloster mitgeschleift wurde, stärkten wir uns mit *Empanadas* (gefüllte Teigtaschen) vom Bäcker und verspeisten diese auf der *Plaza Principal*. Dieser gepflegte quadratisch angelegte Platz mit Palmen in der Mitte und einer mächtigen Kathedrale an der Nordseite befindet sich nicht weit entfernt von dem berühmten Dominikanerkloster.

Wir ließen uns das einfache Frühstück auf der Parkbank schmecken, genossen die wärmenden Sonnenstrahlen und den fantastischen Blick an den zweistöckigen Arkaden, die den Platz umsäumten, vorbei zum 5800 Meter hohen Vulkan Misti.

Das mit einer hohen Mauer umgebene 1579 erbaute Kloster „Santa Catalina" ist mit seinen Dimensionen eigentlich eine Stadt in der Stadt. Als ich an diesem Morgen hinter die Mauern blickte, traute ich kaum noch meinen Augen. Die andalusisch geprägte Architektur des Klosters hatte uns sofort in den Bann gezogen. Das Labyrinth von schmalen verwinkelten, teilweise überdachten Gassen, nach Blumen duftenden *Patios*, winzigen Plätzen, kleinen Gärten, Kreuzgängen, kunstvollen Brunnen, einem Badehaus und einer Orangerie versetzte uns plötzlich in ein ganz anderes Jahrhundert.

Wir gingen Straßen mit andalusischen Städtenamen entlang, die hohen Mauern links und rechts waren mal blau, mal rot gefärbt. Die Straßen führten uns an der Großküche mit Bäckerei vorbei, bis wir zu einem zentralen Waschplatz mit alten schalenförmigen Tongefäßen gelangten. In den engen verschachtelten Häuschen links und rechst der Gassen lebten noch bis vor wenigen Jahren die Bewohner dieser „Stadt Gottes". Es waren reiche spanische Familien, die ihre Töchter in das Kloster „Santa Catalina" in Arequipa brachten. Sie mussten fast ein Vermögen an die Klosterverwaltung dafür bezahlen sowie ein Leben lang für ihre Töchter aufkommen. Durch diese finanzielle Unterstützung und natürlich auch durch die vielen Einrichtungen zur Selbstversorgung war praktisch ein von der Außenwelt unabhängiges Leben möglich.

Damals galt es als große Ehre, wenn eine Familie ihre Tochter, es war meist die zweite, in ein Kloster brachte. Sie verbrachte dann den Rest ihres Lebens – bis zu ihrem Tod – hinter diesen Mauern, völlig abgeschirmt von der Außenwelt. Erst 1970 öffneten sich langsam die großen Klostertore für die Öffentlichkeit. Abgesehen von einigen Erdbeben ist dies ein Ort, in dem praktisch die Zeit mehrere Jahrhunderte lang einfach stehen geblieben ist.

Nach einem mehrstündigen Aufenthalt hinter diesen hohen Klostermauern, konnte man sich sehr gut in das frühere strenge Klosterleben hineinversetzen. Damit sich eine Nonne damals ganz ihrem Glauben widmen konnte, hatte sie sogar oft noch mehrere Bedienstete, welche ihr die täglichen Arbeiten abnahmen. In der „Blütezeit" des Klosters lebten mehrere hundert Frauen hinter diesen Mauern. Eine der Hauptnahrungsquellen war – mal wieder – das Meerschweinchen.

Wenige Tage zuvor dachte ich noch, dass dies ein langweiliger Ort sei. Wie man sich doch täuschen kann! Es sollte nicht bei einem Besuch in diesem Kloster bleiben. Estrella war ich dankbar, dass sie mich überredet hatte, diese einzigartige Stadt in der Stadt zu besuchen.

Ein paar Tage später bin ich tatsächlich noch einmal alleine in das Kloster gegangen. In dem Café vor dem Klostereingang hatte ich mich zuvor noch mit meinem Lieblingsgetränk „*Mate de Coca*" (Tee mit Coca-Blättern) gestärkt.

Als ich unter den alten steinernen Torbögen hindurch die Klostergassen entlangschlenderte, war ich fast alleine. Wie spartanisch doch manche Behausungen eingerichtet waren. Ein Leben lang hinter diesen Mauern zu verbringen, unglaublich! Die Gebäude mit ihren Verzierungen, die typischen Innenhöfe! Ich fühlte mich irgendwie heimisch. Vielleicht lag es daran, dass ich viele Urlaube in Andalusien verbracht habe.

Andalusien ist stark von der maurischen Kultur geprägt und das wird an diesem Ort ebenfalls sehr deutlich. Bauhandwerk aus drei Kontinenten steckt seit über 400 Jahren in diesem Kloster, vielleicht einzigartig.

An einem der Häuschen stand die Tür einen Spaltbreit offen, wodurch wärmende Sonnenstrahlen in eine Kammer drangen. Neugierig öffnete ich die Tür des kleinen Hauses und ging hinein. Die Kammer wirkte mit den viel zu kleinen Fenstern nicht gerade wohnlich auf mich, doch ich entdeckte in dem Gebäude einen kleinen urgemütlichen Innenhof mit efeubewachsenen hohen Mauern und einem steinernen Brunnen mit einer kaum noch lesbaren Inschrift. Ein verlassenes Vogelnest lugte am oberen Ende der Hofmauer zwischen den grünen Blättern hervor. Die Sonnenstrahlen schienen auf einen großen bearbeiteten Sillarquader. Dieser Stein war eine gute Sitzgelegenheit – zwar ohne Kissen ein bisschen hart, aber trotzdem bequem und schon von der Sonne angewärmt.

Nach einer Weile, die ich in Gedanken versunken hier saß, wurde ich von dem mystischen Ort richtig in den Bann gezogen. Es wurde mir fast unheimlich, denn ich dachte daran, wer wohl hier vor Jahrhunderten gesessen hatte. Die zweite Tochter einer reichen Familie, sehr jung, vielleicht hübsch? Was hat das Mädchen wohl bewogen, sich hier ihr ganzes Leben lang einschließen zu lassen und sich ausschließlich ihrem Glauben zu widmen? Natürlich war es eine andere Zeit damals. Es war sehr ehrenhaft, sich für Gott zu entscheiden. Aber wurde diese Entscheidung nicht hauptsächlich durch die Eltern getroffen? Hatte nicht dieses junge Mädchen im Innersten ähnliche Gefühle, Sehnsüchte und Träume wie heutige junge Frauen? Mit geschlossenen Augen, halb träumend stellte ich mir vor, wie ein naives Mädchen mit Namen Elizabeth in einem weißen Kleid, mit traurigen Gesichtszügen, dunkelbraunen Augen und schwarzen Haaren vor vielleicht dreihundert Jahren genau an dieser Stelle gesessen hatte. Dieser warme Stein war vielleicht ihr Lieblingsplatz hier in diesem verwunschenen Innenhof gewesen. Bestimmt schaute die junge Novizin Elizabeth sehnsüchtig und mit Tränen in den Augen hoch in den Himmel, beobachtete, wie die Vögelchen in dem Nest an der Hofmauer mit weit aufgerissenen Schnäbeln von ihren Eltern gefüttert wurden, eines Tages die ersten Flugversuche stattfanden und sie dann für immer das schützende Nest in Richtung Freiheit verließen. Vielleicht war das Leben im Kloster aber auch angenehm und in einer gewissen Weise sehr erfüllend? Man konnte sich sorgenfrei seinem Glauben widmen, der wohl damals einen höheren Stellenwert hatte, ohne von anderen Dingen abgelenkt zu werden.

Mönche, die ich in einem Kloster in Asien auf einer früheren Reise traf, machten auch eher einen zufriedenen und ausgeglichenen Eindruck auf mich. Wer weiß denn schon genau, welcher Lebensweg für einen Menschen wirkliche Erfüllung bedeutet? Ich könnte mir heute gut vorstellen, eine begrenzte Zeit hinter solchen historischen Mauern bei spartanischem Leben zu verbringen. Ohne Ablenkung von außen hätte man alle Zeit der Welt, sich Gedanken zu machen, wirklich Wichtiges von Nebensächlichem zu unterscheiden.

Als ich am Abend in einem lauten Restaurant an der Hauptstraße Estrella von der „traurigen Elizabeth aus dem Kloster" erzählte, beobachtete uns von der anderen Straßenseite ein Mädchen mit schmutzigem Kleidchen. Es war eines der vielen armen Kinder, die ständig versuchen, etwas zu verkaufen, z. B. Bonbons, Bleistifte, einfache selbst gebastelte Artikel.

Estrella zeigte auf den Rest des schon kalt gewordenen „*Arroz con Huevo*" (Reis mit Ei) auf ihrem Teller und meinte zu mir, dass das Mädchen sicherlich Hunger habe.

„Ach so, darum geht es!", erwiderte ich.

Wir winkten das Mädchen zu uns. Verängstigt blieb es an der Türschwelle zum Restaurant stehen, bis wir es noch einmal unmissverständlich zu uns winkten und ihm einen Stuhl anboten. Sie war vielleicht neun Jahre alt. Ihre Bäckchen im Gesicht waren lederartig von der Sonne verbrannt. Schuhe trug sie keine, die Finger waren schmutzig und sie hatte großen Hunger. Sie war noch nicht vom Betteln verdorben und sehr bescheiden, denn als wir für sie ein Reisgericht bestellten, verzichtete sie auf ein Getränk. Nachdem sie die Hälfte ihres Reisgerichts in einem wahnsinnigen Tempo heruntergeschlungen hatte, hielt sie inne.

„Hast du denn keinen Hunger mehr?", fragte Estrella verwundert.

Verschüchtert erwiderte das kleine Bauernmädchen, ob es nicht möglich wäre, das restliche Essen für ihre kleine Schwester mitzunehmen. Wir bestellten eine weitere Portion, ließen diese einpacken und gaben sie ihr mit auf den Weg. Leider kam es zu keiner richtigen Unterhaltung, sie war einfach zu verängstigt.

Abends im *Hostal* lag ich noch lange wach. Ich musste an die arme Elizabeth aus dem Kloster und an das Bauernmädchen ohne Schuhe von der Straße denken. Da habe ich heute als Mitteleuropäer ganz andere Möglichkeiten. Mehr Freiheiten kann ein Mensch doch eigentlich kaum noch haben …

Wir standen schon früh am Abend vor dem Bahnhof in Arequipa, um einen guten Platz im Nachtzug nach Puno am Titicacasee zu bekommen. Der riesige (fast 13 Mal so groß wie der Bodensee) 3810 Meter hoch gelegene See war unser nächstes Reiseziel. Der sagenumwobene Titicacasee befindet sich zwischen Peru und Bolivien und ist das höchstgelegene schiffbare Gewässer der Erde.

Die beiden Zweite-Klasse-Tickets mit Platznummern nach Puno hatten wir uns sicherheitshalber schon einen Tag zuvor besorgt.

Zugfahren in Peru ist oft etwas strapaziös, speziell in der zweiten oder dritten Klasse, und nicht für jedermann geeignet. Reservierte Plätze muss man sich manchmal mit viel Geduld erkämpfen. Estrella wollte lieber mit dem Bus fahren. Sie ist ein wenig verwöhnt, daran bin ich auch nicht ganz schuldlos. Aber ich liebe es, in solchen Ländern mit dem Zug zu fahren. Je chaotischer, desto mehr Spaß macht es – und man kommt in Kontakt mit den Einheimischen.

Natürlich gab es ein heilloses Durcheinander. Als wir uns zu unserem Platz durchkämpften und ihn endlich gefunden hatten, waren die harten Sitze auch schon von einer *Indígena*-Familie besetzt. Teilweise können die Leute nicht lesen und sie brauchen diese Transportmöglichkeit viel nötiger als wir. Man darf ihnen eigentlich nicht böse sein. Mit einem Lächeln und etwas gutem Willen war das kleine Problem auch schon behoben. Sie rückten alle etwas zusammen und eine Frau nahm ihren Sohn auf den Schoß, damit wir ebenfalls eine Sitzgelegenheit bekamen.

Da saßen wir nun zwischen zwei Frauen, einem älteren Mann und drei Kindern, wovon eines noch ein Baby war. Der Zug war mehr als überfüllt, unser Abteil einschließlich des Gangs zudem noch vollgestopft mit Gemüse, Reissäcken, Kartoffelsäcken, Körben, Taschen, Plastiktüten, alten Koffern und irgendwelchem anderen Krimskrams. Kaum hatte jeder einen Platz gefunden, fingen die meisten an, ihr mitgebrachtes Essen auszupacken, noch bevor der Zug anrollte. Die Frau, die mir gegenüber saß, stillte ihren Sohn, der zufrieden an ihrer üppigen Brust saugte. Die anderen beiden Kinder mit ihren schmutzigen Gesichtern und Händchen schauten mich fortwährend ängstlich an, so, als ob ich ein Außerirdischer wäre. Die beiden Frauen hatten die typischen wärmenden bunt gewebten Wollröcke an und trugen hohe Filzhüte auf ihren Köpfen. Die langen schwarzen Haare waren zu dicken Zöpfen geflochten. Das Alter der Frauen war schwer einzuschätzen. Es roch überall im Abteil penetrant nach dem Käse, den ich am frühen Abend auf dem Bahnhofsvorplatz in Form eines dicken Käsebrötchens probiert hatte.

Unseren Rucksack und die Tasche knotete ich unauffällig an eine Halterung, die Wertsachen waren in meinem Bauchgurt gut aufgehoben. Bis jetzt ist mir noch nie etwas gestohlen worden, aber gerade in einem Zug sollte man besonders aufpassen. Ich habe gehört, dass ganze Rucksäcke von Dieben einfach aus dem Zug geworfen und diese dann von Komplizen draußen aufgelesen und ausgeräumt werden. Schade, dass der Zug nicht tagsüber zum Titicacasee fährt, dachte ich mir, als ich aus dem verschmutzten Fenster schaute. Doch auch ohne viel von der Landschaft zu sehen, ist es abenteuerlich genug, sich in dem alten wackeligen Zug, begleitet von lautem Geschwätz, einigen tiefen Schnarchtönen und Kindergeschrei durch die Nacht zu schlängeln.

Es gibt immer wieder Überraschungen, denn ich staunte nicht schlecht, als Estrella sich in *Quechua*, der alten *Indígena-* und Inka-Sprache, mit den Frauen unterhielt. Leider konnte ich mich aufgrund fehlender Sprachkenntnisse kaum an dem Gespräch beteiligen.

Am späten Abend wurde ein anfangs leichtes undefinierbares Rumoren in meinem Bauch immer schmerzhafter, bis ich heftige Bauchkrämpfe bekam, weshalb ich versuchte, zu schlafen. Mitten in der Nacht hielt ich es kaum noch aus, auch frische Luft vom offenen Zugfenster half nichts. Ich taumelte mit schmerzverzerrtem Gesicht zur Toilette, aber da hockte schon ein Indio auf der Schüssel, ohne die Tür zuzuschließen. Als endlich die Toilette frei war, ging ich hinein. Es roch und sah auch so aus, wie ich es schon befürchtet hatte, nämlich nicht gerade hygienisch. Die Tür konnte man auch nicht abschließen. Die Schmerzen wurden immer schlimmer, dazu kam die große Höhe, der Zug wackelte hin und her, mir wurde immer wieder schwindelig. Mein mitgebrachtes Klopapier ging mir aus und der Durchfall hörte nicht mehr auf. Zum Übergeben drehte ich mich schon gar nicht mehr um. Zu allem Überfluss musste ich noch mit letzter Kraft mit dem rechten Fuß die Toilettentür zuhalten, was immer schwieriger wurde, denn die Leute drückten von außen ständig gegen die Tür. Verständlich, denn es war die einzige Toilette in diesem Abteil.

Das kalte Wasser, welches mir vom tropfenden Spülkasten von der Decke den Rücken herunterlief, ließ mich wenigstens nicht ohnmächtig werden. Schließlich bekam ich durch die Höhe Nasenbluten. Unglaublich, ich hätte nie gedacht, dass man aus allen Körperöffnungen fast gleichzeitig Dinge ausscheiden kann!

Nein, das war leider noch nicht alles: Die Blechhalterung für das Toilettenpapier war gebrochen. Eigentlich kein Problem, aber als der Zug bei hoher Geschwindigkeit heftig nach links und rechts wackelte, rutschte ich mit dem Po seitlich in die scharfkantige abgerissene Blechhalterung. Das rostige Blech bohrte sich in mein Fleisch. Den Schmerz spürte ich kaum noch, denn ich war nicht mehr im Vollbesitz meiner Kräfte.

Irgendwie schaffte ich es, zurück auf meinen Platz zu gelangen. Estrella und die anderen schliefen, bis auf einen Jungen. Der sah mich mit Entsetzen an, wahrscheinlich unterschied ich mich jetzt in seinen Augen tatsächlich nicht mehr von einem Außerirdischen. Wir stiegen beim nächsten Halt kurz vor Puno, in Juliaca, vorzeitig aus und nahmen das erstbeste Hotel, wo sich Estrella wirklich aufopferungsvoll um mich kümmerte und mich verarztete. Es war wohl das Brötchen mit dem verdorbenen Käse. Estrella hatte mich noch gewarnt, aber ich hatte solch einen Hunger gehabt ...

Diese „erholsame" Zugfahrt werde ich so schnell nicht vergessen. Nach zwei Tagen war ich wieder unter den Lebenden und wir fuhren mit dem Bus das kurze Stück weiter Richtung Puno.

Wir blieben nicht lange an dem großen geheimnisvollen Titicacasee bei Puno, denn Estrella wünschte sich, Bolivien zu bereisen. Sie wusste mittlerweile sehr genau, wie man mir die Weiterreise schmackhaft machen konnte, und so landeten wir bald in einem Bus mit Ziel La Paz in Bolivien.

Wir erreichten die nur 100 Kilometer hinter der peruanisch-bolivianischen Grenze gelegene Großstadt La Paz nach einem sehr umständlichen und langwierigen Grenzübergang. Ein wirklich eindrucksvoller Blick ergab sich, als der Bus im 4100 Meter hoch gelegenen Stadtteil El Alto um eine Kurve Richtung Innenstadt bog. Plötzlich konnten wir von unserer Seite aus in den bis zu 1000 Meter tiefer gelegenen Innenstadt-Talkessel von La Paz blicken.

Schon auf der Suche nach einer Unterkunft fand ich die Stadt wieder einmal außergewöhnlich. Es hatte sich seit meinem letzten Besuch nicht viel verändert: einfache Bretterbuden an den Hängen der Armenviertel, große moderne Hochhäuser in der Innenstadt und trotzdem eine intakte Altstadt mit spanischen Kolonialbauten. Irgendwie hatte dieser zusammengewürfelte Mix aus Alt und Neu, Arm und Reich etwas Anziehendes. Ebenso anziehend war die Atmosphäre auf den Marktstraßen. In der „Straße der Hexen" gab es einen „Zaubermarkt". Dort konnte man die eigenartigsten Dinge kaufen, wie etwa eine Figur *„Patchamama"* (Mutter Erde), Kunsthandwerk oder Lama-Embryos. Diese Tierembryos sollen angeblich dann Glück bringen, wenn sie beim Hausbau mit eingemauert werden. Alte *Indígena*-Frauen mit ihren schwarzen runden Hüten boten dort Mittelchen und Kräuter gegen alle möglichen Krankheiten an. Andere „Kräuterhexen" hatten selbst gemixte Tinkturen für Glück, Liebe und Gesundheit.

Ein Problem für mich war wieder mal die dünne Luft in dieser sehr hoch gelegenen Stadt, obwohl mein Körper eigentlich immer noch durchtrainiert ist. Ich versuchte es mir nicht so sehr anmerken zu lassen, dass meine Kräfte langsam schwanden. Sicherlich hätte Estrella sonst irgendein bitteres ekliges Zeug von so einer Hexe gekauft und es mir verabreicht, denn sie glaubte fest an solche Sachen. Jeder noch so kleine Anstieg, vor allem die Treppenstufen, waren sehr anstrengend. Wenn Estrella meinen roten Kopf beim Treppensteigen bemerkte, machte sie Späße über mein Alter – obwohl sie selbst nur sechs Jahre jünger war als ich –, aber wie immer in einer sehr rücksichtsvollen Art.

Überhaupt zog sie durch ihre herzliche, positive Ausstrahlung immer wieder Menschen in ihren Bann. Estrella unterhielt sich ein weiteres Mal in der alten Inka-Sprache *Quechua* lange mit einer alten *Indígena*-Frau. Diese von Sonne und Kälte im Gesicht gezeichnete weitsichtige Marktfrau besaß durch ihre Tätigkeit eine unglaubliche Menschenkenntnis. Es war amüsant, zuzuhören, wie sie Menschen – vor allem Ausländer – beurteilte. Estrella übersetzte einen Teil der Unterhaltung für mich. Als wir uns verabschiedeten, schaute die Frau uns beiden tief in die Augen und wünschte uns zwei Verliebten alles Gute.

Auf einem anderen Markt gab es frische Lebensmittel und so genannte „Garküchen" mit leckerem frisch zubereitetem Essen. In den darauffolgenden Tagen waren wir oft dort und probierten immer wieder neue Gerichte aus.

Nach einem langen Telefonat, das Estrella mit ihrer Schwester Marta führte, sagte sie mir, dass sie leider sehr bald nach Lima zurück müsse. Wir dachten die ganze Nacht über unsere nahe Zukunft nach und kamen zu dem Entschluss, dass es am besten wäre, wenn Estrella sich erst einmal eine eigene Wohnung in Lima mietete. Sobald sie dann etwas Passendes gefunden hätte, würde ich nachkommen. Ich wollte nicht wieder bei ihrer Schwester Marta wohnen und außerdem hatte ich Lust, ein paar Wochen alleine weiterzureisen, deshalb hielt ich es für besser, später nachzukommen. Ich gab Estrella Geld für die Kaution einer Mietwohnung.

Die Rückreise mit einem Bus empfand ich für Estrella als zu anstrengend. Aus diesem Grunde besorgte ich ihr ein Flugticket für den übernächsten Tag nach Lima. Wir vereinbarten, ein anderes Mal unsere Reise durch Bolivien bis nach Argentinien fortsetzen. Aus Bequemlichkeit beschloss ich ebenfalls, mit dem Flugzeug weiterzureisen.

Das Nachbarland Paraguay bot sich an, denn ich kannte dieses Land noch nicht. Von diesem südamerikanischen Staat aus konnte man leicht auf die andere Seite des Kontinents gelangen. Außerdem hatte dieses kleine Land keine hohen Berge und ich wollte endlich mal wieder normal atmen können.

Jede Minute dieser letzten zwei gemeinsamen Tage auf dieser Reise genossen wir. Auf unserem Stadtbummel durch La Paz wurden wir immer wieder von der magischen *„Calle de las Brujas"* (Hexenstraße) angezogen. Dort entdeckten wir auch ein kleines, aber hochinteressantes Koka-Museum, dessen Besuch das eine oder andere Vorurteil über diese Pflanze bei mir abbaute. Ein älteres Ehepaar erklärte uns anhand von Ausstellungsstücken sehr anschaulich alles über die Geschichte, den Anbau, den Export seit dem 18. Jahrhundert sowie über die Nutzung der Koka-Sträucher. Sie waren wohl die Besitzer dieses privaten Museums.

Die Blätter der Koka-Pflanze werden von den Andenbewohnern seit Jahrhunderten für kultische und medizinische Zwecke benutzt. Sie enthalten außer dem Alkaloid Kokain viel Kalzium, Kohlenhydrate und Vitamine.

Estrella erzählte mir, dass auch in ihrer Familie früher bei großen Feiern die Blätter dieser Pflanze gekaut wurden. Ende des 19. Jahrhunderts benutzte man den Wirkstoff in Europa als lokales Anästhetikum für den medizinischen Gebrauch.

Beeindruckend war auch die Diskussion mit dem netten Museumsbesitzer am Ende unseres Besuchs über die heutige Coca-Cola-Company. Jährlich kauft der weltbekannte Brausehersteller 220 Tonnen Koka von Bolivien und Peru, aus denen – ohne Alkaloide – 500 Millionen Flaschen Cola am Tag hergestellt werden. Auf der anderen Seite bekämpfen die Vereinigten Staaten von Amerika medienwirksam den Koka-Anbau.

Mit einem *„Así es la vida"* (So ist das Leben) verabschiedete sich der alte Mann von uns.

An unserem letzten gemeinsamen Tag in La Paz bot uns einer der vielen abgebrannten Taxifahrer eine Halbtages-Tour ins Umland an. Der Festpreis war so verlockend, dass wir einwilligten.

Ignazio, der Taxifahrer, war gesprächig und witzig. Er hätte wohl auch als Clown in einem Zirkus auftreten können. Er erzählte uns, dass am Ende des Monats die Leute kein Geld fürs Taxifahren hätten und so versuchte er sich in dieser Zeit mit Tagestouren über Wasser zu halten.

Der Ausflug ins *„Valle de la Luna"* (Mondtal) machte seinem Namen alle Ehre. Dieses trockene Tal mit seinen steinigen stalagmitenartigen Felssäulen war eine seltsame Landschaft. Auf dieser typischen Touristen-Tour konnte ich jedoch die Gegend kaum genießen, ich musste immer an unseren Abschied denken.

Estrella musste gegen 11 Uhr abreisen, mein Flug nach Asuncion ging leider schon um 7 Uhr morgens. Wie sehr ich mich doch an diesen so liebvollen Menschen gewöhnt hatte! Sicherlich werden einige Wochen vergehen, bis wir uns wiedersehen, sagte ich mir.

Als Ignazio uns wieder vor unserem Hotel absetzte, entschieden wir uns, nicht auf unser Zimmer zu gehen, sondern noch einen Spaziergang zu machen. So landeten wir, wie immer, in der magischen Straße.

In einem urgemütlichen Café mit lauter antiken zusammengewürfelten Gegenständen und Möbelstücken tranken wir in einer Ecke einen *Mate de Coca*. Estrella streichelte mich, während wir uns die ganze Zeit in die Augen schauten.

Nach dem Tee tranken wir eine Flasche Wein, dazu bestellten wir eine Käseplatte mit frischem Weißbrot. Die Augen von Estrella wurden immer trauriger – bis sie weinte. Ich drückte sie ganz fest an mich.

„Jetzt weinst du wieder, wie damals in der Abschiebehaft in Deutschland", sagte ich mit leiser Stimme. „Wir werden uns doch sehr bald in Lima in unserer neuen Wohnung wiedersehen", tröstete ich Estrella. Zwei Monate waren wir zu diesem Zeitpunkt schon zusammen. Wie sehr sie mir damals ans Herz gewachsen ist!

Ich weiß nicht, wie viele Stunden wir uns auf der alten Couch in diesem Café in den Armen lagen. Wir waren wohl die letzten Gäste, als das Café in der Nacht zumachte. Fast drei Flaschen Wein hatten wir, ohne es zu registrieren, getrunken. Ich bezahlte und wir torkelten zum Hotel zurück.

Unsere letzte Nacht war extrem kurz und irgendwie unerfüllt, denn leider klingelte um 4.30 Uhr der Wecker. Wir lagen noch angezogen und eng umschlungen auf dem Bett, nichts war gepackt und mir war extrem übel. Seltsam, dass ich es noch fertig brachte, in der Nacht den Wecker zu stellen. Ist wohl eine typisch deutsche Krankheit!

Meine Sachen schmiss ich schnell in den Rucksack. Flugticket, Reisepass und Geld stopfte ich in meinen Bauchgurt. Der Abschied war bitter. Wir weinten beide.
„Hasta pronto mi amor, nos vemos en Lima (Bis bald, mein Liebling, wir sehen uns in Lima)", sagte wir beide fast gleichzeitig.

Mir ging es im doppelten Sinne schlecht, als ich vor dem Hotel an die frische Luft kam. Plötzlich hörte ich eine tiefe Männerstimme meinen Namen rufen. Wer zum Teufel ruft morgens um diese Zeit in La Paz meinen Namen, fragte ich mich.
Kaum zu glauben, es war Ignazio, der Taxifahrer vom Vortag. Mindestens genauso müde und zerknittert wie ich, aber mit einem verschmitzten Lächeln stieg er aus dem Taxi und begrüßte mich.
„Woher weißt du denn, dass ich jetzt zum Flughafen fahren muss?", fragte ich Ignazio.
„Ich sagte dir doch, *Cristóbal,* am Ende des Monats haben die Leute kein Geld fürs Taxi, und deshalb muss ich besonders kreativ sein. Ich habe aus eurem Gespräch gestern zufällig erfahren, dass du heute früh fliegst, und so habe ich hier vor dem Hotel auf dich gewartet", klärte mich Schlitzohr Ignazio auf.
Mir war so schlecht auf der Fahrt zum Flughafen, aber trotzdem hatten Ignazio und ich ein gutes, aber auch typisches Männergespräch über Frauen.
Am Flughafen angekommen, gab ich ihm mein restliches bolivianisches Kleingeld und ein stattliches Trinkgeld in US-Dollar. Der Flughafen von La Paz liegt über 4000 Meter hoch. Hoffentlich hebt die Maschine überhaupt ab, dachte ich mir beim Anblick der langen Startbahn.
Ignazio gab mir zum Abschied einen festen Händedruck und sagte doch tatsächlich zu mir: „*Cristóbal,* vergiss schnell die Peruanerin! Ich weiß, wovon ich rede."
Selbst wenn Ignazio alle Gespräche von Estrella und mir im Taxi mitbekommen hatte, fragte ich mich, wie er dazu kam, mir so etwas zum Abschied zu sagen. Dies fand ich überhaupt nicht lustig. Gekränkt

wollte ich noch meine Estrella verteidigen, aber ich war einfach zu fertig, um lange Diskussionen mit dem Taxifahrer zu führen.

Nach einer fast zehn Stunden langen Reise in Asuncion (Paraguay) endlich angekommen, ärgerte ich mich anfangs ein wenig, dass ich dort überhaupt hingeflogen bin. Leider hatte ich – blind vor Liebe – beim Kauf des Flugtickets nicht bemerkt, dass die Flugroute von La Paz nach Asuncion über Buenos Aires in Argentinien führte. Buenos Aires wäre ein hervorragender Zwischenstopp gewesen. Mit Julio, meinem argentinischen Kumpel vom spanischen Kulturkreis in Deutschland, war ich einmal in seiner Heimat. Er stammt aus der kleinen Stadt Baradero in der Region Buenos Aires. Dort hatten wir vor einigen Jahren unseren Urlaub verbracht. Das Schönste waren die *Asado*-Abende (Grillmahlzeit mit verschiedenen Fleisch- und Wurstsorten) mit seinen Eltern. Saftige Steaks, so viele man essen konnte, einfach köstlich!

Auf der anderen Seite wollte ich aber auch die Reise später mit Estrella von La Paz aus fortsetzen und so hätten wir die Möglichkeit, ein anderes Mal gemeinsam Bolivien und Argentinien zu entdecken.

Nachdem ich mich in einem einfachen Hotel mitten in Asuncion einquartiert hatte, schlief ich erst einmal richtig aus. Am nächsten Tag erkundete ich die Hauptstadt von Paraguay, indem ich gemächlich durch die Straßen von Asuncion bummelte und ein sehr informatives Museum über die Geschichte sowie die Bevölkerung des Landes besuchte.

Es ging mir an diesem Morgen körperlich blendend. Ich fühlte mich wie ein Sportler nach einem Höhentraining. Die ruhige Stadt Asuncion mit nur etwa 500 000 Einwohnern ist die größte Stadt des Landes. Sie hat ebenfalls herausgeputzte Regierungsgebäude, Museen und Kirchen im Kolonialstil.

Paraguay ist ungefähr so groß wie Schweden, hat aber nur 6 Millionen Einwohner, größtenteils Mestizen. In diesem Land lebt auch eine Minderheit von eingeborenen Völkern, z. B. die Guarani-Indianer.

Ihre Sprache, *Guarani*, hat neben dem Spanischen einen offiziellen Status. Besonders interessant fand ich, dass die dritte Sprache in Paraguay Deutsch sein soll, denn etwa 7 Prozent der Bevölkerung seien deutsche oder deutschstämmige Einwanderer.

Am Nachmittag entdeckte ich in der Innenstadt einen ruhigen schattigen Park mit altem Baumbestand. Dort schlug ich mein Südamerika-Handbuch auf, schaute auf die Übersichtslandkarte im Buchdeckel und überlegte mir genauer meinen weiteren Reiseverlauf. Komisch, eigentlich hatte ich bis jetzt dieses praktische Buch kaum benutzen müssen.

Auf dem Landweg quer durch Paraguay bis zu den Iguaçu-Wasserfällen im Drei-Länder-Eck, so mache ich es, entschied ich mich. Aber so schön dieser sonnige Tag auch war, so gemütlich ich dort unter diesem großen alten Baum auch saß, so frei und ungebunden ich auch war – es fehlte mir etwas Entscheidendes, um glücklich zu sein: Es fehlte Estrella an meiner Seite! Erst jetzt, wo sie nicht mehr da war, spürte ich, wie sehr ich sie vermisste.

Vielleicht hätte ich sie doch zurück nach Lima begleiten sollen? Auf der anderen Seite reizte es mich, auch mal alleine neue Gegenden zu erkunden.

Nach einer Weile, die ich in Gedanken an die wunderschönen Momente mit Estrella versunken war, schreckte mich ein kleines Eichhörnchen auf. Wieder aufgewacht, beschloss ich, ins nächste Internetcafé zu gehen, um nachzuschauen, ob Estrella mir vielleicht schon eine E-Mail geschrieben hatte. Es sollten noch weitere drei endlos lange Tage und Nächte vergehen, bis ich endlich eine Nachricht von Estrella erhalten sollte. In diesen drei Tagen war ich wie besessen vom Internet …

Mittlerweile hatte ich meine Reise fortgesetzt, mit Zwischenstation in der schönen kleinen Stadt Villarrica, die etwa 130 Kilometer von der Hauptstadt Asuncion entfernt liegt. Irgendwie kam ich mir vor, als ob ich der einzige Fremde dort wäre, denn es gab keine Touristeninformation oder Ähnliches. Es herrschte jedoch eine angenehme friedliche Stimmung in dieser kleinen Stadt. Ob Jung oder Alt, alle tranken zu jeder Tageszeit ihren heißen oder auch eisgekühlten Matetee in den speziellen bauchigen Gefäßen mit Metallstrohhalm. Am Abend setzte ich mich draußen an einen Tisch vor einer Bar, bestellte mir ein Bier und beobachtete zufrieden die vorbeilaufenden Menschen. Die große Bierflasche mit knapp einem Liter Inhalt wurde mir in einem silbernen Bottich mit großen Eiswürfeln und einem Tuch darüber, ähnlich wie Champagner, serviert. Ich zahlte für das große Bier und die ganze Zeremonie weniger als einen Euro. Da schmeckt doch das eiskalte Bier in der lauen Sommernacht besonders lecker. Die Preise in Paraguay, einschließlich der Hauptstadt, waren auch aufgrund des starken Euros extrem günstig.

Nach zwei Tagen Aufenthalt in Villarrica reiste ich mit einem alten klapprigen Überlandbus in eine von überwiegend deutschen Einwanderern bewohnte Kolonie mit dem interessanten Namen *„Colonia Independencia"*. Der Ort hatte mich irgendwie neugierig gemacht und ich wollte einmal sehen, wie die Deutschen sich dort eingerichtet hatten.

Der Bus sollte um 12.15 Uhr abfahren, war aber ein wenig verspätet und das Internetcafé um die Ecke hatte bereits geöffnet. Ich spürte, dass ich heute endlich eine E-Mail von meiner Liebsten bekommen würde …

Ich gab hastig meine ID und das Passwort ein und tatsächlich blinkte eine „1" auf! Das bedeutete, ich hatte eine neue, noch nicht gelesene Nachricht. Schnell klickte ich auf „Inbox". Die Mail war tatsächlich von Estrella. Welch eine Erleichterung!

Ich öffnete die Mail und las die von Estrella geschriebenen wenigen Sätze sehr hastig, aber nur ein Mal, denn das, was sie mir in dem knappen Text zu sagen hatte, war eindeutig! Sie wollte mich nicht mehr wiedersehen …

Die langsame Fahrt mit dem alten Bus nach *Colonia Independencia* dauerte nur knapp zwei Stunden. Von der Landschaft nahm ich überhaupt keine Notiz, obwohl ich die ganze Zeit aus dem Fenster starrte.

Eigenartigerweise fragte mich der Busfahrer kurz vor dem Ziel, wo ich in *Independencia* genau aussteigen wolle.

„Stadtmitte", sagte ich gleichgültig.

Daraufhin lächelte er und erklärte mir, dass in *Colonia Independencia* keine Stadtmitte existiert. Nach kurzer Diskussion entschied ich mich für ein Ferienhotel, das er mir unter anderem vorgeschlagen hatte. Der Fahrer stoppte an einer einsamen Bushaltestelle und ich sprang mit meinem Rucksack unter dem Arm heraus. Das verwitterte Schild neben der Haltestelle mit der Aufschrift „*Ferienhotel 300 m rechts*" war nicht zu übersehen. Der Busfahrer hätte mich auch irgendwo anders herauslassen können, es war mir eigentlich alles egal.

„*Buenas tardes*", sagte ich zu einer Frau, die ich antraf, als ich in den Hof dieses Ferienhotels trat.

„Grüß Gott", erwiderte mir die kräftige Frau im forschen Ton.

„Haben Sie noch ein Zimmer frei?", fragte ich die wohl deutschstämmige Frau.

„Freilich. Vollpension kostet 8 Euro. Frühstück bis 9 Uhr, Mittagessen um 12.30 Uhr und Abendessen um 19 Uhr", erwiderte sie mir im militärischen Ton.

Ich sagte erst einmal für drei Nächte zu, ging auf mein Zimmer, schloss mich ein, legte mich ins Bett und verkroch mich unter der Bettdecke, obwohl es erst später Nachmittag war.

Ein lautes Donnern weckte mich auf. Es war aber kein Unwetter, sondern ein unüberhörbares Klopfen an meine Zimmertür.

„Frühstück ist fertig! Sie müssen doch mächtig Hunger haben", sagte der weibliche Hauptfeldwebel halb schreiend zu mir.

„Ja, danke. Ich komme in fünf Minuten", erwiderte ich verschlafen und genervt.

Jetzt schon Frühstück? Da muss ich wohl lange unter der Bettdecke verbracht haben, wunderte ich mich, aber wir hatten tatsächlich schon 9 Uhr morgens.

Am Frühstückstisch im großen Speisesaal bemerkte ich, dass ich der einzige Gast in diesem Ferienhotel war. Das Frühstück war reichlich, aber ich hatte kaum Hunger.

In einem kurzen oberflächlichen Gespräch mit der Frau erfuhr ich ein paar Dinge über ihre Familie, das Hotel und diese einsame Region in *Colonia Independencia*. Ich beschloss, einen kleinen Erkundungsspaziergang zu unternehmen, entschuldigte mich für das Mittagessen und spazierte direkt los.

Nach etwa einem Kilometer passierte ich das letzte Bauernhaus und gelangte in eine weitgehend unbewohnte Gegend. Anfangs waren die Wege noch breit und mittelgroße Bäume spendeten am Wegesrand ein wenig Schatten. Die Zeit verging, ohne dass ich es bemerkte, und je weiter ich mich entfernte, desto trockener kam mir die Landschaft vor.

Aber ich nahm meine Umgebung eigentlich gar nicht mehr richtig war, immer wieder musste ich an Estrella denken. Ich versuchte krampfhaft, von verschiedenen Standpunkten aus die Reaktion Estrellas in ihrer letzten E-Mail zu verstehen, aber jegliche Objektivität wich nach kurzer Zeit einem Unverständnis. Hatte ich das wirklich verdient? Warum hatte ich mich nur so sehr in diesem Menschen getäuscht?

Es war Hochsommer in Paraguay und die Sonne brannte vom Himmel. Dass ich seit fast zwei Tagen kaum etwas gegessen hatte, war das kleinere Übel, aber keinen Tropfen Wasser mitzunehmen, war einfach nur Dummheit. Während so langsam, aber sicher in meiner Mutlosigkeit die Kräfte schwanden, wurde mir bewusst, wie armselig meine ganze Situation doch eigentlich war. Die Brücken in Deutschland hatte ich bewusst abgebrochen, um endlich wieder zu leben, meine Freiheit, Unabhängigkeit und natürlich meine Reiselust voll auszukosten. Plötzlich spürte ich auf eine sehr unangenehme Weise die Kehrseite der Medaille. So sehr hatte ich mich an Estrella geklammert. Sie wurde Woche für Woche immer mehr eine Art Ersatz für vieles, was ich in Deutschland aufgab. Jetzt, ja, jetzt hatte ich wirklich meine Freiheit, aber was war sie denn noch wert so ganz allein? Bis vor wenigen Tagen gestaltete sich alles wie in einem Märchen mit Happy End. Den weisen Schritt, doch keinen Selbstmord in einem Gartenteich neben einem angelnden Gartenzwerg begangen zu haben, sondern stattdessen mein unbefriedigendes Leben völlig umzukrempeln, wurde mehrfach belohnt. Es eröffneten sich ganz neue Einblicke in eines der spannendsten Reiseländer Lateinamerikas. Für einen sanften Übergang in dieses neue Leben gesellte sich vom ersten Tage an eine zauberhafte peruanische Fee an meine Seite. Allerdings wurde dieses schöne Märchen ziemlich abrupt beendet. Meine angeblich durch die Reise zurückerlangte innere Ausgeglichenheit zerplatzte wie eine Seifenblase.

Plötzlich tauchte hinter mir wie aus dem Nichts an einer Weggabelung ein junges Mädchen auf einem alten Mountainbike auf. „Grüß Gott", sagte sie zu mir und fragte mich neugierig, wo ich denn herkäme.

„Kommen denn hier alle aus Bayern?", antwortete ich ihr in bewusst gelangweiltem Ton und erzählte ganz „cool" in knappen Sätzen von dem Ferienhotel und dass ich auf großer Reise sei und grundsätzlich immer nur dort bliebe, wo es mir gefiele.

„Ach, hast du ein tolles Leben!", sagte die vielleicht 16-Jährige mit trauriger Stimme zu mir, während sie ihr Fahrrad neben sich her schob. Wenn sie nur gewusst hätte, in welch desolatem Zustand ich mich gerade befand! Wenigstens schämte ich mich ein wenig für mein arrogantes, hochnäsiges Auftreten. Sie schaute mich bewundernd an, während ich nur ein müdes Lächeln für sie übrig hatte. Dann fing sie an zu erzählen, als ob sie sich seit sehr langer Zeit nicht mehr mit einem anderen Menschen ausgetauscht hätte: „Ich stamme aus dem Chaco im Norden Paraguays. Meine Eltern sind sehr früh gestorben und so bin ich als neunjähriges Mädchen bei meiner Tante in Asuncion gelandet. Zwei Jahre habe ich in der Hauptstadt gelebt, meist war ich in der Wohnung eingesperrt, denn meine Tante musste den ganzen Tag arbeiten. Sie hat einen älteren

Landwirt geheiratet und wir sind zu ihm hier in diese Gegend gezogen. Dort wohne ich immer noch mit meiner Tante. Wir sind sehr arm. Niemals könnte ich mir eine Reise in ferne Länder leisten. Welche Länder hast du denn schon bereist?", fragte sie mich in kindlichem Ton weiter.

„Es waren schon viele Länder, aber wenn du fest daran glaubst und einen starken Willen hast, wirst du dir auch eines Tages deinen Traum erfüllen können! In deinem Alter hatte ich auch kaum Geld, ich wohnte zu dieser Zeit schon in meiner eigenen Wohnung", antwortete ich dem naiven Mädchen und versuchte ihr mit meiner Vergangenheit ein wenig Hoffnung zu machen. „Aber kannst du mir vielleicht sagen, woher ich frisches Wasser bekommen kann?"

„Hier gibt es einen Wasserfall. Kennst du den denn noch nicht?", fragte sie mich vorwurfsvoll.

„Nein, den kenne ich noch nicht, aber ich würde diesen Wasserfall wirklich sehr gerne kennen lernen", erwiderte ich genervt mit trockener Zunge.

„Den Wasserfall musst du gesehen haben, sonst kannst du nicht behaupten, dass du jemals in *Colonia Independencia* gewesen bist!" Im weiteren Gespräch erklärte sie mir sehr umständlich den Weg dorthin, ohne eine genaue Entfernung zu nennen.

„Jetzt muss ich aber wieder zurück!", sagte sie plötzlich, stieg auf ihr rostiges Fahrrad und fuhr davon.

Mit neuem Mut und der Vorstellung, vielleicht nur noch wenige hundert Meter von einem tosenden kristallklaren Wasserfall entfernt zu sein, ging ich weiter. Eigentlich war ich nicht besonders freundlich zu dem Mädchen, dachte ich mir, als sie am Horizont verschwunden war. Vielleicht hätte ich mehr auf sie eingehen sollen. Sie hatte sich sicher einfach nur jemanden gewünscht, der ihr zuhört.

Die Hitze war einfach unerträglich. Nach einer Weile fragte ich mich, wo in dieser verlassenen, staubigen, heißen Gegend ein Wasserfall sein sollte. War das Mädchen vielleicht beleidigt oder neidisch auf mich und hat mich deshalb belogen? Keine Ahnung, wie weit ich jetzt schon gegangen bin! Irgendwann kommt vielleicht mal ein Grenzübergang? So groß ist Paraguay doch gar nicht.

Langsam wurde mir schwarz vor Augen. Bei dieser Trockenheit wächst hier doch absolut nichts mehr. Kein Wunder, dass weit und breit kein Mensch zu sehen ist! Aber wo finde ich jetzt in dieser gottverlassenen Wüste Wasser?

Meine durchgeschwitzte Unterhose rieb bei jedem Schritt an meinen Oberschenkeln, bis sie wund wurden.

Vor mir – fast am Horizont – erkannte ich aber endlich irgendetwas, einen Schatten. Na also, das wird der Wasserfall sein, machte ich mir Hoffnung.

Der Weg zu diesem Schatten zog sich fast endlos hin. Jetzt ist nur noch weniger als ein Kilometer zu gehen und man kann schon etwas Grün entdecken, sagte ich mir mit neuem Mut.

Die Überraschung war perfekt: Der angebliche Wasserfall war in Wirklichkeit ein stinkender Wassertümpel mit dunkler Brühe in einer Bodensenke. Der Tümpel war schon lange gekippt und aus diesem stehenden Gewässer zu trinken wäre sicherlich noch gefährlicher gewesen als ein zweites Käsebrötchen vom Bahnhof in Arequipa zu essen. Auf der anderen Seite musste ich dringend etwas zu trinken haben. Vielleicht ist der richtige Wasserfall ja in der Nähe?

Ich entschied mich, die Suche nach dem echten Wasserfall einzustellen, denn ich hatte in meiner Verzweifelung eine Idee: Da bei Regen lange Zeit kein Wasser durch meine Boots an meine Füße gelangt, sollte dies ja auch umgekehrt funktionieren. Ich zog beide Schuhe und mein Hemd aus. Das Hemd faltete ich mehrmals. Das gefaltete Hemd legte ich auf einen Schuh. Mit dem anderen Schuh holte ich Wasser und goss es so über das Hemd, dass das Wasser durch das gefaltete Hemd in den Schuh tropfte. Das Hemd diente mir damit als eine Art Wasserfilter.

Die Idee war vom Prinzip her gar nicht mal so schlecht, aber das Ergebnis war niederschmetternd. Das Wasser stank jetzt noch mehr als vorher. Vielleicht lag das ja am Eigengeruch meiner Schuhe? Wäre auch nachvollziehbar, schließlich würden bei jedem Menschen nach so einem Gewaltmarsch die Socken dampfen. Die Hitze stieg mir in den Kopf und ohne groß zu überlegen, entschied ich mich, einfach umzukehren – mit nassen Schuhen, aufgeriebenen Oberschenkeln und ohne zu trinken!

Die Spuren meiner Schuhe im Staub waren noch gut zu erkennen und sie zeigten mir an jeder Weggabelung die Richtung, aus der ich kam. Meine Kräfte schwanden mit jedem Schritt immer weiter und ich spürte, dass es spätestens jetzt kein Spaziergang mehr war, sondern bitterer Ernst, falls ich nicht bald jemanden treffen würde. Wenn ich nur wüsste, wo der Bauernhof des Mädchens ist! Oder habe ich das alles etwa nur geträumt?

„Wahrscheinlich wird man erst verrückt und dann verdurstet man …", stammelte ich. Der Schlapphut auf meinem Kopf wurde mit jedem Schritt schwerer. Es kam mir vor, als ob ich einen Zementsack auf meinem Kopf tragen würde. Den Schmerz des ganzen Körpers, vor allem die wunden Oberschenkel und die Knie, nahm ich kaum noch war. Wie in Trance schob ich ein Bein vor das andere. Noch nicht einmal ein klein wenig Schatten gab es.

Auf keinen Fall darf ich mich ausruhen, sonst komme ich nie wieder auf die Beine, sagte ich mir mit verschwommenen Gedanken. Der Durst war so extrem, dass ich ständig versuchte, den wenigen Speichel im Mund zu sammeln, um ihn dann auf einmal herunterzuschlucken.

„Immer weiter … Immer weiter … Nicht aufgeben …", brummte ich mit hängendem Kopf apathisch vor mich hin. Es waren wohl jetzt schon über acht Stunden, die ich ohne Wasser in dieser brütenden Hitze unterwegs war. Bald müsste doch wenigstens die Sonne untergehen, so hoffte ich.

An einer Wegkreuzung erkannte ich am Horizont eine Staubwolke. Ich blieb stehen, was erst recht noch größere Schmerzen verursachte. Die Staubwolke kam auf mich zu. Erst kurz vor mir erkannte ich, dass es ein VW Käfer war, der die Staubwolke verursacht hatte. Meine Beine zitterten. Mit letzter Kraft hielt ich meinen Arm halb hoch, um das Auto zum Anhalten zu bewegen.

Der Käfer stoppte tatsächlich und ich erkannte eine alte Frau am Steuer.

„Haben Sie Wasser?", brabbelte ich durch das halb geöffnete Fenster, während ich mich am Autodach abstützte.

„Wie sehen Sie denn aus?", erwiderte die alte Frau erschrocken und bat mich, einzusteigen.

„Trinken Sie bloß schön langsam!", sagte die Frau zu mir, als ich mit zittrigen Händen den Steinkrug mit kühlem Wasser zum Trinken ansetzte.

Wir saßen auf der Veranda vor ihrem Haus, während langsam die Sonne unterging. Immer noch sehr geschwächt, erzählte ich ihr bruchstückhaft von meinem kleinen „Spaziergang".

„Wie kann man nur so unvorsichtig sein und ohne Wasser zu solch einem Gewaltmarsch bei dieser Hitze aufbrechen?", fragte sie mich daraufhin in einem vorwurfsvollen, aber besorgten Ton.

Oh, wie gut doch einfaches Wasser schmeckt, dachte ich mir, ohne ihr richtig zuzuhören. Aber es dauerte eine Weile, bis ich wieder einigermaßen klare Gedanken fassen konnte. Während ich mich Schluck für Schluck regenerierte, erzählte sie mir, wie sie vor vielen Jahren mit ihrem Mann nach Paraguay gekommen ist, welch entbehrungsreiche Zeit sie gemeinsam verbrachten und wie sie dann dieses Haus kauften und es jahrelang aufopferungsvoll sanierten.

„Wo ist denn Ihr Mann?", fragte ich sie.

„Er ist vor zwei Jahren gestorben", erwiderte die alte Frau nachdenklich.

Ich sagte ihr, dass es mir leid täte, aber es war mir im Nachhinein unangenehm, sie so taktlos gefragt zu haben.

Nach einer Weile des Schweigens fragte sie mich ebenso direkt, was mich denn bekümmern würde.

„Nichts", erwiderte ich ihr verdutzt und bedankte mich für die Hilfe und das Wasser. „Es ist schon spät, ich muss jetzt gehen. Sicherlich machen sich die Leute vom Hotel schon Sorgen", fügte ich hinzu.

„Ihr Ferienhotel ist etwa 500 Meter diesen Feldweg entlang", sagte sie und zeigte mir von ihrem Schaukelstuhl aus den Weg.

Ich wollte gerade aufstehen, überlegte jedoch kurz, blieb dann doch sitzen und fing schließlich an zu erzählen. Endlich hatte ich den Mut, über meinen Schatten zu springen und dieser Frau mein Herz auszuschütten.

Als ich mit meiner Geschichte über Estrella endete, ging es mir im doppelten Sinne schon wesentlich besser.

Die alte Frau schaute mir nachdenklich in die Augen und fragte, ob ich denn nach Lima nachgekommen wäre, wenn Estrella sich es anders überlegt hätte.

„Natürlich wäre ich nach Lima nachgekommen!", erwiderte ich sofort in einem scharfen Ton.

Wir schwiegen daraufhin wieder eine Weile.

Je länger ich über ihre Bemerkung nachdachte, desto mehr empfand ich die Frage der alten Frau als eine Beleidigung. Da erzählte ich einem Menschen intimste Dinge, die mich sehr bedrückten, und dieser Mensch hatte mir eigentlich überhaupt nicht zugehört. Noch schlimmer, die alte Frau hatte sich überhaupt nicht bemüht, sich in meine Lage zu versetzen, fühlte ich in diesem Moment. Gut, sie gab mir immerhin Wasser.

„Wie viele Jahre hättest du es denn mit Estrella und ihren Kindern in einer kleinen Wohnung in Lima ausgehalten?", fügte sie dann noch hinzu.

Diese weitere Frage fand ich nun mehr als verletzend. Ich versuchte mir aber nichts anmerken zu lassen, denn schließlich hatte sie mir ja aus einer sehr schwierigen Situation herausgeholfen.

„Nun muss ich aber wirklich gehen und tausend Dank nochmals für die Hilfe und das nette Gespräch", erwiderte ich zähneknirschend, ohne ihre letzte Frage zu beantworten. Ich stand auf und sie begleitete mich durch ihr Haus bis zur Eingangstür.

Als ich durch das Wohnzimmer ging, registrierte ich erst, wie geschmackvoll ihr Haus eingerichtet war. Die Wände bestanden aus nicht verputzen groben Ziegelsteinen, der Boden aus dunklem Massivholz. Eine ganze Wand war vollgestellt mit Büchern. In einer Ecke stand ein Kaminofen, daneben eine große antike Vitrine. In der Mitte des großen Wohnzimmers befand sich ein altes mit Leder bezogenes Kanapee. In diesem Haus hätte ich mich sicher sehr wohl gefühlt, es war genau nach meinem Geschmack gebaut und eingerichtet.

Beim Abschied rief ich ihr noch von der Straße aus zu, wie stilvoll ihr Haus eingerichtet sei.

Es war gegen 21.30 Uhr, als ich in der Ferienanlage eintraf.

„Gott sei Dank!", hörte ich eine laute tiefe Stimme vom Fenster über dem großen Saal rufen, als ich gerade die Eingangstür aufmachen wollte. „Haben Sie sich verlaufen?", fragte mich die deutschstämmige Frau des Hotels neugierig.

„Ich habe den ganzen Tag den Wasserfall von *Colonia Independencia* gesucht und bis jetzt immer noch nicht gefunden", erwiderte ich etwas frech.

„Sonst ist aber alles in Ordnung bei Ihnen?", fragte mich der weibliche Hauptfeldwebel lächelnd.

„Ja, aber könnte ich vielleicht noch ein kaltes Bier bei Ihnen kaufen?" Diesmal fragte ich sie mit höflicher Stimme.

„Freilich. Carmen ist gerade gekommen. Sie wird Ihnen Bier aus dem Kühlschrank holen. Möchten Sie denn noch was zu essen haben?" Diese Frage von der Dame des Hauses kam mir wie gerufen. „Oh ja, ich habe großen Hunger! Aber bitte nur, wenn es Ihnen nichts ausmacht, es ist doch schon so spät", erwiderte ich ganz brav.

„Ich sage Carmen Bescheid, sie wird den Tisch decken. Sie ist übrigens für unsere Gäste zuständig. Gestern hatte Carmen ihren freien Tag, deshalb konnte ich sie Ihnen noch nicht vorstellen", erklärte die Hotelbesitzerin.

Carmen, eine schlanke, typisch südamerikanische junge Mestizin, war mir auf Anhieb sympathisch. Sie deckte mit Freude für mich den Tisch in dem großen Speisesaal, obwohl sie sicherlich schon Feierabend hatte, und brachte mir ein eiskaltes Bier. Es war wieder so eine große Flasche wie in Villarrica. Diesmal sollte das Bier aber noch fantastischer schmecken.

Ich schenkte das Bier vorsichtig in ein großes Glas bis zum optimalen Bier-Schaum-Verhältnis und trank es Schluck für Schluck leicht zurückgelehnt und mit geschlossenen Augen, aber voller Ehrfurcht. Nach so einem staubigen Gewaltmarsch ein kühles Bier trinken zu dürfen, war einfach herrlich.

Carmen erzählte ich kurz von meinem Ausflug mit einem Lächeln auf meinen eingerissenen Lippen. Daraufhin brachte sie mir eine zweite Flasche Bier. Nach diesem Genuss von den Toten wieder erwacht, traute ich meinen Augen nicht, als die liebe Carmen aus der Küche kam und einen riesigen Teller mit zwei gigantischen frisch gegrillten Steaks vor mich hin stellte. Sie brachte noch eine Schüssel Maniok (schmecken wie Kartoffeln, nur noch besser) und einen frisch zubereiteten Tomatensalat.

„Wenn Sie möchten, kann ich die Steaks auch länger braten", sagte Carmen höflich.

„Mmmhhh! Die großen Steaks, das kalte Bier, der frische Salat, der Maniok und die nette Carmen sind absolut perfekt", erwiderte ich zufrieden.

Sie lächelte etwas verlegen und ging in die Küche. Nach dem schmackhaften Essen bedankte ich mich herzlich bei Carmen, ließ mir noch ein weiteres Bier von ihr mitgeben und begab mich auf mein Zimmer.

Am nächsten Tag hatte ich einen fürchterlichen Muskelkater, Blasen an beiden Füßen, blutige Oberschenkel und trotz Schlapphut, den ich bei der Wanderung trug, einen schönen Sonnenbrand im Gesicht sowie an Armen und Beinen.

Heute bleibe ich wohl besser im Schatten und in der Nähe des Hotels, entschied ich mich.

Das reichhaltige Essen am Abend zuvor war keine Ausnahme gewesen, abgesehen von der Uhrzeit natürlich, denn auch das Frühstück und das Mittagessen an diesem Tage waren ebenfalls nicht von schlechten Eltern.

Am Nachmittag setzte ich mich mit meinem Buch in einen bequemen Liegestuhl an den alten Swimmingpool im Hotelgarten. Dieses

Plätzchen war sehr angenehm, außer mir war dort kein Mensch. Es ging mir, abgesehen von den kleinen Blessuren, schon viel besser. Es ist eigenartig, musste ich mit diesem Gewaltmarsch unbedingt meine Grenzen austesten, um mich danach viel wohler zu fühlen? Die ganze Zeit hielt ich mein Buch mit der Südamerika-Karte in der Hand, ohne es auch nur ein Mal aufzuklappen. Immer und immer wieder ging mir das Gespräch mit der alten Frau über Estrella durch den Kopf. Sie hatte mich mit ihren Fragen tief getroffen. Wie viele Jahre ich es mit Estrella und ihren Kindern in einer kleinen Wohnung ausgehalten hätte? Natürlich sind Estrella und ich in völlig verschiedenen Kulturen aufgewachsen und sicherlich haben wir eine unterschiedliche Bildung ... Na und? Die Kinder Estrellas mussten doch kein Hindernis sein, oder?

An diesem Tage war ich irgendwie ausgeglichener, hatte klarere Gedanken und konnte mich ein wenig besser in so ein mögliches Familienleben mit Estrella hineinversetzen. Je intensiver ich mir aber dieses Leben mit ihr über einen längeren Zeitraum ausmalte, desto öfter stieß ich auf Zweifel. Langsam wurde mir bewusst, dass die alte Frau mir sehr wohl zugehört und ihre Fragen ganz gezielt gestellt hatte. Blödsinn, sich den Kopf noch zu zerbrechen! Es ist sowieso aus, schließlich hat Estrella mir die Entscheidung ja schon abgenommen, indem sie in der E-Mail Schluss gemacht hatte.

Gerade als ich endlich mein Buch aufklappen wollte, fuhren mehrere vollbesetzte Autos vor. Es sah aus wie ein Klassenausflug. Bestimmt 15 Jugendliche, fast alles Jungs etwa zwischen 16 und 18 Jahren, rannten mit ihren Badesachen inklusive Luftmatratzen und einem Fußball mit tosendem Lärm auf das Schwimmbad zu.

Nach einer guten Stunde waren bis auf zwei Jungs alle wieder weg. Als ich ins Schwimmbad hüpfte und meine Runden schwamm, warf mir der Jüngere der beiden den Ball zu und sagte: „Na, Sie sind ja gestern ganz schön weit gelaufen."

„Ja, ich habe einen schönen Spaziergang unternommen. War das gerade ein Klassenausflug?"

„Dies ist das einzige Schwimmbad in der Nähe und da unseren Eltern das Hotel mit Schwimmbad gehört und wir alle hier wohnen,
sind wir immer mittwochs mit unserer Klasse hier", antwortete der
Jüngere.

„Wie lebt es sich denn in Paraguay?", fragte ich die beiden Jungs,
während wir uns den Ball zuwarfen.

„Hier können wir machen, was wir wollen. Ich habe eine 350er Honda
und die fahre ich schon, seit ich 13 Jahre alt bin. Den Mercedes von
meinem Vater darf ich natürlich auch fahren", erwiderte der Jüngere
stolz.

„Oh, ist das denn in dem Alter schon erlaubt?", fragte ich lächelnd
weiter.

„Natürlich nicht, aber hier gibt es kaum Polizei, es heißt doch *Colonia
Independencia*", antwortete er ebenfalls lachend und ging aus dem
Wasser zur Dusche.

„Die Gegend hier ist dünn besiedelt, jeder kennt fast jeden. Wir
haben beinahe eine Art Selbstverwaltung", antwortete mir in einem
freundlichen Ton der ältere Junge.

„Eure Mutter hat mir erzählt, dass ihr hier geboren wurdet. Welche
Nationalität habt ihr denn? Es war doch eure Mutter, bei der ich ein
Zimmer bekommen habe, oder?"

„Ja, dafür ist unsere Mutter zuständig. Normalerweise dürfen wir nur
einen paraguayischen Pass haben, wir wurden schließlich hier geboren.
Von der deutschen Botschaft in Asuncion kann man sich aber ohne
größere Schwierigkeiten heimlich einen deutschen Pass besorgen."

„Warst du denn schon mal in Deutschland?", fragte ich neugierig.

„Leider nein. So eine Reise können wir uns nicht leisten", antwortete mir der ältere Junge etwas traurig.

Wir unterhielten uns noch eine Weile und so erfuhr ich, dass im
Norden Paraguays *Mennoniten* wohnen und diese mit vielen Privi-
legien ausgestattete Volksgruppe einen seltsamen niederdeutschen
Dialekt spricht.

Als die Sonne schon langsam unterging und das wohl wieder reich-
liche Abendessen nahte, hatte ich mit Hilfe meines Traveler-Buches

und der Südamerika-Karte im Buchdeckel mein neues Reiseziel im Visier: Einen Tag werde ich mich noch auskurieren und übermorgen fahre ich in die 200 Kilometer entfernte Grenzstadt Ciudad del Este, im Drei-Länder-Eck Paraguay, Brasilen und Argentinien.

Am nächsten Morgen spazierte ich zum Haus der alten Frau. Leider war sie nicht zu Hause. Am Nachmittag versuchte ich es ein weiteres Mal. Es war immer noch keiner da. Ihr alter VW Käfer stand auch nicht vor dem Haus.
Ich schrieb ihr ein paar nette Zeilen und heftete diese an ihre Tür. Ich fand es schade, dass ich sie nicht mehr antraf. Sehr gerne hätte ich mich noch einmal persönlich bei ihr bedankt und mich vielleicht für mein Verhalten von vorgestern entschuldigt.
Die letzte Nacht in *Colonia Independencia* war sehr schön, der Himmel war sternenklar. Ich musste an den Blick durch das Riesenfernrohr in der Sternwarte von Nazca denken. Welch wunderschöne und intensive Zeit ich dort verbracht hatte und nun werde ich Estrella nie wiedersehen. Aber vielleicht ist es wirklich besser so? Wenn man sich das nur lange genug einredet, glaubt man es bestimmt irgendwann, ging es mir wieder durch den Kopf.
Ausgeschlafen zahlte ich am nächsten Tag meine Hotelrechnung, bedankte mich bei allen sehr herzlich, verabschiedete mich und spazierte zur Bushaltestelle.
Gegen 11.25 Uhr würde ein Überlandbus Richtung Osten hier vorbeikommen. Ich sollte deutlich den Arm hochheben, sonst halte der Bus nicht, gab mir die urige Hotelbesitzerin noch mit auf den Weg.
Die Bushaltestelle war das einzige schattige Plätzchen weit und breit. Die Gegend war so einsam und trocken, dass nur wenige Autos vorbeifuhren. Dann tatsächlich, schon aus etwa zwei Kilometern Entfernung konnte man den Bus mit seinem lauten Dieselmotor, von einem Hügel die Straße herunterfahrend, erkennen. Mit meinem Rucksack unter dem Arm ging ich zwei Schritte nach vorne an den Straßenrand. Der schwarze Teer der Straße flimmerte in der

Hitze. Ich hob langsam den Arm. Der Bus verringerte seine Geschwindigkeit, indem der Fahrer einen Gang nach dem anderen lautstark herunterschaltete, bis er schließlich neben mir zum Stillstand kam.

Direkt hinter dem Fahrer war noch eine Bank frei. Ich setzte mich dort hin und platzierte meinen Rucksack auf dem Boden vor mir. Das Fenster öffnete ich einen Spalt und ließ mich vom Fahrtwind sowie der melodischen Musik aus dem Radio berieseln. Diesmal konnte ich endlich wieder die Landschaft und die Fahrt in eine neue, unbekannte Gegend genießen.

Eigentlich fängt meine Reise jetzt erst richtig an, sagte ich mir.

Auf der Fahrt mit dem Bus nach Ciudad del Este hatte ich nun die Zeit und vor allem die Ausgeglichenheit teilweise zurückerlangt, um wieder nach vorne zu schauen, auch wenn manches noch sehr wehtat. Während der Fahrtwind mir ins Gesicht wehte, schöpfte ich mit jedem weiteren Kilometer neuen Mut für die Zukunft.

Die Stadt Ciudad del Este war einfach hässlich. Die Hauptstraße kam mir vor wie ein großer Discount-Elektronikmarkt. Angeblich soll die Stadt das größte Kaufhaus Südamerikas sein. Es liegt wohl daran, dass in dieser paraguayischen Grenzstadt die Steuern für Konsumartikel wesentlich niedriger sind als in den Nachbarländern Brasilien und Argentinien. Ansonsten hat dieser Ort wahrlich nichts zu bieten, denn die eigentliche Sensation, die Wasserfälle in diesem Drei-Länder-Eck, befinden sich ausschließlich zwischen Argentinien und Brasilien.

Die Fälle des Iguaçu sind die größten Wasserfälle der Erde und auf dieses Naturereignis freute ich mich schon seit Tagen. Ich war nun wieder richtig hungrig auf die spektakulären Seiten dieses Kontinents, aber diese Nacht verbrachte ich aus Bequemlichkeit noch in der paraguayischen Grenzstadt. Eine Menge Schlitzohren sind in dieser geschäftstüchtigen Stadt unterwegs, dachte ich mir, als ich am Abend ein Bier in einer Kneipe trank und die Menschen auf der Straße beobachtete.

Ganz früh am Morgen fuhr ich mit einem Stadtbus bis zur brasilianischen Grenze und passierte diese gemütlich zu Fuß. In Foz do Iguaçu suchte ich mir ein günstiges, aber sauberes Traveler-Hotel, welches in meinem Handbuch vom Preis-Leistungs-Verhältnis sehr empfohlen wurde. Da ich schon früh in dem Hotel ankam, musste ich warten, bis ein gerade frei gewordenes Zimmer saubergemacht wurde. Als ich in der Zwischenzeit mein Traveler-Handbuch aufschlug, um einige Informationen über den Wasserfall zu erhalten, sprach mich jemand auf Deutsch an, der neben mir saß. Der Mann war Mitte/Ende dreißig und wartete ein wenig gelangweilt und genervt auf seine brasilianische Frau und deren jüngere Schwester, wie ich später erfuhr.
Solche Begegnungen unter Reisenden fangen oft mit derselben Frage an: Wo kommst du her? Wo fährst du hin?
Aufgrund meiner zwei Monate, die ich schon unterwegs war, hatte ich einiges zu berichten.
Er erzählte mir, dass sie in Berlin wohnten und gerade angekommen seien. Sie wollten natürlich auch die Iguaçu-Fälle besuchen und dann Richtung Norden fahren, um die Familie seiner Frau zu besuchen. Es war angenehm, nach so langer Zeit wieder einmal mit jemandem aus meiner alten Heimat zu sprechen, der offen und sympathisch auf mich wirkte und auch auf einer Wellenlänge mit mir zu liegen schien. Wir unterhielten uns noch eine Weile, bis ich meinen Zimmerschlüssel vom Hotelpersonal erhielt. Meinen Rucksack brachte ich auf mein Zimmer und machte mich ein wenig frisch.
Als ich kurz darauf wieder in der Hotellobby ankam, fragte ich den Deutschen, der immer noch da saß, ob er mich denn bis zum Eingang des Iguaçu-Nationalparks mitnehmen könne. Ich wusste aus dem Gespräch mit ihm, dass die drei ein Auto gemietet hatten.
„Na klar kannst du ein Stück mitfahren. Wir fahren heute zur argentinischen Seite der Wasserfälle", antwortete er mir.
Bald darauf kam seine Frau mit ihrer Schwester. Wir stellten uns kurz vor. Martin war sein Name, Marinalva hieß seine Frau und ihre attraktive jüngere Schwester hieß Vera. Die beiden Frauen hatten ebenfalls nichts dagegen, dass ich das kurze Stück mitfuhr.

Die Fahrt dauerte dann doch etwas länger, als wir dachten, denn es gab einen richtigen Grenzübergang auf der argentinischen Seite des Nationalparks. So hatte ich die Gelegenheit, mehr über die drei zu erfahren. Während wir am Grenzübergang im Auto warteten, erzählte ich ihnen von meiner chaotischen Reise auf der Zugtoilette in Peru. Die drei konnten nicht mehr vor lachen, sie hatten sich blendend in meine missliche Situation hineindenken können. Es macht mir manchmal Spaß, auf diese Art Menschen näher kennen zu lernen, indem ich witzige oder gar peinliche Situationen, die mir passierten, erzähle. Wenn ich sie dann zum Lachen bringen kann, fühle ich mich sehr wohl. Oft öffnen sich bei diesen Begegnungen die Menschen auch mir gegenüber und geben mir etwas zurück.

Am Eingang des Parks trennte ich mich von den dreien, denn ich wollte nicht in irgendeiner Weise aufdringlich sein. Außerdem hatte ich Lust, mir die Fälle in Ruhe alleine anzusehen.
In dem riesigen Nationalpark hatte ich eine längere Strecke gemütlich zu Fuß zurückgelegt, bis ich an die Wasserfälle gelangte. Auf diesem Wege sah ich überall bunte Schmetterlinge, Vögel und eine putzige Nasenbärfamilie mit ganz kleinen Nasenbärbabys. Diese Tiere hatten ein rotbraunes Fell, schwarze Füße, eine spitze Schnauze und einen witzigen geringelten Schwanz, den sie ständig senkrecht in die Höhe streckten. Die kleinen Nasenbärchen waren so goldig, dass ich am liebsten eins mitgenommen hätte.
Schließlich gelangte ich auf der argentinischen Seite an den besten Aussichtspunkt der Wasserfälle. Es war einfach atemberaubend. Der Anblick dieser riesigen herunterstürzenden Wassermassen, wie sie mit ohrenbetäubendem Rauschen niederprasseln! Zwei Mal hatte ich schon die Niagarafälle besucht, aber die Iguaçu-Fälle stellten wirklich alles andere in den Schatten. Jede Sekunde stürzen bis zu sechs Millionen Liter Wasser – je nach Jahreszeit – in die Tiefe. Was ist wohl in ihrem Entdecker vor sich gegangen, als er dieses Wunder der Natur im unberührten Zustand zum ersten Mal erblickte? Bestimmt eine ganze Stunde starrte ich fasziniert auf diese Wassermassen.

Der ganze Park ist gigantisch. Es ist die tierreichste Region in ganz Amerika. Alleine 800 verschiedene Arten von Schmetterlingen leben dort. Nirgendwo anders auf der Welt gibt es das. Sogar Jaguare und Tapire verstecken sich in diesem Nationalpark. Manche Orte darin sind nahezu unbekannt. Natürlich sind das Regionen, in die man als Tourist nicht gelangt, schließlich ist der Park 67 000 Hektar groß.

Am späten Nachmittag traf ich die drei an einem Erfrischungsstand wieder. Martin, Marinalva und Vera waren ebenso fasziniert von diesen gigantischen Wasserfällen. Wir alle konnten unsere Begeisterung kaum bremsen.

Zusammen spazierten wir gemächlich in Richtung Ausgang und fuhren wieder in unser Hotel. Für den Abend verabredeten wir uns in der Hotellobby.

Nach einem Spaziergang durch die saubere und wohlhabende Stadt Foz do Iguaçu landeten wir in einem urigen brasilianischen Restaurant. Martin erzählte, wie er vor sechs Jahren auf einer Brasilienreise seine jetzige Frau Marinalva kennen lernte. Solche Abende mit gutem Essen und interessanten Gesprächen – mit den faszinierenden Wasserfällen hatten wir ja ein tolles Thema – machen das Leben so richtig lebenswert.

Den nächsten Tag verbrachten wir zusammen auf der brasilianischen Seite der Iguaçu-Wasserfälle. Dort standen wir an einem Aussichtspunkt noch näher an den Fällen. Wieder wurden wir den ganzen Tag von diesem Wunder der Natur in den Bann gezogen.

Wie richtige Touris fuhren wir am Nachmittag mit einem Boot ganz nah heran, bis wir von dem herrlich rauschenden Wasserfall völlig durchnässt waren.

Welch ein traumhaftes Erlebnis diese zwei Tage doch waren! Abends im Hotelzimmer auf meinem Bett liegend und noch immer überwältigt von dem imposanten Naturwunder, klopfte es plötzlich an der Tür. Martin und Marinalva standen davor. Ich bat sie, hereinzukommen, und sie machten mir ein tolles Angebot.

„Christoph, wenn du möchtest, können wir dich morgen früh bis nach Salvador da Bahia mitnehmen. Dort beginnt in zwei Wochen der Karneval."

Ohne zu überlegen, sagte ich ja. Wir vereinbarten, ganz früh am nächsten Morgen loszufahren, und natürlich sagte ich auch zu, mich an den Kosten fürs Benzin zu beteiligen.

„Na, dann ruh' dich mal schön aus, Christoph. Die Fahrt wird anstrengend", fügte Martin noch hinzu und wünschte mir eine gute Nacht.

Sofort schaute ich auf meine Südamerika-Karte, um zu sehen, wo denn genau Salvador da Bahia liegt und wie weit es bis dahin ist. Das wird wirklich anstrengend, dachte ich mir, denn ich schätzte, dass es mehr als 3000 Kilometer bis Salvador da Bahia sein mussten. Diese Stadt liegt etwa 1800 Kilometer nördlich von Rio de Janeiro. Normalerweise reise ich auch gerne mal eine gewisse Zeit alleine, aber in dieser Phase tat es mir richtig gut, nette Menschen um mich zu haben. Noch lange bis in die Nacht las ich voller Interesse in meinem Südamerika-Handbuch alles über diese Stadt und das Bundesland Bahia.

Martin fluchte, als wir schon über zehn Minuten mit gepackten Koffern und Rucksack in der Hotellobby saßen. „Heirate nie eine Brasilianerin, die sind so dermaßen unpünktlich! Wir haben ausgemacht, spätestens um 6 Uhr loszufahren, und jetzt sind die beiden immer noch im Bad. Es war schon schwierig, meiner Frau ein gewisses Zeitgefühl beizubringen, aber jetzt ist noch ihre Schwester mit dabei und da kannst du nur völlig kapitulieren!", beschwerte sich Martin mit einem verkniffenen Lächeln.

Wir kamen schließlich doch noch morgens weg und fuhren bis Mitternacht. In der Nähe von Sao Paulo übernachteten wir. Martin war ein erfahrener Reisender und schickte, vor dem Hotel parkend, seine einheimische Frau hinein, um nach zwei Zimmern zu fragen. Die Preise sind dann meist günstiger.

An diesem Abend schliefen die Frauen in einem Zimmer und Martin und ich nahmen das andere. Ich denke, er war mal froh, die Schwester seiner Frau nicht 24 Stunden um sich herum gehabt zu haben. Ich empfand es auch als sehr angenehm, wie unkompliziert wir miteinander umgingen. Nicht jeder hätte mit einem fast fremden Menschen in einem Zimmer übernachtet.

„Vera ist sehr hübsch", sagte Martin zu mir, während wir in unserem Zimmer auf dem Bett liegend zwei Dosen Bier tranken.

„Ja, Vera ist wirklich attraktiv, aber auch noch sehr jung und ein wenig naiv", antwortete ich.

„Gut erkannt, Christoph. Sie ist zwar schon 24, aber sie kommt mir auch manchmal vor wie eine 14-Jährige. Sie hat übrigens vor drei Monaten geheiratet und das sind praktisch ihre Flitterwochen", sagte Martin zu mir.

„Aha … Und wo ist ihr Mann?", fragte ich sehr erstaunt.

„Veras Ehemann ist so ein typisch deutscher Workaholic, ein Banker. Er hat wenig Zeit und kommt direkt nach Salvador da Bahia nach. Ich wollte das nur mal erwähnen, falls du vielleicht irgendwelche Ambitionen bezüglich Vera hast", fügte Martin mit einem hintergründigen Lächeln hinzu.

„Ach, Quatsch! Ich bin zurzeit froh, wenn ich meine Ruhe habe", gab ich spontan zurück.

„Trotzdem findest du sie aber attraktiv, denn du hast sie oft angeschaut", nervte Martin mich weiter.

„Martin, du brauchst keine Angst zu haben, ich kann mich benehmen!", sagte ich in einem ernsten Ton.

Dann schmunzelten wir beide und tranken unser Bier.

„Wie angenehm, nicht immer alles unterdrücken zu müssen, wenn man mal zufällig Blähungen haben sollte!", sagte Martin vertrauensvoll zu mir.

„Ist schon gut, Martin, ich mach' das Fenster auf. Aber beschwere dich nicht, denn das gilt für alle Anwesenden in diesem Zimmer gleichermaßen", fügte ich hinzu.

„Und ich dachte, du kannst dich benehmen …", antwortete Martin künstlich erstaunt.

Wir mussten beide grinsen.

Erst am übernächsten Tag erreichten wir den brasilianischen Bundesstaat Bahia und hatten noch gut 500 Kilometer bis zur Hauptstadt Salvador da Bahia vor uns. Je weiter wir nach Norden fuhren, desto ärmer kam mir die Gegend vor, genauso, wie es mir Martin und Marinalva am Anfang der Fahrt beschrieben hatten. Aber wie groß doch die Entfernungen in diesem riesigen Land waren!

Am frühen Abend fing es an zu regnen, was die Fahrerei noch anstrengender und unsicherer machte.

Wir hatten gerade die Stadt Vitoria da Conquista passiert, als es plötzlich nach einem abrupten Lenkmanöver von Martin einen heftigen Schlag gab. Martin bremste das Auto sofort scharf ab. Wir stiegen aus und sahen uns das Malheur an. Der Reifen hinten rechts war zerfetzt und die Felge stark eingedrückt. Das Loch in der Straße, durch das Martin gefahren war, hatte bestimmt eine Tiefe von 30 Zentimetern. Durch den Regen war es mit Wasser gefüllt und dadurch auf der verschmutzen Straße kaum als solch ein tiefes Loch sichtbar.

In strömendem Regen wechselten wir das Rad. Um an das Reserverad zu kommen, mussten wir dummerweise das ganze Gepäck herausräumen.

Klitschnass und genervt setzten wir nach dem Radwechsel unsere Reise fort. Gut, dass Martin durch das Lenkmanöver nur mit dem Hinterrad in das Loch fuhr. Hätte er das Loch mit der Vorderachse erwischt, wäre der Schaden sicherlich größer gewesen, dachte ich mir. Wir konnten aber schon wieder lachen, als wir immer mehr Autos mit Reifenschäden links und rechts am Straßenrand entdeckten. Es tauchten auch immer mehr Löcher in der Straße auf. Sogar ein Polizeiauto war in eines der vielen Löcher gefahren.

Der Fahrer des Polizeiautos winkte uns an die Seite und fragte uns doch tatsächlich, ob wir noch ein Reserverad für ihn hätten. Als er aber unser zerfetztes Reserverad auf dem Gepäck liegen sah, durften wir weiterfahren.

Nach kurzer Diskussion zwischen Martin und Marinalva schlugen die beiden vor, doch noch nicht direkt nach Salvador zu fahren.

„Christoph, eine Stunde von Brumado befindet sich das Heimatdorf von Marinalva und Vera. Lass uns dort übernachten, auch wenn
wir eigentlich direkt nach Salvador fahren wollten! Karneval fängt
erst in knapp zwei Wochen an und Veras Mann kommt auch erst
nächste Woche in Salvador an", sagte Martin zu mir.
„Ich bin flexibel, für mich ist das kein Problem. Aber störe ich denn
nicht?", fragte ich die beiden.
„Nein, du störst bestimmt nicht, Christoph! Aber auf unserer kleinen *Fazenda* (Rinderfarm, Bauernhof) ist es sehr einfach eingerichtet. Wir sind im Verhältnis zu Deutschland bestimmt keine reiche
Familie", sagte Marinalva zu mir.
Vera, die Schwester Marinalvas, hatte die Änderung unserer Reise-
route überhaupt nicht mitbekommen, denn sie befand sich schon
seit dem Reifenwechsel im Tiefschlaf.
Nachdem wir die Stadt Brumado passierten, bog Martin nach langem Suchen in eine nicht geteerte Straße Richtung Rio do Antonio
ab. Da es immer noch in Strömen regnete, hatte sich dieser befestigte
Weg in eine große Schlammpfütze verwandelt. Erschwerend kam noch
hinzu, dass es stockdunkel war, und so rutschten wir hin und her.
„Wie weit ist es denn noch?", fragte ich Martin.
Bevor er antworten konnte, blieb unser Auto in einer tiefen
Schlammspur stecken. Vorwärts und rückwärts fahren verbesserte
die Situation auch nicht mehr, im Gegenteil, der Wagen grub sich
nur noch tiefer in den Schlamm ein.
Wir stiegen wieder aus und sammelten große und kleine Zweige, die
wir unter die Vorderräder steckten. Mit viel Mühe funktionierte es,
aber diese Aktion mussten wir noch zwei Mal an weiteren Schlamm-
pfützen wiederholen. Völlig verschlammt und erschöpft kamen wir
gegen 2 Uhr morgens auf der *Fazenda* bei Rio do Antonio an.
Die Mutter der beiden Brasilianerinnen lebte hier. Sie war schon
sehr alt, auf einem Auge blind und im Gesicht gezeichnet von dem
anstrengenden Leben auf dem Land, aber sie begrüßte uns sehr herzlich. Sie freute sich sehr, ihre beiden Töchter wiederzusehen sowie
ihren Schwiegersohn Martin. Vera und Marinalva mussten ihr gleich

zwei Mal erklären, dass ich nicht der Mann von Vera war, sondern nur ein Bekannter. Martin hat sich fast totgelacht, als die Mutter mich für den anderen Schwiegersohn hielt, aber sie hatte ja den Ehemann von Vera noch nie gesehen.

Der ältere Bruder Marinalvas und Veras tauchte später auch noch auf. Er war still, trotzdem aber sehr freundlich zu mir. Wir aßen noch eine heiße Bohnensuppe, duschten uns hinter dem Haus mit einem Gartenschlauch ab und fielen dann in einen Tiefschlaf.

Am nächsten Tag räumten wir erst einmal das Auto aus und machten es sauber. Martin und Marinalva zeigten mir danach das Anwesen. Jetzt bei Tageslicht erkannte ich erst, was für ein kleines Paradies diese *Fazenda* doch war. Eine Wiese mit Bullen und Kühen auf der einen Seite des alten Bauernhauses, getrennt durch einen Feldweg, und ein zweites großes Grundstück auf der anderen Seite, mit Mango-, Papaya-, Guave-, Avocado- und Acerolabäumen sowie Zuckerrohr und anderen Pflanzen, welches an einen kleinen Fluss grenzte. Mitten zwischen den Bäumen stand ein provisorischer Schweinestall. Um das Bauernhaus liefen viele Hühner, ein Hund und Enten herum.

Am Mittag setzte ich mich, frisch geernteten Zuckerrohr kauend, auf einen Baumstumpf unter einen Acerolabaum, mit einer Schale zerkleinertem Mais für die Enten in der Hand.

Ich wollte so gerne mal eine kleine Ente streicheln. Sie hatten aber leider Angst vor mir und so gab mir der Bruder Marinalvas diese Schale mit dem Futter für die Enten. Mit dem Mais in der Hand und ein wenig Geduld war es leicht, ein kleines watschelndes Entlein zu fangen und es zu streicheln.

Dieser Flecken Erde mitten in Brasilien gefiel mir immer besser. Natürlich war in materieller bzw. maschineller Hinsicht alles sehr primitiv – verglichen mit einem deutschen Bauernhof: kein Traktor, keine großen Maschinen, keine richtigen sanitären Einrichtungen, keine Heizung für den Winter, außer einem Ofen in der Küche. Trotzdem hatte man dort alles, was man brauchte. Ein Dach über dem Kopf, ein einfaches Haus mit rustikalen Steinmauern, ein paar Tiere, einen kleinen Fluss und dadurch ein fruchtbares Land vor der Haustür. Für was hatte ich mich eigentlich zwölf Jahre lang als Ingenieur in meinem Job so gequält, fünf meiner Kollegen bekamen einen Herzinfarkt, zwei von ihnen sind schon mit Anfang fünfzig daran gestorben. Es war eine ganz andere Art von Erfahrung, die ich auf meiner langen Reise machte.

Dadurch, dass ich die Brücken in Deutschland abgebrochen hatte, fühlte ich, dass ich mich wesentlich besser in die unterschiedlichen Lebensweisen der vielen Menschen, die ich traf, hineinversetzen konnte. Vielleicht auch deswegen, weil ich natürlich – zumindest im Unterbewusstsein – immer auf der Suche nach einem Ort war, an dem ich für immer bleiben könnte. Sicherlich haben die Menschen dort wenig Geld, aber vielleicht sind sie zufriedener und glücklicher als manch andere Menschen in Mitteleuropa.

Wie sehr ich mir wünschte, einen Weg zwischen den Extremen zu finden! Welch ein Glück ich hatte, solch offenherzige Menschen kennen gelernt zu haben, die mir diese interessanten Einblicke in andere Lebensweisen ermöglichten!

Die Mutter backte zur Feier des Tages einen Maiskuchen, der sehr lecker schmeckte. Andere Familienmitglieder – Cousin, Cousine und ein Onkel – sowie die Nachbarn kamen nach und nach ins Haus, als ob sie den leckeren Maiskuchen gerochen hätten.

Am Nachmittag fuhr ich mit Martin und Marinalva in das zwei Kilometer entfernte Dorf Rio do Antonio, um ein paar Sachen zu besorgen. Martin war irgendwie übel gelaunt.

„Was ist los, Martin?", fragte ich ihn.

Er schüttelte nur den Kopf.

Nach einer Weile fing Marinalva an zu erzählen. „Christoph, wie du weißt, hat meine kleine Schwester vor drei Monaten einen Deutschen geheiratet und wir holen ihn nächste Woche vom Flughafen in Salvador ab."

„Na, da wird sich Vera aber freuen!", sagte ich zu Marinalva.

„Natürlich wird sich Vera freuen, aber sie schämt sich auch", erwiderte sie.

„Warum schämt sie sich denn?", fragte ich erstaunt.

Daraufhin ergriff Martin das Wort. „Wegen des Zustandes auf der *Fazenda*. Veras Ehemann wird nach Karneval auch hierher gebracht und er ist das ganze Gegenteil von dir, Christoph, wenn du verstehst, was ich meine. Wir haben vor über drei Monaten nicht gerade wenig Geld von Deutschland nach Brasilien zum Bruder geschickt, damit er das Haus ausbaut und neu einrichtet. Wir hatten das alles am Telefon durchgesprochen. Eine richtige Toilette mit Duschkabine sollte eingebaut, zusätzliche Möbel gekauft und Türen und Fenster von unserem Geld repariert werden. Und was ist passiert? Einen neuen Fernseher hat er gekauft und eine billige Toilettenschüssel installiert, welche kippt, wenn man sich nicht genau in die Mitte setzt!", sagte Martin mit erregter Stimme.

Ich war der Erste, der loslachen musste, aber nach wenigen Augenblicken lachten wir alle drei. Und als wir uns vorstellten, wie der schicke Ehemann Veras, der sonst nur Cluburlaub all inclusive machte, am ersten Tag bei der Familie seiner Frau auf der Toilette sitzen und umkippen würde, konnten wir uns kaum noch halten vor lachen.

Das Leben auf dieser brasilianischen *Fazenda* war einfach wunderschön und so blieben wir fast eine Woche dort. Um mich nützlich zu machen, baute ich vor dem Haus aus alten Ziegelsteinen einen großen Grill. Marinalva und Martin hatten nämlich ein Grillfest für alle Verwandten und Freunde aus dem Dorf organisiert. Es kamen schließlich über dreißig Gäste, einige von ihnen ritten auf Pferden zur Party. Speis und Trank gab es reichlich. Große saftige Fleischstücke wurden von mir am Stück auf dem Spieß auf brasilianische Weise über dem Feuer gegrillt. Marinalvas Bruder gab mir genaue Anweisungen. Eine hilfsbereite Frau hatte immer wieder mein Glas mit purem vom Nachbarn selbst gebrannten *Cachaça* (Zuckerrohrschnaps) aufgefüllt. Bei der Menge, die ich an diesem Abend trank, hätte ich eigentlich aufpassen müssen, mein Augenlicht nicht zu verlieren. Am Grill stehend, schwitzte ich jedoch alles schnell wieder aus.

Marinalva und Vera schmunzelten die ganze Zeit über mich. Als Martin dann auch noch laut lachte, fragte ich, was denn los sei.

„Pass auf, Christoph! Die Frau, die dich die ganze Zeit mit Schnaps abfüllt, hat es auf dich abgesehen. Wir haben ihr nämlich gesagt, dass du noch zu haben bist", klärte mich Marinalva netterweise auf. „Ihr seid ja gemein!", lächelte ich verkniffen zurück.

Die allein stehende Bauersfrau war wesentlich älter und einen Kopf kleiner als ich und wog mindestens zwei Zentner. So hatte ich mir mein weiteres Leben ja auch nicht gerade vorgestellt …

Den Rest des Abends trank ich nur noch brasilianisches *Brahma*-Bier statt des selbst gebrannten hochprozentigen *Cachaça*. Marinalva hatte dann doch noch ein Einsehen gehabt und mich vor der Frau auf diplomatische Weise beschützt.

Das Grillfest war ein voller Erfolg. Es war wieder einer dieser unvergesslichen Abende, die harmonischer nicht hätten sein können.

Am nächsten Tag staunte ich nicht schlecht über die seltsamen Tiere, die dort heimisch sind. Als ich auf dem morschen Baumstumpf unter dem Acerolabaum fast eingeschlafen wäre, hatte sich doch tatsächlich eine giftgrüne Schlange über meinen nackten Fuß geschlängelt. Das war vielleicht ein unangenehmes Gefühl!

Der Bruder Marinalvas, der das mitbekommen hatte, sagte daraufhin zu mir: „Eine grüne Schlange bedeutet bei uns in Brasilien Glück, Gesundheit, Geld und viele Frauen."

Na, dann kann ja nichts mehr schief gehen, dachte ich mir. Vor dem Schweinestall hockte dann auch noch eine riesige Kröte, fast so groß wie ein Handball. Da es mich brennend interessierte, wie weit so ein gigantisches Vieh hüpfen konnte, versuchte ich vorsichtig mit einem Stock, die Kröte zum Springen zu bewegen. Plötzlich schoss dieses komische Tier im hohen Bogen einen Urinstrahl auf mich ab, der mich Gott sei Dank knapp verfehlte. Marinalva schimpfte mit mir, denn diese Abwehrstrategie der Kröte war dort jedem bekannt und es wäre nicht ungefährlich gewesen, wenn der Urin meine Haut berührt hätte. Schwere Hauterkrankungen wären die Folge gewesen.

Unter all den exotischen Tieren entdeckte ich noch Skorpione, kleine Schildkröten und Riesenschmetterlinge in leuchtenden Farben.

Die Fahrt von dem kleinen Dorf Rio do Antonio nach Salvador da Bahia dauerte fast einen ganzen Tag. Der 19-jährige Neffe Salvador sowie die 16-jährige Nichte Cátia wollten unbedingt einmal die große Stadt kennen lernen. So waren wir zu sechst im Auto. Dies ist für brasilianische Verhältnisse auf dem Land bestimmt nichts Ungewöhnliches, bei einer Polizeikontrolle fiel jedoch auf, dass Martin und ich Ausländer waren, und da das Auto nur für fünf Personen zugelassen war, hatten die Polizisten einen Dummen gefunden. Marinalva handelte die Strafe mit viel Geduld und ständig lächelnd auf umgerechnet 15 Euro herunter. Dies war für alle Beteiligten eher so etwas wie ein Spiel. Wir durften die restlichen 300 Kilometer zu sechst weiterfahren, sogar mit einer Art Garantie der Polizisten, nicht noch ein zweites Mal angehalten zu werden und zahlen zu müssen.

Der Neffe Salvador machte einen recht cleveren Eindruck auf mich. Er hatte mit seinen 19 Jahren schon ein Studium in Brumado als Lehrer abgeschlossen. Aber er war doch tatsächlich, wie seine jüngere Schwester, noch nie in einer richtigen Großstadt gewesen.

In Salvador da Bahia angekommen, kauften sich Martin und Marinalva gleich mehrere Zeitungen mit Annoncen für Ferienhäuser. Die erste Nacht verbrachten wir aber noch in einem einfachen Hotel. Wir nahmen uns wieder zwei Zimmer, eins für die Männer und eins für die Frauen. Martin und seine Frau telefonierten sich den ganzen Abend die Finger wund. Als ich am nächsten Tag das Resultat sah, war ich sehr beeindruckt.

Die beiden machten in den Telefonaten Termine aus, um Häuser zu besichtigen, die man über die Karnevalszeit mieten konnte. Das dritte Haus, das wir besichtigten, gelegen in einem Wohnpark, mit drei Schlafzimmern, einem großen Garten mit Grill und nur 300 Meter vom *Praia do Piatã* (Strand von Piata) entfernt, nahmen wir schließlich.

„Na, Christoph, was meinst du zu der Villa? Bist du die nächsten zwei Wochen mit dabei?", fragte Martin mich mit einem gewissem Stolz.

„Natürlich bin ich dabei! Wirklich klasse, wie ihr das hinbekommen habt!", lobte ich Martin und Marinalva.

Die Kosten für die Miete teilten wir uns. Auf sieben Personen umgerechnet, war das überhaupt nicht teuer. Vera war auch begeistert und schon ganz aufgeregt, denn am Abend erwartete sie ja ihren frisch angetrauten Ehemann. Für sie war es sicherlich eine große Erleichterung, ihrem Mann bei seinem ersten Besuch in Brasilien solch eine Unterkunft präsentieren zu können. Wahrscheinlich hatten sich Martin und Marinalva auch deshalb so ins Zeug gelegt.

Vera bekam das größte Schlafzimmer, schließlich wollte sie mit ihrem Ehemann hier ihre Flitterwochen beginnen. Martin und Marinalva sowie Salvador und seine Schwester Cátia bekamen jeweils die anderen beiden Schlafzimmer und ich machte es mir auf der Couch im großen Wohnzimmer gemütlich.

Obwohl es schon ein wenig spät war, verzichtete ich auf das Abendessen, nahm stattdessen meine Badesachen und ging zum Strand. Immerhin war es ja noch 25 Grad warm.

Der *Praia do Piatã* war einfach traumhaft. Ganz feiner weißer, sehr sauberer kilometerlanger Sandstrand, glasklares Wasser bei angenehmer Wassertemperatur. An einer Strandbude, die noch geöffnet hatte, ließ ich mir einen leckeren Caipirinha zubereiten.

Was ist das Leben doch so schön, träumte ich vor mich hin. Die Idee mit dem großen Haus war einfach genial. Jeder hatte einen eigenen Schlüssel und war so unabhängig, schließlich wollte ich auch gerne mal alleine diese geschichtsträchtige Stadt erkunden. Martin und Marinalva waren wirklich ein tolles Team, auch wenn Martin sich manchmal über die Macken seiner Frau aufregte. Die beiden waren einfach gutmütige, selbstlose Menschen und das ist für Reisen in einer Gruppe die Basis für ein Gelingen.

Als ich nach einem langen Spaziergang zurück ins Haus kam, saßen Salvador und Cátia vor dem Fernseher. Die anderen drei waren noch am Flughafen, um Veras Mann abzuholen. Erst gegen Mitternacht kamen sie zurück. Als Vera kurz vorbeihuschte und sich dann in ihrem Zimmer einschloss, erkannte ich, dass ihr Gesicht verweint aussah und ihre Schminke verwischt war. Martin kam stinksauer mit zwei Dosen Bier ins Wohnzimmer, warf mir eine Dose zu und klärte mich lautstark auf. „Über drei Stunden haben wir auf das Muttersöhnchen gewartet! Überall haben wir am Flughafen nachgefragt! Dann haben wir in Deutschland angerufen. Der Idiot ist gar nicht abgeflogen, hat schon vor Tagen sein Ticket storniert! Angeblich hat er so viel Arbeit", fluchte Martin, während er seine leer getrunkene Bierdose langsam mit einer Hand zerdrückte.

Am nächsten Tag gingen wir alle an den Strand. Die Mädchen von der Strandbude kannten mich noch vom Abend vorher. Sofort bekamen wir den besten Tisch mit Sonnenschirm und Liegen gratis. Erst wunderte ich mich und dachte: Welch ein Service nur für uns! Aber nach ein paar Tagen merkte ich, dass die Mädchen auch die Besitzerinnen der Bude waren und hauptsächlich ein Gespür für durstige und zahlungskräftige Touristen hatten. Aber bei diesem superfreundlichen Service, toller Musik und leckeren Caipirinhas kamen wir sehr gerne immer wieder dort hin.
Abgesehen vom Traumwetter, vom Traumstrand, von der Musik und den günstigen Caipis gab es auch einiges fürs Auge zu sehen. Ich kam mir vor, als ob um uns herum eine „Miss Bahia" aus Hunderten von Frauen in verschiedenen Kategorien gewählt würde und wir die Jury wären.
Marinalva sagte, der *Bumbum* sei das Wichtigste in Brasilien. Und die vielen *Bumbums* um mich herum waren auch noch so erotisch eingepackt, dass ich in den ganzen zwei Wochen noch nicht einmal die erste Seite von Martins Buch fertig gelesen hatte. Einmal habe ich sogar von *Bumbums* geträumt.
Bumbum ist übrigens der knackige Hintern einer brasilianischen Frau! In meinem englischsprachigen Reiseführer steht über Brasilien: „The sexiest country in the world is Brasil" – und das war an diesem Ort absolut nicht übertrieben.
Als die Gestik und Mimik von Martin und mir einmal zu machomäßig war, kamen zwei Schönheiten zielstrebig auf uns zu und bauten sich

energisch vor uns auf. Die beiden Mulattinnen hatten nur einen Hauch von Höschen an, der ihren wohlgeformten, leicht abstehenden, super erotischen *Bumbum* noch intensiver betonte.

Oh, dachte ich, jetzt gibt es Ärger! Aber wir waren hier ja in Salvador da Bahia und nicht in Deutschland! Nein, die Mulattinnen drehten sich langsam um ihre eigene Achse, damit wir ja nichts übersahen, dann bekamen wir einen gratis Sambatanz nur 50 Zentimeter vor unseren herausquellenden Augen.

Schnell versammelte sich eine kleine Menschentraube um unseren Platz herum und fing im Rhythmus der Musik an zu klatschen, sogar zwei Polizisten klatschten mit.

Unter unserem Tisch lag immer auch ein Wasserschlauch und als das Spektakel sich langsam auflöste, musste ich mich mit dem kalten Wasser am ganzen Körper erst einmal demonstrativ wieder abkühlen. Meine Güte, so etwas konnte einfach keinen gesunden Mann kalt lassen! Sogar Vera konnte wieder lachen, aber sie hoffte immer noch, dass ihr Mann vielleicht doch noch nachkommen würde.

Marinalva war am besten drauf. Sie wurde kein einziges Mal eifersüchtig und hat nie über ihren Mann gelästert. Sie hatte eigentlich immer nur ein Schmunzeln für uns Männer übrig. Eine klasse Ehefrau!

Die Landeier Salvador und Cátia tauten ebenfalls langsam auf. Die beiden Geschwister waren ja noch nie vorher in Salvador da Bahia gewesen. Bei ihnen auf dem Land tickte die Uhr etwas anders. Es ist sehr konservativ dort. Obwohl Cátia fast 17 Jahre alt war und seit einem Jahr einen Freund hatte, durfte sie keinesfalls Sex vor der Ehe haben. Vielleicht wollte ja das naive Mädchen deshalb im darauffolgenden Jahr heiraten …

Marinalva erzählte mir von einem erbitterten Streit zwischen zwei Familien in ihrem Nachbardorf. Es sei zum Sex eines jungen Paares vor der Ehe gekommen, aber der Junge wollte dann das Mädchen nicht heiraten. Das Gericht musste entscheiden. Die Familie des Mädchens bekam schließlich eine Art Entschädigungsgeld von der Familie des Jungen – und das im Brasilien des 21. Jahrhunderts.

Mit dem 19-jährigen Neffen Marinalvas ging ich oft in der Innen-stadt Bahias auf Entdeckungsreise. Salvador war so wissensdurstig, dass es mir richtig viel Freude bereitete, ihn mitzunehmen. Er war sehr interessiert an der Stadt Salvador – vielleicht lag es ja auch an seinem Vornamen. Ein großer Vorteil war, dass er als Englischlehrer mir alles ins Englische übersetzen konnte. Sich auf Spanisch mit den Leuten, die oft nur Brasilianisch sprachen, zu verständigen, war doch schwieriger, als ich dachte. Für mich war es schließlich mein erster Brasilienbesuch. Wir ergänzten uns prächtig auf unseren Kulturausflügen in das Zentrum Salvador da Bahias.

Mit dem Stadtbus erreichten wir bequem die Unterstadt und fuhren mit einem Aufzug 72 Meter hoch direkt in das Altstadtviertel, das so genannte *Pelourinho*. Dort ist das historische Zentrum der drittgrößten Stadt Brasiliens mit seinen 2,8 Millionen Einwohnern. An dieser Stel-le befand sich auch der historische Sklavenmarkt. Teile der Altstadt gehören heute zum Weltkulturerbe der UNESCO. Bis 1763 war Salvador da Bahia sogar die Hauptstadt Brasiliens und hier kam auch der größte Teil der 5 Millionen Sklaven aus Westafrika an. Ein altes Sklavenhaus hatten wir uns letzte Woche bei Rio do Antonio, ganz in der Nähe des Bauernhofes, angeschaut. Die Afrikaner sind damals von Portugiesen nach Bahia verschleppt worden und hatten auf Plan-tagen und Zuckerrohrfeldern schuften müssen.

Den afrikanischen Einfluss spürte man an jeder Ecke in dieser Stadt. Kräftige schwarze Bahianerinnen, gekleidet in typisch afrikanische Trachten mit abstehenden dicken Röcken und einem großen wei-ßen Tuch um den Kopf, verkauften an den Straßenecken hausge-machte Spezialitäten. Am leckersten schmeckten mir die *Acarajés*, eine Art Bohnenbrötchen mit stark gewürztem Shrimpbelag.

Es leben 75 Prozent Schwarze in Salvador da Bahia. Es ist der größ-te Anteil an Schwarzen in einer Stadt Brasiliens. Sogar der afrikani-sche Götterglaube hat sich mit dem christlichen Glauben in dieser Region Brasiliens vermischt.

Aber nun tobte hier der größte Straßenkarneval der Welt, sechs Tage und sechs Nächte lang. Und wir wollen diesmal mit dabei sein, sagten wir uns. Es laufen in dieser Zeit angeblich bis zu 1,5 Millionen Menschen durch die Straßen. Da aber der Zug eine Strecke von 19 Kilometern durch die Stadt zurücklegt, verteilt sich das alles mehr oder weniger.

Vera und Cátia blieben zu Hause, so stürzten wir uns zu viert ins Getümmel. Spätestens als der zweite Wagen kam, musste ich Martin und seiner Frau Recht geben. Der Karneval hatte aber auch gar nichts mit dem deutschen Karneval gemeinsam. Kaum einer der Besucher ist verkleidet und alle Wagen sind praktisch gleich. Es sind so genannte „Trios Eléctricos", große Sattelschlepper mit 100 000 Watt starken Musikboxen und fahrbaren Bühnen, auf denen die brasilianischen Superstars singen und ihre großen Shows präsentieren.

Die Ohren fliegen einem fast weg, wenn ein „Trio Eléctrico"-Truck vor einem zum Stehen kommt, und immer wenn ein neuer Sattelschlepper naht, wird es sehr eng in den Straßen. Hunderte von Helfern sichern jeden Wagen und die dazugehörigen mitlaufenden uniformierten Mitglieder strikt ab. Dadurch ist es unmöglich, zu nahe an die Trucks heranzukommen oder gar unter die Räder zu geraten. Es fahren immer zwei Sattelzüge hintereinander. Der zweite dient als Versorgungsfahrzeug mit Toiletten, Umkleidekabinen und Bars für die Mitglieder und Sicherheitsleute.

Wir mussten lange an der Straße warten bis das dritte „Trio Eléctrico" kam. Kein Wunder, denn da stand ein echter brasilianischer Superstar, geboren in Salvador da Bahia, auf der Bühne des Trucks. Es war Daniela Mercury.

Die Massen setzten sich in Bewegung und strömten in Richtung des Trucks von Daniela Mercury. Nur mit Mühe konnte die Polizei den Menschenfluss einigermaßen in den richtigen Bahnen halten. Wir standen auf einem schmalen Bürgersteig vor einer lang gezogenen geschlossenen Häuserzeile besonders ungünstig, denn so rollte das „Trio Eléctrico" mit dem Superstar ganz nah in der engen Straße an uns vorbei. Mein ganzer Körper vibrierte im Takt der Basstöne, die aus den 100 000-Watt-Boxen in nur wenigen Metern Entfernung zu uns herüber schallten. Jeder Herzschrittmacher hätte spätestens zu diesem Zeitpunkt seinen Geist aufgegeben. Hinter uns die Häuserzeile, vor uns die beiden Trucks sowie links und rechts die Menschenmassen auf dem Bürgersteig der Innenstadt. Die Massen drückten uns zur Seite, erst langsam, dann immer heftiger. Martin und ich versuchten dagegen zu halten, doch es war ein aussichtsloser Kampf.

Plötzlich wurden Hunderte von Menschen innerhalb von Sekunden durch einen heftigen Stoß in unsere Richtung auf kleinstem Raum zusammengequetscht. Dadurch stolperten viele. Die Schwächeren, meist Frauen und Kinder, fielen auf den Boden und kamen nicht mehr hoch, während die Größeren über sie trampelten und ebenfalls das Gleichgewicht verloren und heruntergedrückt wurden.

Ich stolperte ebenfalls und fiel auf eine Frau, die unter mir lag. Über mir drückten mich weitere Körper so heftig nach unten, dass ich die Orientierung verlor. Es waren die schrecklichsten Sekunden meines Lebens.

Wie lange ich eingequetscht war, ohne atmen zu können, weiß ich nicht. Es kam mir jedoch wie eine Ewigkeit vor. Ich bin ein sehr friedliebender Mensch, doch in dieser Notsituation bekam ich plötzlich Panik und wollte um mich schlagen, aber ich hatte keinen Millimeter Bewegungsfreiheit. Es gibt wohl einen Punkt, da denkt jeder instinktiv nur noch an sich selbst ...

Erst als der Truck die Straße wieder freigab, konnte die Menschenmasse zur Straße hin ausweichen. Einige benommene und verletzte Menschen blieben auf dem Bürgersteig liegen. Da prügelten auch schon die herbeigeeilten Polizisten mit Schlagstöcken wie wild in die Menge, jedoch auch nach einem gewissen Muster: Je dunkler die Hautfarbe, desto mehr Schläge gab es. Einige Bewohner zeigten dann von ihren Fenstern auf bestimmte Farbige und die bekamen besonders harte Schläge auf den Kopf. Schließlich wurden sie von den Polizisten gezwungen, sich auf der Straße bis auf die Unterhose auszuziehen. Manche wurden dann abgeführt.

Mir stand der kalte Schweiß auf der Stirn. Bis zu diesem Zeitpunkt wusste ich nicht, was Klaustrophobie wirklich bedeutet. Uhren,

Portemonnaies, Ausweise, Schlüssel und anderes Zeug lagen neben den Verletzten, die sich Gott sei Dank alle noch bewegten und langsam schon wieder aufrichteten.

„Wie siehst du denn aus? Du bist ja käseweiß im Gesicht!", sagte Marinalva erstaunt zu mir.

„Was ist hier eigentlich los? In welchem Horrorfilm bin ich denn hier gelandet?", röchelte ich zu Martin.

„Lass uns erst einmal einen anderen Platz finden!", antwortete mir Martin.

In einer Seitenstraße setzten wir uns auf eine Mauer.

„Kann mir jemand mal erklären, was eben passiert ist?", fragte ich in die Runde, nachdem ich mich wieder ein wenig beruhigt hatte und wieder normal atmen konnte.

„Christoph, dieses Schubsen ist Taktik. Das waren Jugendbanden aus den umliegenden *Favelas*, den Armenvierteln. Heute war das wirklich schon sehr heftig. Sie schubsen die Leute, damit diese dann das Gleichgewicht verlieren, und in dem Moment klauen die Kinder unter den Bandenmitgliedern alle Wertsachen, die sie bekommen können. Die stolpernden Leute müssen sich schließlich irgendwo abstützen. In diesem Augenblick sind sie abgelenkt und die Taschen sind für die Diebe zugänglich. Deshalb mussten sie sich auch vor den Polizisten ausziehen und wenn Geld oder Uhren zum Vorschein kommen, dann Gnade ihnen Gott. Aber meist sind die kriminellen Kinder mit den Wertsachen schon abgehauen, bevor die Polizei ankommt. Diese Banden sind perfekt organisiert und haben jahrelange Erfahrung. Ich habe noch mehr weiße Ausländer gesehen, die in unserer Nähe standen. Das war wahrscheinlich der Auslöser, die haben es auf uns besonders abgesehen", antwortete mir Martin.

Außer ein bisschen Kleingeld fehlte mir eigentlich nichts, denn meinen Wohnungsschlüssel und den Stadtplan hatte ich tapfer verteidigt und meinen Bauchgurt instinktiv in unserem bewachten Wohnkomplex gelassen. Den armen Salvador hatte die Bande richtig gefilzt, sogar Briefmarken, die er zufällig bei sich trug, wurden ihm geklaut. Aber er hatte sonst auch nicht viel Geld bei sich.

Nach diesem unangenehmen Erlebnis hatte ich an jenem Abend
keine Lust mehr auf Karneval.

Martin und Marinalva überraschten mich am nächsten Tag.
„Halte dich zurück mit dem Essen, wir gehen heute Abend aus und
laden dich ein!", sagte Marinalva zu mir und machte mich neugierig.
Salvador blieb in der Villa und passte auf die beiden „Kinder" auf.
Cátia und Vera verhielten sich einfach wie Kinder, deswegen be-
handelten wir sie auch so.
Cátia telefonierte von morgens bis abends mit ihrem Freund in Rio
do Antonio und beteiligte sich kaum noch an unseren Aktivitäten,
ganz im Gegensatz zu ihrem Bruder Salvador.
Vera hing ebenfalls die meiste Zeit in der Telefonzelle und stritt mit
ihrem Mann. Die erste Woche gingen die beiden wenigstens noch
mit zum Einkaufen, aber dann bedauerten sie sich nur noch gegen-
seitig und fanden alles langweilig. So landeten nur wir drei in einem
beliebten Restaurant von Salvador da Bahia und dinierten über drei
Stunden wie die Könige. Die kulinarische Attraktion war hier auch
wieder die südbrasilianische Spezialität *Rodizio*. Serviert wurden uns
diesmal über zwanzig verschiedene Fleisch- und Geflügelsorten, am
Spieß gegrillt und direkt bei uns am Tisch von den *Cortadores de*
carne vom Spieß geschnitten. Einfach lecker!
Aber nicht das kulinarische Erlebnis hatte mich an diesen Abend so
beeindruckt, sondern vielmehr die Tatsache, dass in diesem großen
Restaurant mit bestimmt 200 Gästen nicht ein Einziger dunkel-
häutig war – und das bei doch überwiegend schwarzen Bewohnern
dieser Stadt. Ich glaube schon, dass jedem nach ein paar Tagen in
Bahia der tiefe Graben zwischen Schwarz und Weiß bewusst wird.
Die Oberschicht in Brasilien ist fast ausschließlich hellhäutig.
Schwarz zu sein, ist leider oft gleichbedeutend mit arm, ungebildet,
ja, sogar kriminell. Vielleicht ist es dort besonders deutlich, aber
nicht nur in Bahia, eigentlich in ganz Amerika, in Afrika oder
Australien ist mir dieser Graben zwischen Hell und Dunkel, zwischen Ureinwohnern und Menschen aus der „alten Welt" bewusst

geworden. In den letzten 20 Jahren bereiste ich die unterschiedlichsten Regionen der Welt, doch dieses Phänomen ist mir leider
immer weniger aufgefallen, denn man nimmt es heute schon fast als
Normalität hin.

Marinalva ist eine weltoffene, weit gereiste, gebildete und warmherzige Frau aus Bahia mit heller Hautfarbe, aber sie würde nie einen schwarzen Landsmann heiraten. Martin und ich diskutierten
eine Ewigkeit mit Marinalva darüber, aber am Ende sagte sie sogar,
sie könne niemals in ihrem ganzen Leben je einen Schwarzen lieben. Ich bin mir sicher, sie steht mit dieser Einstellung nicht alleine.
Warum aber ist das so?

Bereits am nächsten Abend wagte ich mich wieder mit den anderen
in die Innenstadt zum Karneval, aber diesmal suchten wir uns einen
sichereren Platz und den fanden wir schließlich auch. Außerhalb
der Altstadt auf einer Anhöhe befand sich eine überschaubare Wiese mit Essbuden und Getränkeständen. Einige Familien mit ihren
Kindern zogen diesen etwas ruhigeren Platz ebenfalls vor. Hier konnte ich die ausgelassene Atmosphäre, die Musik und den Rhythmus
ohne Stress die ganze Nacht endlich genießen. Diese Stadt, in der
drei Kontinente verschmolzen sind, hatte schließlich einen ganz
besonderen Zauber, trotz der negativen Seiten.

Um unsere leeren Bierdosen gab es einen richtig harten Kampf zwischen rivalisierenden Kindern, die mit großen Säcken in den Händen
nach leeren Getränkedosen Ausschau hielten, um daraus Geld zu
machen. Auch alte Männer versuchten auf diese Weise zu „überleben", doch sie hatten gegen die flinken Kinder kaum eine Chance.
Ich drückte meine leer getrunkenen Bierdosen einem kleinen etwa
sechsjährigen Jungen direkt in die Hand, doch anscheinend gab es
eine gewisse Hackordnung in dieser Branche, denn der Junge bekam daraufhin von einem der älteren Kinder einen heftigen Faust-
schlag ins Gesicht. Am anderen Ende des Platzes konnte ich noch
erkennen, wie sie ihm auch noch den halb gefüllten Sack mit leeren
Dosen abnahmen und ihn mit mehreren Fußtritten davonjagten.

Ich wollte mich noch einmischen, aber leider zu spät – die Jungen waren schneller.

Den Rest des Abends warf ich wieder meine leeren Bierdosen auf den Boden und versuchte mich nicht um Dinge zu kümmern, die ich einfach nicht ändern konnte, auch wenn mich das Schicksal des kleinen Straßenjungen traurig machte.

Für mich war Brasilien immer ein Wechselbad der Gefühle. Ein wunderschönes großes reiches und fruchtbares Land, aber auch ein Land mit schrecklicher Armut, Gewalt, Rassismus und Korruption. Ich benötigte eine gewisse Zeit, um damit einigermaßen umgehen zu können.

Neben mir hatte ein Junge sein Stofftier verloren. Ich hob es auf, machte es sauber, streichelte das Stofftier und drückte es dem Jungen wieder in seine Hand. Der Junge starrte mich an, als ob ich ein Geist wäre, doch nach kurzer Zeit alberten wir beide herum.

Er gehörte zu einer Gruppe Brasilianer, mit denen Marinalva ins Gespräch kam. Als der Kleine einen leckeren gegrillten Fleischspieß in den Händen hielt, bekam ich auch richtig Hunger. Ich beugte mich zu ihm und tat so, als ob ich ihm den saftigen Spieß abnehmen wollte. Er grinste mich nur an, weil er spürte, dass ich nur Spaß machte.

Ein paar Minuten später tippte mir jemand auf die Schulter. Ich drehte mich um und sah eine hübsche farbige Brasilianerin Anfang dreißig, die vor mir stand. Sie war die Mutter des Kleinen und hatte doch tatsächlich einen weiteren gegrillten Fleischspieß in der Hand, den sie mir geben wollte.

Ich weiß nicht, welcher Teufel mich in diesem Moment geritten hatte, aber ich gab ihr instinktiv zu verstehen, dass ich keinen Hunger hätte, was jedoch absolut gelogen war.

Mit einem beleidigten Lächeln und dem Fleischspieß in der Hand wandte sie sich enttäuscht wieder ihrer Gruppe zu. Vielleicht dachte ich in diesem Moment, dass auf dem Spieß KO-Tropfen wären oder dass sie mich anmachen wollte. Ich weiß einfach nicht, was mir da Verrücktes durch den Kopf gegangen ist.

Als Tourist an Karneval alleine auf dem *Pelourinho* herumzulaufen, hat manchmal etwas von einem Spießrutenlauf, ständig wird man von farbigen Prostituierten angesprochen. Mit der Zeit bekommt man leider eine ablehnende Haltung gegenüber dunkelhäutigen Frauen, die einen anquatschen. Auf jeden Fall schämte ich mich sehr, so eine nette Geste ohne erkennbaren Grund ausgeschlagen zu haben.

Ich versuchte die Sache wieder gut zu machen und besorgte ein paar Dosen kaltes Bier. Die Mutter des Kleinen trank aber kein Bier oder wollte von mir nun auch nichts mehr annehmen.

Marinalva erzählte später, dass sie in Salvador da Bahia wohne, geschieden sei und in einer Bank arbeitete. „Warum magst du dich nicht mit ihr unterhalten? Ich glaube, du hättest gute Chancen", sagte Marinalva verwundert zu mir.

Natürlich hätte ich mich gerne mit ihr unterhalten, aber durch meine blöde Reaktion hatte ich es mir mit dieser hübschen Mutter irgendwie verscherzt. Trotzdem musste ich immer wieder zu ihr schauen.

Ihr Sohn besorgte mir später einen Klappstuhl – vielleicht als Dankeschön, dass ich seinem Stofftier das Leben gerettet hatte. Nach stundenlangem Stehen war diese Sitzgelegenheit einfach herrlich. Wir blieben noch lange und hörten den vorbeifahrenden „Trios Electricos" zu.

Am nächsten Tag entschied sich Marinalva, mit den beiden „Kindern" Vera und Cátia vorzeitig mit dem Bus nach Brumado zu fahren. In Brumado wollte dann die Mutter von Cátia die drei mit dem Auto nach Rio do Antonio bringen. Vor allem die 16-jährige Cátia hatte es in Salvador nicht mehr ausgehalten.

Martin war natürlich überhaupt nicht begeistert, aber er ließ sich die gute Stimmung nicht vermiesen und er wollte auch nicht das schon bezahlte Haus vorzeitig abgeben. So blieben Martin, Salvador und ich die letzten Tage alleine in dem großen Haus. Ohne Frauen war es ja eigentlich auch gar nicht mal so übel …

Den sonnigen Tag nutzte ich wieder für einen ausgiebigen Strandbesuch. Als ich am Abend zu Fuß nach einem Geldautomaten suchte, fand ich auf dem Weg zur Bank ein Internetcafé. Seit der letzten E-Mail von Estrella war ich in keinem Internetcafé mehr gewesen. Ich bezahlte für eine Stunde und setzte mich an einen freien Computer. Bin ja doch noch nicht ganz vergessen, dachte ich mir, denn in meinem Postfach waren eine Menge ungelesene Mails. Auch zwei E-Mails von Estrella konnte ich entdecken. Es ärgerte mich, wieder an sie erinnert zu werden. Eigentlich wollte ich die Post von Estrella überhaupt nicht öffnen und direkt löschen, ich konnte sie jedoch einfach nicht ungelesen löschen. Vielleicht hoffte ich auf ein Wunder oder ein Missverständnis. Ich öffnete sie und las den Text gespannt durch. Beide Mails hatten eigentlich denselben Inhalt. Es war eine Art Entschuldigung und sie wünschte mir noch alles Gute für mein weiteres Leben.

Diese beiden Mails sowie alle anderen Mails von Estrella löschte ich. Auch die von mir gesendeten „Briefe" löschte ich sofort sowie ihre E-Mail-Adresse im Adressbuch. Zum Schluss löschte ich noch alles im elektronischen Papierkorb.

Danach ging es mir für einen Moment besser und ich konnte mich den restlichen Mails widmen. Besonders hatte ich mich über eine E-Mail von Julio, meinem argentinischen Kumpel vom südamerikanischen Kulturkreis in Deutschland, gefreut. Er schrieb, dass er mit seiner ecuadorianischen Frau Rosa zurzeit auch in Südamerika sei.

Die beiden hatten erst vor einem Jahr geheiratet. Eine Riesenparty! Es war eine südamerikanische Doppelhochzeit und ich durfte damals Trauzeuge sein.

Schade, dass er diesmal bei der Familie seiner Frau in Ecuador Urlaub machte und nicht wieder in Argentinien, denn dort hätte ich ihn vielleicht besuchen können, dachte ich mir, als ich seine Mail las.

Ich schrieb den beiden ausführlich über meine Reise.

Als ich zurück ins Haus kam, zog ich mich um und ging noch einmal auf der langen Strandpromenade spazieren. Ich hatte keine Lust, an diesem Abend im Haus zu bleiben.

Nach einer Weile hörte ich aus der Ferne Musik. Ich folgte der Musik und gelangte auf die Terrasse eines Hotels. Es trat dort eine brasilianische Musikgruppe auf. Die Lieder waren etwas melancholisch, doch hatte die Sängerin eine angenehm weiche Stimme. Im hinteren Bereich der Hotelterrasse gab es noch freie Tische und so lauschte ich der entspannenden Melodie und trank dabei meinen heißgeliebten Caipirinha.

Die letzten zwei Mails von Estrella gingen mir immer wieder durch den Kopf, obwohl ich krampfhaft versuchte, endlich einen Schlussstrich zu ziehen.

Zum ersten Mal machte ich mir ernsthafte Gedanken über meine Zukunft. Was wird mein nächstes Reiseziel sein? Wie lange werde ich noch unterwegs sein? Was genau hoffte ich eigentlich auf dieser langen Reise zu finden?

Plötzlich sprach mich eine Frau an. Instinktiv sagte ich meinen Standard-Spruch auf: *„Eu não falo português!"* („Ich spreche kein Portugiesisch!") Wir wechselten trotzdem ein paar Worte, dann setzte sie sich wieder zu ihren Freundinnen.

Auf Grund dieser Aktion hatte ich später auf meiner Rechnung einen zusätzlichen Caipi. Erst jetzt fing ich an, die Tische um mich herum zu beobachten. Es dauerte nicht lange, bis ich herausfand, was hier gespielt wurde. An mehreren Tischen im hinteren Bereich der Hotelterrasse saßen ausgesprochen hübsche Frauen alleine am Tisch. An weiteren drei Tischen saß jeweils eine Gruppe von Frauen, von denen eine mich vorhin angesprochen hatte. Das ganze war ein Kontakthof, die Frauen waren Prostituierte. Aber es gab hier wohl verschiedene Preisklassen. Die Frauen, die alleine an den Tischen saßen, gingen nicht auf die Männer zu, sondern warteten, bis sie angesprochen wurden. Sie waren ja auch besonders attraktiv und hellhäutiger, wahrscheinlich auch teurer, denn sie lehnten den einen oder anderen Freier ab. Die anderen Frauen mussten dagegen eher nehmen, was kam. Die Dame, die mich ansprach, hatte ein wenig Ähnlichkeit mit Jennifer Lopez, aber es nützte ihr auch nicht viel, denn „Bugs Bunny" von meinem Nachbartisch holte sie zu sich.

Bugs Bunny hatte so hässliche, schiefe und vorstehende Hasenzähne, dass ich ihm diesen Namen einfach geben musste. Er saß mit drei anderen seltsamen Gestalten am Tisch, von denen sich jeder in der Zwischenzeit eine Frau „genommen" hatte. Die schrecklichen Zähne „Bugs Bunnys" passten harmonisch zu seinem übrigen Aussehen: Stirnglatze mit langen fettigen Haaren, die von der einen zur anderen Seite gekämmt waren, um die Glatze zu bedecken, dicke Knollennase sowie Bierbauch. Er wirkte wie ein verklemmter hässlicher Buchhalter auf mich. Irgendwie etwas Perverses hatte er auch an sich.

„Bugs Bunny" war die ganze Zeit am Erzählen, während J.Lo. ihm gelangweilt zuhörte. Hier konnte er sich endlich für ein paar brasilianische Real Aufmerksamkeit kaufen.

Als dann „Bugs Bunny" J.Lo. einen feuchten Zungenkuss aufzwängte und dabei aus den Mundwinkeln zu sabbern anfing, zahlte ich meine Caipis und ging. Nie im Leben werde ich so etwas nötig haben, dachte ich mir auf dem Heimweg.

Der nächste Tag war der letzte Karnevalstag und den wollten wir drei Männer so richtig genießen.

Martin fragte mich, ob ich nicht Lust hätte, nach Karneval die letzten zwei Wochen nach Rio do Antonio mitzukommen. Er wollte Zuckerrohr für seine eigene Caçacha-Produktion anpflanzen.

„Martin, ich denke, es ist bald Zeit, wieder weiterzureisen", antwortete ich ihm, ohne wirklich zu wissen, wohin meine weitere Reise gehen sollte.

Am Abend standen wir wieder an unserem alten Platz. Die Stimmung war einfach elektrisierend und ansteckend. Die ganze Stadt Bahia im Karnevalsrausch. Musik, die unter die Haut ging, Menschen, die sich harmonisch mit geschlossenen Augen im Rhythmus wie in Trance bewegten.

Als ich eine Runde Caipis an der Bude holen wollte, stand plötzlich eine farbige Brasilianerin direkt vor mir und grüßte mich. Vor Schreck ließ ich fast die Becher fallen. Sie war einfach dermaßen sexy angezogen: hautenges schwarzes Kleid, hohe Sandaletten mit Pfennigabsätzen, schwarze lockige Haare, die bis zu ihrem Po reichten. Es war die Mutter des kleinen Jungen, die mir zwei Tage zuvor einen leckeren Fleischspieß angeboten hatte. Sie war kaum wiederzuerkennen.

Direkt meldete sich wieder mein schlechtes Gewissen. Ich bot ihr einen der drei Caipis an, die eigentlich für Martin, Salvador und mich gedacht waren, und war erleichtert, als sie den Caipi probierte. Wir schauten uns eine Ewigkeit tief in die Augen, ohne auch nur irgendetwas zu sagen. Es knisterte sofort. Sie zog mich nicht nur mit ihrem Blick magisch an ... Ich hätte sie am liebsten in den Arm genommen und geküsst.

Wir setzten uns in der Nähe auf eine Mauer und fingen an zu reden, als ob wir uns schon ewig kennen würden. Kein Wunder, denn sie war bestens über mich durch Marinalva informiert. Durch ihren Job in der Bank konnte sie gut spanisch und ein wenig englisch sprechen, so unterhielten wir uns auf Spanisch.

Caterina, so hieß sie, war an diesem Abend ohne ihre Familie, nur mit einer Freundin unterwegs, die aber nur einmal kurz zu uns kam und dann verschwand.

Sie erzählte mir, dass sie seit anderthalb Jahren geschieden sei und lange mit ihrem damaligen Mann im Süden Brasiliens lebte. Sie liebte ihre Geburtsstadt Bahia so sehr und deshalb sei sie zurückgekehrt. Caterina bestätigte meinen Eindruck über dieses Land. Sie machte sich aber nicht so viele Gedanken über die negativen Seiten wie ich. Sie wusste, was sie wollte, sie war eine starke Persönlichkeit, sonst hätte sie es als dunkelhäutige Frau in diesem Land sicherlich nicht so weit gebracht. Ihre rassige Erscheinung sowie ihre selbstbewusste Art brachten mich an diesem schwülen Karnevalsabend ganz schön aus dem Konzept.

„Lass uns doch woanders hingehen!", flüsterte Caterina mir zu.

Ich sagte Martin und Salvador Bescheid, die ich fast vergessen hätte, und ging mit Caterina die Straße hinunter in Richtung Strandpromenade. Ihre hohen Schuhe waren nicht gerade geeignet für einen längeren Marsch und so hielt ich instinktiv ein Taxi an. Wir fuhren zu unserem Strand Piatã.

Dort angekommen, zogen wir im Sand unsere Schuhe aus und gingen mit nackten Füßen durch das herrlich erfrischende Wasser. Eigentlich kannte ich Caterina erst seit zwei Tagen, aber es war wohl kein Zufall, dass wir jetzt hier waren.

Als sie fast stolperte, nahm ich ihre Hand. Sie drehte sich zu mir, nahm zärtlich meine andere Hand und schaute mich mit ihren großen dunklen Augen stolz an.

Mein Adrenalinspiegel schoss in die Höhe. Ich hätte platzen können vor Aufregung. Ich legte meine Hände um ihre schmale Hüfte und zog Caterina sanft zu mir. Sie schloss ihre Augen, drehte ihren Kopf leicht zur Seite und lächelte erwartungsvoll. Als ich ihre vollen Lippen mit meinem Mund berührte, konnte ich mich endlich entspannen. Sie legte ihre schmalen Hände an meinen Hinterkopf und küsste mich leidenschaftlich, während ich meine Hände langsam von ihrer schmalen Hüfte zu ihrem festen Po gleiten ließ.

Die ganze Zeit diese rassigen Traumfrauen um uns herum, da konnte man ja wahnsinnig werden! Und so stand ich nachts mit der geheimnisvollen Caterina an unserem Strand und konnte es kaum erwarten, sie mit in unsere Villa zu nehmen. Ihre Augen, ihre Mimik und Gestik waren eindeutig. Heute ist unsere Nacht und keiner wird uns daran hindern können, sagte ich mir.

Wir nahmen das größte Zimmer. In der Küche fand ich noch ein paar Kerzen, die ich anzündete. Ja, Caterina wusste, was sie wollte. Sie hatte genaue Vorstellungen für diese Nacht. Als sie ihr Kleid langsam auszog, sah ich, dass sie an diesem Abend wirklich nichts dem Zufall überlassen wollte. Ihr schwarzer transparenter String mit feinsten Stickereien passte perfekt zu ihrer dunkelbraunen Hautfarbe und ihrem festen wunderschön geformten Po. Ihr ebenfalls schwarzes durchsichtiges Top ließ ihre kleinen, aber festen Brüste im Kerzenlicht durchscheinen.

Ich war sprachlos und völlig von ihrem sinnlichen Körper überwältigt.

Mit Caterina verband mich zwar nicht die Vertrautheit und Harmonie wie mit Estrella, aber sie verzauberte mich mit ihrer Leidenschaft und Fremdheit.

Nun übernahm sie komplett das Kommando und ließ ihrem Temperament freien Lauf. Caterina verwöhnte mich immer wieder mit ihrem ganzen Körper und vor allem mit ihren vollen sinnlichen Lippen, ohne dass irgendwelche Wünsche offen blieben. Erotischer und zärtlicher zugleich konnte eine Frau kaum noch sein. Ich kam mir vor wie auf einer Feier nach einem zweijährigen siegreichen Feldzug zurück im alten Rom vor 2000 Jahren. Es fehlten nur noch die süßen Weintrauben, mit denen man damals von den schönsten Frauen im Separee verwöhnt wurde.

Nach Stunden ließ sie sich dann völlig fallen und reizte mich dadurch nochmals bis zum Äußersten.

Als sich Caterina bei Sonnenaufgang ihren String und ihre erotischen hohen Sandaletten anzog, wollte sie wohl noch nicht wirklich gehen, denn sie streckte ihren Po extra weit nach hinten in meine Blickrichtung. Ich musste sie einfach packen, aber auch hier gab sie wieder den Ton an. Sie setzte mich auf einen Stuhl und schob sich sanft auf mich, nachdem sie ihr Höschen mit dem Zeigefinger zur Seite schob. Ihre gefühlvollen Bewegungen wurden immer schneller, bis ich sie packte und auf die Bettkante schob. Kniend auf der Bettkante, lagen ihre schwarzen lockigen Haare auf ihrem Rücken und reichten bis zu ihrem erotischen Po. Sie schaute mit einem etwas arroganten Gesichtsausdruck über ihre Schulter zu mir nach hinten und beugte sich dann langsam nach vorne. Dann streckte Caterina gefühlvoll ihren Po mit angespanntem Hohlkreuz nach hinten und presste ihn rhythmisch gegen meinen Körper. Hinter ihr stehend, erwiderte ich ihre Bewegungen. An ihren süßen Füßen hatte sie immer noch ihre hochhackigen Schuhe an. Caterinas Art, ihr Körper, ihre sinnlichen Bewegungen sind in Worte kaum zu fassen. Es war wunderschön. Sie hatte mich wirklich in dieser Nacht mehr als verzaubert.

Der arme Martin und Salvador, die beiden konnten im Nachbarzimmer bei dem Lärm bestimmt kein Auge zutun. Caterina wollte, bevor ihr Sohn aufwachte, wieder zu Hause sein und so riefen wir ein Taxi. Leider stand es schon nach wenigen Minuten vor unserem Haus. Sie schrieb mir ihre Adresse und Telefonnummer auf einen Zettel und gab mir einen langen Abschiedskuss.

Die Aufregung in der Abflughalle am brasilianischen Flughafen war diesmal nicht ganz so groß – verglichen mit der Abreise aus Deutschland. Aber die Faszination, in nur einem Tag an einem ganz anderen Ort zu sein, ein neues Land entdecken zu dürfen, war immer noch kribbelnd spürbar.

Vielleicht ist vielen Menschen gar nicht bewusst, in welch einer spannenden Zeit wir leben, fast die gesamte Welt steht einem immer noch offen. Wie lange wird dies wohl noch möglich sein?

Nach so kurzer Zeit wurde mir diese Art zu reisen, ja, diese Art von Leben schon richtig zur Routine. Das Eigenartige war, dass dieser krasse Schnitt in meinem Leben eigentlich ganz simpel war. Gut, ich hatte den großen Vorteil, dass ich finanziell immer noch über ein angespartes Polster verfügte und deshalb noch nicht auf Arbeit angewiesen war. Ich denke aber, der Absprung aus meinem Alltagstrott ist mir damals auch nicht ganz so schwer gefallen, weil ich heute immer noch mit wenigen Dingen im Leben auskommen kann. Zeitweise lebte ich zwar für südamerikanische Verhältnisse schon luxuriös, aber richtig identifiziert habe ich mich mit all den materiellen Dingen nie. Sehr wichtig waren und sind mir bis heute jedoch die Begegnungen mit anderen Menschen, denn es würden mir sicherlich sonst die sozialen Kontakte, die ich in Deutschland hatte, noch mehr fehlen.

So unbefriedigend für mich die letzten Jahre – hauptsächlich beruflich – in Deutschland auch waren, gute Freunde halfen mir immer wieder über die eine oder andere kleine Krise hinweg.

Der Flieger sollte mich diesmal von Brasilien zur Pazifikküste nach Guayaquil in Ecuador bringen, eine ganz andere Region auf diesem einzigartigen Kontinent.

Der Abschied von Martin in Salvador da Bahia fiel mir wirklich sehr schwer. Ich wollte aber den Kontakt zu Marinalva und Martin auf jeden Fall aufrechterhalten.

Die letzten zwei Wochen nach Karneval reiste ich quer durchs Landesinnere von Brasilien. Es war einfach mal wieder schön, alleine neue Orte zu entdecken.

Leider hatte ich nicht den Mut, mich bei Caterina noch einmal zu melden. Die Nacht war vielleicht einfach zu schön, aber auch irgendwie zu kurz, um sich richtig kennen zu lernen. Es könnte auch gut sein, dass ich Angst hatte, noch einmal eine Abfuhr wie von Estrella zu bekommen.

Guayaquil ist die größte Stadt Ecuadors, noch größer als die Hauptstadt Quito. Eigentlich wollte ich weiter nach Argentinien und Chile reisen. In Chile habe ich schließlich Verwandte, die ich gerne mal besuchen wollte. Aber Ecuador reizte mich ebenfalls und außerdem konnte ich mich dann doch noch mit Julio und Rosa treffen.

Julio, mein Kumpel vom spanischen Kulturkreis in Deutschland, hatte Pläne, an der Küste bei Bahia de Caraquez ein kleines Ferienhotel bauen zu lassen. In einer E-Mail bot er mir eine Beteiligung an diesem Projekt an. Vielleicht sah ich darin eine Möglichkeit, wieder festen Boden unter die Füße zu bekommen.

Seine Frau Rosa stammt aus der Gegend um Caraquez und genau dort wollten wir uns zwei Tage später treffen.

In Guayaquil angekommen, fiel mir als Erstes auf, dass dieses kleine südamerikanische Land gar keine eigene Währung hat. Die offizielle Währung ist dort seit einigen Jahren der US-Dollar. Dies war wieder ein Zeichen der Abhängigkeit der armen Andenstaaten von dem großen und nicht immer beliebten „Bruder" im nördlichen Teil Amerikas.

Guayaquil hat – ähnlich wie in Lima – eine bewachte, saubere, aber auch kommerzielle Uferpromenade mit Park am Pazifik. Man möge mir verzeihen, aber als ich an den Imbissketten vorbeischlenderte, hatte ich plötzlich Appetit auf einen *Big Mac*. Der Preis eines *Big Macs* ist immer ein guter Anhaltspunkt für den praktischen Wert des Euros in einem fremden Land und somit eine gute Ausrede für einen Besuch bei *Mc Donald's.*

Der Euro stand wirklich hoch im Kurs, denn ich hatte für die drei *Big Macs*, welche ich in kürzester Zeit verschlang, relativ wenig bezahlt. Dafür war mir danach richtig übel. Warum musste ich es auch immer so übertreiben?

In der Nähe meines Hotels entdeckte ich einen sonderbaren öffentlichen Park, in dem ganz gemächlich große Landleguane frei herumliefen. An einer Bude am Eingang des Parks konnte man eine Tüte mit frischen Mangostücken kaufen. Der Verkäufer erklärte mir, dass die Leguane verrückt nach der Mangofrucht seien.

Er hatte wirklich nicht übertrieben, denn ich setzte mich auf eine Bank und fing nichts ahnend an, diese Echsenart aus der Urzeit mit Mangostücken zu füttern.

Erst kam, noch voller Respekt vor dem Gringo, nur ein hungriger Leguan. Doch innerhalb weniger Minuten war ich die Attraktion in dem Park. Bestimmt fünfzig dieser bis zu einem Meter langen Tiere fielen von allen Seiten über mich her. Von den Bäumen kletterten weitere Leguane herunter und stürzten sich auf mich, obwohl ich schon längst die Mangotüte aus Angst fallen lassen hatte. Ich musste mich mit aller Kraft wehren, um die anhänglichen und auch schweren Tiere von meinem Hals, meinen Schultern und Beinen abzuschütteln. Einige verhakten sich mit ihren Krallen in meinen Klamotten.

Schließlich konnte ich mich freimachen, aufstehen und an einen sicheren Ort retten, wobei ich nicht vermeiden konnte, auf den einen oder anderen Leguanschwanz zu treten. Die Tiere waren eigentlich nicht gefährlich, aber plötzlich so viele auf einmal!

Wenigstens hatten die Parkbesucher etwas zu lachen, denn mein weißes T-Shirt war nach dieser Aktion nicht nur löchrig, sondern auch noch überall mit Leguankot vollgeschmiert. Bestimmt bekamen die Landleguane in diesem Park nur selten Mangos zu fressen, höchstens mal von so einem Trottel wie mir.

Die erste Nacht in Ecuador war kurz. Nicht nur, weil ich am nächsten Tag einen frühen Bus ins 200 Kilometer entfernte Bahia de Caraquez nehmen wollte, sondern weil mich eine Stechmücke vom Schlafen abhielt. Das Moskitonetz hatte ein kleines Loch. Unglaublich, dass die Mücke dieses entdeckte und mir mit ihrem ständigen „Sssssssss" an meinem Ohr den Schlaf raubte.

Das Wiedersehen mit Julio und Rosa am nächsten Tag war sehr herzlich und so feierten wir fröhlich bis spät in die Nacht hinein mit Rosas Familie und deren Freunden. Es gab auch einen guten Grund zu feiern: Ich hatte Geburtstag.

Julios Idee mit dem kleinen Ferienhotel am Strand in der Nähe von Bahia de Caraquez war nicht schlecht, zumal Rosa als Einheimische mit guten Beziehungen sehr günstig an ein Baugrundstück und alle Genehmigungen kommen würde. Aber für dieses Projekt wären Julio, Rosa und ihre Familie, meiner Meinung nach, ausreichend gewesen, obwohl sich Julio gerne mit mir das finanzielle Risiko geteilt hätte. Es wären aber alle meine Ersparnisse für dieses Projekt nötig gewesen und das wollte ich zu diesem Zeitpunkt noch nicht riskieren.

Julio ist jetzt 54 Jahre alt, er will in Deutschland nächstes Jahr auch aufhören zu arbeiten, deshalb versucht er sich eine zusätzliche Existenz in Südamerika aufzubauen. Julios Frau ist fünf Jahre älter und in Deutschland bereits in Frührente, jedoch hat Rosa eine Traumfigur und sieht immer noch sehr attraktiv aus. Die beiden mussten bald wieder zurück nach Deutschland fliegen, deshalb reiste ich am darauffolgenden Tag weiter ins Landesinnere. Rosas Familie hatte mir vieles über Ecuador erzählt und mir tolle Reisetipps gegeben. Besonders fasziniert hatten mich in den Gesprächen die Region *Oriente* (ecuadorianisches Amazonasbecken im Osten) sowie die Galapagos-Inseln.

Das für südamerikanische Verhältnisse kleine Ecuador – es ist von der Fläche etwas kleiner als Finnland – hat wirklich einiges zu bieten. So ist es zum Beispiel von diesem Land aus relativ leicht, das Amazonasgebiet

zu bereisen. Den Regenwald im Gebiet *Oriente* zu dieser Jahreszeit zu
durchwandern, bot sich besonders an. Je mehr ich darüber nachdachte,
desto besser gefiel mir diese Idee. Rosas Bruder zeigte mir Landkarten
vom ecuadorianischen Regenwald mit markierten Regionen, in denen
noch verschiedene indigene Völker leben.

Ich verabschiedete mich von Julio, Rosa und ihrer lieben Familie
und fuhr mit vielen Ideen und voller Tatendrang am nächsten Tag
ins 300 Kilometer entfernte Riobamba.

Die Busfahrt führte am 5897 Meter hohen Cotopaxi- sowie am
6310 Meter hohen Chimborazo-Vulkan vorbei.

Riobamba ist ein großes agrarwirtschaftliches Zentrum. Die Läden
und Märkte waren voll von Gemüse, Obst (natürlich auch Bana-
nen) und Korn. Bei einem Spaziergang durch die Markthalle riefen
mir ein paar junge Mädchen an einem Gemüsestand mehrmals „Rico
Gringito" nach und lachten sich schlapp. In einer Gruppe fühlen
sich natürlich die weiblichen Teenies Fremden gegenüber besonders
stark. Als ich mich dann aber abrupt umdrehte und sie extra freundlich anlächelte, wurden sie verlegen.

Was „Rico Gringito" ganz genau bedeutete, weiß ich bis heute nicht,
aber es war sicherlich nichts Böses.

Das günstige Hotel, in dem ich in Riobamba übernachtete, hieß
„Humboldt-Hotel". Überhaupt ist mir der Name *Alexander von
Humboldt* in Ecuador immer wieder aufgefallen.

Erst einige Wochen später befasste ich mich intensiver mit dem Lebenswerk dieses einzigartigen, hochinteressanten deutschen Wissen-
schaftlers. In der Schulzeit hatte ich mich leider noch nicht so sehr
für seine Südamerika-Reisen interessiert.

Ich fuhr mit dem Bus weiter über Baños ins 100 Kilometer entfernte Puyo. Die kleinen Städtchen Puyo bzw. Tena sind gute Ausgangs-
punkte für Touren in den ecuadorianischen Regenwald Amazoniens.
Natürlich konnte und wollte ich mich nicht auf eigene Faust, so,
wie „Indiana Jones", tausende Kilometer über Peru bis nach Brasili-
en durch den Urwald schlagen, so schaute ich mich nach einem
interessanten kleineren Ausflug um.

Das Angebot für mehrtägige Touren war vielseitig, denn der Monat März war Nebensaison.

In einem kleinen urigen Traveler-Laden lernte ich den Ecuadorianer Guido kennen. Er vermittelte mir den Kontakt zu einem sehr jungen indianischen Regenwaldführer sowie zu einer einfachen Unterkunft bei einer Indianer-Familie.

Diese extrem anstrengende, aber auch traumhafte Tour in den sagenhaften immergrünen tropischen Dschungel sollte eines meiner intensivsten, unvergesslichsten und schönsten Erlebnisse meiner langen Reise werden!

Der 19-jährige indianische Regenwaldführer nannte sich Patricio. Er war ein ausgesprochenes Schlitzohr, aber auch ein klasse Kumpeltyp. Wie sich später herausstellte, hatte dieser sympathische, intelligente Junge ein fundiertes Wissen über Pflanzen und Tiere im *Oriente*.

Für die achttägige Regenwaldtour vereinbarten wir einen sehr günstigen Pauschalpreis, der mit allem drum und dran, einschließlich Verpflegung, günstiger war als eine einzige Übernachtung in einem durchschnittlichen Stadthotel.

Wir kauften Lebensmittel und Trinkwasser sowie ein paar feste Gummistiefel für mich in dem Städtchen ein und verpackten die Sachen in zwei große Kartons. Wenn ich gewusst hätte, dass ich das Zeug den ganzen Tag kilometerweit quer durch den Dschungel schleppen musste, hätte ich sicherlich noch bewusster eingekauft …

Guido fuhr uns so tief wie möglich mit seinem Geländewagen in den grünen Regenwald hinein. Als die Piste plötzlich endete, mussten Patricio und ich bei dieser unangenehm feuchten Hitze mit jeweils einem schweren sperrigen Karton auf der Schulter zu Fuß weiterlaufen. Schon nach 300 Metern war mein Hemd völlig durchgeschwitzt. In Filmen haben die Leute auf Expeditionen eigentlich immer kräftige einheimische Träger, doch ein paar Kilos abzunehmen, schadet mir sicherlich auch nicht, dachte ich mir, als ich schweißgebadet hinter Patricio her trottete.

An einem schmalen, relativ flachen Fluss angekommen, fuhren wir ein kleines Stück in einem wackeligen Einbaumkanu tiefer in den Dschungel. Der Weg zu unserem Nachtlager führte uns zu Fuß weiter. Nie hätte ich dort jemals wieder herausgefunden!

Schließlich gelangten wir an einen größeren Fluss, der laut Patricio weiter unten in den noch größeren *Rio Pastaza* münden sollte. Wir fuhren ein weiteres Mal in einem anderen Einbaumkanu flussabwärts, bis wir endlich – bei Einbruch der Dunkelheit – zu einer Lichtung gelangten.

Auf dieser Lichtung am Fluss befand sich eine kleine Indianersiedlung mit insgesamt 19 Personen, hauptsächlich Frauen mit ihren Kindern sowie einige ältere Bewohner. Als Unterkunft dienten ihnen sehr einfache seitlich offene Holzbaracken, welche auf Stelzen standen.

Als ich meinen kleinen Rucksack zu dem mir zugewiesenen spartanisch eingerichteten Schlafplatz (ebenfalls eine offene Holzbaracke) brachte, schaute mir ein alter Indianer mit seinem stechenden Blick tief in die Augen. Er war nur mit einem Lendenschurz bekleidet und hatte ein durch tiefe Furchen gezeichnetes Gesicht. Der alte Indianer sagte kein Wort, aber durch sein Mienenspiel umgab ihn eine mystische, geheimnisvolle Aura.

Ich bekam plötzlich eine Gänsehaut und musste an eine seltsame Geschichte denken, die mir Rosas Bruder einige Tage zuvor erzählt hatte: In der Provinz Pastaza, in der ich mich jetzt befand, lebten seit vielen Generationen *Shuar*-Indianer. Diese indigene Volksgruppe der *Shuar* hatte früher bestimmte Rituale, so auch das alte Ritual der Kopfjagd. Aus dem abgetrennten Kopf des getöteten Feindes wurden in einem bestimmten Verfahren kunstvolle Schrumpfkopftrophäen gefertigt. Um diese kleinen Schrumpfköpfe herstellen zu können, mussten zuerst die Schädelknochen entfernt und dann die Kopfhaut durch langes Kochen langsam geschrumpft werden. Die *Shuar* glaubten, dass die Kraft des ermordeten Feindes so auf den neuen Besitzer des Kopfes übergehen würde. Um jedoch zu verhindern, dass der Tote Rache ausüben konnte, wurde dem Schrumpfkopf der Mund zugenäht. Mit jedem weiteren erbeuteten Schrumpfkopf stieg das Ansehen eines *Shuar*-Indianers. Dieser Brauch ist doch tatsächlich noch bis vor wenigen Jahrzehnten gepflegt worden! In der heutigen Zeit wird dieser seltsame Brauch, Gott sei Dank, nur noch mit Affenschädeln, von denen Rosas Bruder einen besaß, durchgeführt.

Könnte gut sein, dass dem alten Indianer, der mich so anstarrte, noch ein schöner Gringoschrumpfkopf in seiner Sammlung fehlte ...

Vielleicht war dieser alte Mann ein *Shuar*, aber zumindest die Kinder, die dort herumliefen, waren sicherlich keine reinrassigen Ureinwohner mehr. Sie sahen eher aus wie Mischlinge. In dieser Sippe trugen auch die meisten Leute westliche Kleidung. Mir gegenüber waren die Menschen wirklich sehr herzlich und aufgeschlossen. Sehr gerne würde ich sie heute noch einmal besuchen.

In der Hochsaison tummeln sich dort sicherlich viele Individualreisende. Die Einheimischen hatten sich, meiner Meinung nach, ganz gut auf die zahlenden Gäste eingestellt.

Neben der überdachten provisorischen Küche stand ein großer Tisch. Dort gab es zum Abendessen eine Art Süßkartoffelspeise mit unserem mitgebrachten Reis. Das schmackhafte Essen musste ich die ganze Zeit gegen einen frechen zotteligen giftgrünen Papagei, der auf dem Esstisch frei herumlief, verteidigen.

Wie sich später herausstellte, versuchte der gefräßige schlaue Papagei immer erst bei den Neuankömmlingen Essen zu erbetteln. Seine Rechnung ging auf, denn ich schüttete einen Löffel gekochten Reis für diesen nervigen Vogel neben meinen Teller, so konnte ich wenigstens für eine Weile in Ruhe weiteressen.

Doch fühlte ich mich bei diesen offenherzigen Menschen und in dieser sehr einfachen Behausung einfach sauwohl.

In der Nacht wachte ich auf, ich musste dringend auf Toilette. Eigentlich kein Problem, doch als ich aufstehen wollte, war es so stockdunkel, dass ich meine Hand nicht vor Augen sehen konnte. Diese extreme Dunkelheit war sehr ungewohnt für mich. Die Kerzen waren alle erloschen und meine Taschenlampe konnte ich auch nicht so schnell finden.

Auf allen vieren ging ich von meiner Schlafstelle die Stufen herunter. Es war mir unangenehm, irgendwohin zu pinkeln, ohne auch nur das Geringste zu sehen. Ich durfte mich auch nicht so weit von der Hütte entfernen, sonst hätte ich vielleicht nicht mehr zurückgefunden.

Als ich so blind dastand, hatte ich das komische Gefühl, dass mich Dutzende Tieraugen anstarrten. Mein Gefühl war gar nicht mal so verkehrt, denn wenige Minuten nachdem ich in meine Schlafecke zurückgekehrt war, schreckte mich ein quälendes Tiergeschrei auf. Es stellte sich am nächsten Morgen heraus, dass ein Huhn von einem Fuchs gerissen wurde.

Nach dem Frühstück, es gab Rührei und Brotfladen, wollte mir Patricio in dem umliegenden Regenwald anhand von Pflanzen und Tieren erklären, wie dieses einzigartige Ökosystem funktionierte.

Wir liefen eine Stunde, bis wir die erste kleine Pause machten. Patricio hatte ein Blasrohr mit kleinen selbst gebastelten Pfeilen bei sich und zeigte mir, wie man damit schießt. Normalerweise sind diese Pfeile mit einem natürlichen Gift benetzt, wir hatten jedoch nicht vor, arme Vögelchen mit einem Blasrohr zu töten.

Trotz meines Alters von über 40 Jahren (oder gerade deswegen) machte es mir richtig Spaß, mit dem Blasrohr zu üben, den Regenwald zu entdecken, Tiere zu beobachten, Patricios Ausführungen und Erklärungen zu lauschen. Ich hätte platzen können vor Freude und Neugier. Irgendwie kam ein undefinierbarer Urtrieb eines Jägers und Sammlers aus mir heraus.

Anfangs übersah ich viele Tiere des Regenwaldes. Dem kundigen Auge Patricios entging jedoch kaum etwas. Nach genauerem Hinsehen entdeckte ich dann auch nach und nach Schmetterlinge, Riesenraupen, Tausendfüßler, Ameisen, Stabheuschrecken, Spinnen, Schlangen, Fledermäuse, verschiedene Vögel, Papageien und Gürteltiere. In den nächsten Tagen sollten noch einige andere Tierarten dazukommen.

Wie viele Jahre ich doch an meinem Schreibtisch als kleiner Ingenieur in einem grauen Großraumbüro mit künstlichem Licht verbracht hatte, um im Grunde genommen oft nur Papier von links nach rechts zu schieben!

Dieser Primärregenwald von ausufernder Schönheit im *Oriente* weist mit die höchste Artenvielfalt der Erde auf. Diese ursprüngliche Natur nun auf meine vielleicht etwas naive und unwissenschaftliche Weise zu entdecken, gab mir eine viel größere Befriedigung als bis zur Rente an meinem gottverlassenen alten Schreibtisch zu versauern.

Als wir am späten Nachmittag zur Siedlung zurückkehrten, kamen gerade zwei neue „Gringos" an, ein israelischer Langzeitstudent von etwa Mitte dreißig und ein US-Amerikaner.
Mit dem Studenten kam ich gleich ins Gespräch. Er hieß Amir und war ebenfalls schon von den ersten Eindrücken auf dieser Tour begeistert. Das Alter von dem dürren Ami war schwer einzuschätzen. Er hatte ein eingefallenes Gesicht mit einigen Narben, kurz geschorene Kopfhaare mit Stirnglatze sowie mehrere Tätowierungen auf den Oberarmen. Da er sich nicht vorstellte und sich gleich von allen absonderte, nannte ich ihn einfach „Scarface". Irgendwie passte dieser komische Typ hier in den Dschungel, vielleicht weil er so aussah, als ob ihn jemand im Vietnamkrieg vergessen hätte. Von seinem Alter her konnte das jedoch nicht hinkommen, wahrscheinlich war „Scarface" sogar noch jünger als ich.

Am nächsten Tag brauchte ich wirklich all meine Kräfte und einen extremen Willen, um mithalten zu können. Patricio wollte uns an diesem Tag mal so richtig zeigen, was er drauf hatte. Wir vier – Patricio, Amir, „Scarface" und ich – brachen schon früh auf. Jeder hatte einen kleinen Rucksack mit Wasser und ein wenig Proviant dabei.
Morgens ist es noch am angenehmsten, den Regenwald zu durchwandern, denn bis zum Mittag steigen die Temperaturen durch die knallige Sonne schnell an. Typisch für dieses feuchtheiße Regenwaldklima im *Oriente* sind die heftigen Regenschauer am Nachmittag. Durch die Sonneneinstrahlung während des Tages steigt die feuchte Luft auf, kondensiert und bildet am Nachmittag dann die dicken Regenwolken, die sich später in heftigen Regengüssen entladen. Danach klart

113

es meist wieder auf und eine etwas frischere Luft macht das Laufen
erträglicher. Dieser Vorgang ist dort ein ständiger Kreislauf.

Patricio legte ein wahnsinniges Tempo vor und schlug mit seiner
Machete nur so um sich, damit wir uns einen Weg durch das Di-
ckicht bahnen konnten. Erst gegen Mittag stoppte er plötzlich und
duckte sich vorsichtig. Ich war von dem Gewaltmarsch über das
unwegsame Gelände völlig durchgeschwitzt und außer Atem. Vor
allem die Anstiege und hoch stehenden Baumwurzeln, die ständig
eine Stolpergefahr darstellten, setzten mir zu. Amir hatte auch einen roten Kopf vor Erschöpfung, aber „Scarface" hatte doch tatsächlich noch trockene Stellen an seinem T-Shirt und atmete völlig
normal. Vielleicht war er doch so ein ehemaliger Einzelkämpfer der
US-Army, dachte ich mir.

Instinktiv machten wir es Patricio nach und duckten uns ebenfalls.
Unser junger Regenwaldexperte zeigte auf einen der hohen Bäume.
Es dauerte eine Weile, bis ich etwas erkennen konnte, aber dann sah
ich ganz deutlich erst einen und dann immer mehr Affen, die auf
einem Baum herumkletterten.

Ganz vorsichtig pirschten wir uns immer näher an die Affenfamilie
heran. Patricio erklärte uns, dass es viele verschiedene Affenarten
dort gibt. Der Name dieser Affenart passte sehr gut: Wollaffe. Ihr
braunes Fell sah tatsächlich wollig aus. Wir blieben lange an diesem
Ort und schauten der kletternden Affenfamilie begeistert zu. Eine
Wollaffenmama spielte mit ihrem kleinen Affenbaby, welches auf
ihrem wuscheligen Bauch lag und uns neugierig anstarrte. Es war
einfach faszinierend, diese uns doch so ähnlichen Geschöpfe in Freiheit und ohne Gitter oder Glasscheibe eines Zoos beobachten zu
dürfen.

Patricio zeigte uns verschiedene „Zauberpflanzen", während wir
unsere Wanderung fortsetzten. Blätter einer bestimmten Pflanze
hatten die Eigenart, sich bei Berührung blitzschnell zusammenzu-
ziehen. Die Reizempfindlichkeit dieser Mimosen faszinierte mich
so sehr, dass ich jede dieser Pflanzen berühren musste, sobald ich
eine entdeckte.

Eine seltsame Baumart, die Würgefeige, schlang sich um einen gesunden Baum und „erwürgte" ihn langsam, um dann selbst an dieser Stelle zu wachsen. Dieser Vorgang dauerte natürlich viele Jahre. Ein wiederum anderer Baum sonderte eine rote Flüssigkeit ab. Dieses so genannte „Drachenblut" strichen wir auf unsere kleinen Verletzungen. Laut Patricio hatte diese rote Flüssigkeit eine heilende Wirkung.

Dann strich Patricio eine andere grüne Pflanzenflüssigkeit auf sein T-Shirt. Diese änderte nach einer gewissen Zeit die Farbe und wurde rot. Die Fülle von Pflanzen und Tieren in diesem immergrünen tropischen Regenwald zu entdecken, wurde für mich zu einem unvergesslichen Erlebnis. Dabei zählen die Böden der Regenwälder zu den unfruchtbarsten überhaupt. Aus den rot gefärbten Böden sind fast sämtliche Nährstoffe ausgeschwemmt worden, die Regenwaldbäume wurzeln deshalb flach und speichern ihre Nährstoffe in den Baumkronen.

An einer Stelle überquerten wir auf unserer Wanderung mit verschiedenen Lianen eine Senke. Die drei vor mir griffen zu und kamen geschickt schwebend auf die andere Seite. Meine Liane riss jedoch und ich stürzte in das Sumpfloch. Ein großes abgerissenes Lianenstück fiel dann auch noch quer auf meinen Kopf und zerbrach in zwei Teile. Ich bin zwar kräftig gebaut, aber bestimmt nicht dick, trotzdem waren wohl 85 Kilo zu viel für die Liane.

Außer einer rotschlammigen Hose war mir nichts passiert. Ich hatte noch nicht mal eine Beule am Kopf. Aber das Schönste war, dass ich zum ersten Mal „Scarface" hatte lachen sehen. Er half mir aus dem Schlamm und seit diesem Missgeschick war er wie verwandelt, freundlich und aufgeschlossen.

Erschöpft erreichten wir gegen Nachmittag eine Bergkuppe. Mit letzter Kraft kletterten wir durch Gestrüpp und Wurzelwerk nach oben. Als wir die Bergkuppe erreichten, wurden wir für alle Strapazen mit einem herrlichen Weitblick über den sagenhaft schönen tropischen Regenwald belohnt. So weit das Auge reichte, sahen wir ein dichtes sattes Regenwaldgrün.

An unserem Aussichtspunkt befand sich ein Hochsitz und als pünktlich der Regen einsetzte, machten wir es uns auf diesem provisorisch überdachten Sitz bequem. Während der Regen nur so herunterprasselte, führte Patricio mit uns ein lehrreiches Gespräch über seine geliebte Heimat und listete die Tierarten auf, die im Regenwald leben. So gibt es dort noch Riesenschlangen, Kaimane, Ameisenbären, Faultiere, Tapire, Wildschweine, Ozelots und sogar Seekühe und Süßwasser-Delfine. Weiterhin leben dort Hunderte von verschiedenen Fisch-, Amphibien- und Reptilienarten und natürlich unzählige Vogel- und Papageienarten. Unglaublich, es sind heute noch nicht mal alle Tier- und Pflanzenarten erforscht.

Wir vier verstanden uns mittlerweile prächtig und so führten wir natürlich auch die typischen Männergespräche. Jeder erzählte seine Geschichte.

Patricio berichtete uns, dass sein Vater fast noch ein richtiger *Shuar*-Indianer war und zwei Frauen hatte, was unter *Shuar* völlig normal ist. Seine Mutter, eine eher typische Ecuadorianerin, also Mestizin, wohnte in Baños.

Amir war auch schon sechs Wochen unterwegs. Er hatte sich bereits am Anfang seiner Reise mit seiner Freundin verkracht, die daraufhin nach Israel zurückflog. Sein Motto für den Rest der Reise war deshalb: *No woman – no cry!*

Als ich ihm erzählte, welche Länder ich in den letzten 20 Jahren bereist hatte und wie schön es doch ist, in einer Zeit zu leben, in der dies fast unbegrenzt möglich ist, wurde er sentimental.

„Mit einem israelischen Pass sind dir, im Gegensatz zu einem europäischen Pass, eigentlich viele Türen verschlossen. Und wenn du es doch versuchst, wirst du oft durch eine Welle von Vorurteilen fast erschlagen."

„Scarface" berichtete, dass sich in den letzten Jahren ebenfalls eine richtig negative Stimmung gegen ihn und seine Landsleute im Ausland breit machen würde.

Über dieses heikle Thema diskutierten wir lange. Die weltoffenen Ansichten meiner Wegbegleiter waren beeindruckend. Die beiden entwickelten sich immer mehr zu sympathischen Kumpeltypen. Wie ungerecht, dass ausgerechnet sie für irgendwelche politischen Entscheidungen ihres Heimatlandes als Sündenböcke herhalten mussten. „Scarface" hatte ich völlig falsch eingeschätzt. Er hatte auch einen guten Job als Bauingenieur in den USA aufgegeben und wollte sich in Südamerika einen lange ersehnten Traum erfüllen. Diese Tour war für ihn nur zum Aufwärmen gedacht. Es war ein Training für die Durchquerung des gesamten Regenwaldes dieses Kontinentes – von Ecuador über Peru und Manaus in Brasilien bis zum Atlantik. Eine Wahnsinnstour! Mir hat es fast die Sprache verschlagen, als ich das hörte.

Als der Regen nachließ und die Sonne sich wieder zeigte, machten wir uns gemütlich auf den Heimweg. Die Gummistiefel, die ich in Puyo gekauft hatte, waren jetzt in dem roten Schlamm besonders praktisch.

Bei Einbruch der Dunkelheit erreichten wir unsere Hütten. Ich war stehend k.o. und legte mich bald nach dem Abendessen zufrieden in meine Schlafecke.

Den nächsten Tag gingen wir etwas gemächlicher an, denn außer Patricio hatten wir alle einen mächtigen Muskelkater. Da es in der Nacht wieder unangenehm schwül war und an diesem Tage die Sonne besonders unerbittlich vom Himmel brannte, hatte unser junger Regenwaldführer eine Überraschung für uns. Jeder packte wie immer seinen kleinen Zweitrucksack mit Wasser und etwas Proviant und dann marschierten wir los. Dave – am Abend zuvor erfuhr ich, dass dies der richtige Name von „Scarface" war – prägte sich besonders gut den Weg ein. Er wollte versuchen, uns später wieder zurückzuführen.

Nach zwei Stunden gemütlichen Fußmarsches war die Überraschung wirklich gelungen: Mitten im tiefsten Dschungel befand sich ein kleiner paradiesischer Wasserfall mit darunterliegenden ausgewaschenen Felsen. Wie in einem Schwimmbecken sammelte sich kaskadenförmig auf mehreren Ebenen das kühle Nass auf den Felsen.

Wir zogen alle sofort die verschwitzten Klamotten aus und sprangen ins herrlich erfrischende kristallklare Wasser. Ich setzte mich direkt unter den Wasserfall. Wie herrlich! Es war fast so gut wie eine richtige Massage.

„Wenn ihr wollt, besuchen wir nachher noch eine Indianersippe hier in der Nähe", sagte Patricio nach einer Weile und machte uns neugierig.

Der kurze Besuch bei den Regenwaldbewohnern war etwas seltsam. Vielleicht reichte auch die Zeit nicht, um einen objektiveren Eindruck zu bekommen. Die wenigen Leute dieser Gemeinschaft saßen alle etwas apathisch herum. Der Grund war wohl die Einnahme von Alkaloiden bestimmter Pflanzen, die wie Drogen wirkten. Was mich aber besonders schockte, war die Behandlung eines offensichtlich kranken Säuglings von vielleicht drei Monaten. Es sah so aus, als ob der Kleine hohes Fieber hatte. Ein Indianer blies dem Säugling Rauch ins Gesicht und versuchte ihm ein komisches alkoholhaltiges Gebräu in sein kleines Mündchen einzuflößen. Der Mann war wohl ein Schamane. Mag ja sein, dass die Rauschwirkungen bestimmter Pflanzen bewusstseinserweiternd wirken und dass dort ein Glaube herrscht, dadurch in Kontakt mit den Geistern zu kommen, und dies gut für die Heilung Kranker ist. Aber ob es diesem Säugling wirklich geholfen hat, ist hier die Frage.

Wir haben auf dem Heimweg lange mit Patricio über die Bräuche der Indianer gesprochen.

Auf der anderen Seite haben die hier ansässigen Indianerstämme über mehrere Generationen hinweg Mixturen aus Regenwaldpflanzen gefunden, die nachweislich bestimmte Krankheiten lindern und manche sogar heilen. Diese Erkenntnisse nutzen mittlerweile auch Schulmediziner und vor allem Pharmaunternehmen.

Dave führte uns am Nachmittag doch tatsächlich – ohne auch nur ein Mal Patricio nach dem Weg zu fragen – sicher zu unseren Hütten zurück. Er hatte nämlich die ganze Zeit einen Kompass in seinem Rucksack versteckt und mit dieser Unterstützung gelangten wir über einen kleinen Umweg zum Fluss. Von dort aus mussten wir dann nur noch flussaufwärts wandern, bis wir die Lichtung mit unseren Hütten erreichten.

Die Frauen der Großfamilie, bei der wir wohnten, waren gerade mit dem Bemalen von kleinen Tonschälchen beschäftigt, als wir eintrafen. Die kunstvoll mit rotbrauner Naturfarbe bemalten Schälchen verkauften sie dann an Touristen. Zur Erinnerung kaufte ich auch zwei kleine Exemplare.

Als wir später gemütlich zusammensaßen und zu Abend aßen, knallte plötzlich Patricio mit all seiner Kraft direkt vor unseren Augen einen lebenden Kaiman mitten auf den Tisch. Mann, hatte ich mich erschreckt! Das Maul des Kaimans war mit einem Seil zugebunden. „Schaut mal, den habe ich gerade im Fluss gefangen!", sagte Patricio voller Stolz.

Ich war tief beeindruckt, wie er es bei Dunkelheit alleine geschafft hatte, dieses gefährliche Tier zu fangen. Nachdem wir alle den Kaiman lange bestaunt hatten, ließ Patricio das Tier wieder frei.

Am nächsten Tag wollte mir Dave unbedingt flussaufwärts etwas zeigen. Außer einem Holzpflock mit einem dicken Seil konnte ich aber nichts erkennen. Dann zog Dave grinsend an dem Seil und siehe da, der Kaiman von gestern hing zappelnd daran.

„Ein kleiner Junge verriet mir, dass der Kaiman schon mehrere Wochen von Patricio hier gefangen gehalten wird", sagte Dave, während er das Seil wieder losließ.

Ich war wohl nicht der Einzige, der so naiv war und Patricios „Heldentat" geglaubt hatte. Möchte nicht wissen, wie oft er diese Show vor Touristen schon abgezogen hatte. Eigentlich passte diese Aktion mal wieder zu Schlitzohr Patricio, aber noch am gleichen Tag ließ er das arme Tier dann ohne Protest wirklich frei.

Jeden dieser erlebnisreichen Tage auf der Regenwaldexkursion genoss ich, denn es gab einfach wahnsinnig viel zu entdecken. Wir flochten uns im Wald ein wasserdichtes Pflanzendach, fingen zwei

Schlangen und eine große behaarte Vogelspinne, entdeckten in einer Höhle Fledermäuse und schossen mit dem Blasrohr um die Wette. Am vorletzten Tag wanderten wir zu einem etwas größeren Regenwalddorf mit Schule und einem kleinen Fußballfeld. Dort lebten größtenteils Mestizen.

Als wir das Dorf erreichten, spielten die Männer gerade auf der Wiese Fußball. Natürlich hatten wir Lust, mitzuspielen. Keiner hatte etwas dagegen und so teilten wir die Mannschaften neu auf. Gringos inklusive Patricio und zwei weitere Männer gegen die *Auswahl Oriente*.

Nach und nach schauten uns immer mehr Kinder bei dem spannenden Spiel zu. Die größeren Kinder spielten dann auch noch mit. Bis zur Halbzeit hielt ich noch ganz gut mit, doch dann bekam ich plötzlich kaum noch Luft und so verbrachte ich den Rest des Spiels im Tor. Als es unentschieden stand, hörten wir auf.

Patricio und der Lehrer der Dorfgemeinschaft spendierten allen Beteiligten eiskaltes Bier. Mmhh! War das lecker! Das Dorf besaß nämlich einen richtigen Kühlschrank und sogar einen Fernseher. Der Strom für die Elektrogeräte wurde je nach Bedarf mit einem Dieselaggregat erzeugt.

Die zweite Bierrunde übernahmen dann Dave, Amir und ich. Die Leute aus dieser Dorfgemeinschaft waren ebenfalls sehr gastfreundlich und aufgeschlossen zu uns.

Später zeigten mir der Lehrer und zwei Kinder, mit denen ich mich schnell angefreundet hatte, das einfache Dorfschulhaus. Marcia und Jorge – so hießen die beiden anhänglichen Kinder – waren Geschwister. Da die Dorfgemeinschaft nicht groß genug war, gab es nur eine Klasse für die 15 Kinder von 5 bis 11 Jahren.

Ich kann es mal wieder nicht erklären, aber diese beiden Regenwaldkinder sind mir vom ersten Augenblick an ans Herz gewachsen. Heute habe ich noch ein Foto von ihnen, wie sie mit zu großen Gummistiefeln und ausgeleiertem T-Shirt neben mir standen. Wie gerne würde ich erfahren, wie es der lieben Marcia und ihrem kleinen Bruder Jorge heute geht!

Die einfache Schule, bestehend aus einem Raum, stand auf Stelzen und hatte nur eine komplett geschlossene Wand. Als ich es mir gerade auf einer Schulbank bequem machte und die Beine hochlegte, kam plötzlich mit forschem Schritt eine kräftige Nonne herein und reichte mir zielstrebig ihre Hand, um mich zu begrüßen. Den Händedruck werde ich nie vergessen, er war so fest, dass ich das Gefühl hatte, die Finger gebrochen zu bekommen. Instinktiv stand ich plötzlich, wie von Geisterhand geführt, kerzengerade vor ihr. Nicht nur ihr extrem fester Händedruck flößte mir höchsten Respekt ein, ihre ganze Erscheinung hatte etwas außerordentlich Dominantes. Sie war auch noch mindestens so breit wie ich und hatte kaum irgendwelche weiblichen Züge.

Marcia und ihr kleiner Bruder standen ebenfalls stramm. Die Nonne musterte mich, ohne eine Miene zu verziehen, von oben bis unten. Ich fühlte mich wie ein kleiner Junge, der irgendetwas ausgefressen hatte. Dann endlich, es kam mir vor wie eine Ewigkeit, erlöste sie uns durch ein ansatzweise leichtes Lächeln. Im Nachhinein glaube ich, dass diese einfache Holzbarackenschule mitten im Regenwald für die Nonne etwas ganz Besonderes war und ich unbewusst durch meine laxe Sitzhaltung und die dreckigen Klamotten den nötigen Respekt vermissen ließ. Auf jeden Fall war diese Begegnung schon ziemlich sonderbar.

Nachdem wir ihre heilige Schule verließen, entwickelte sich dann aber doch noch ein relativ entspanntes kurzes Gespräch. Die Nonne war so etwas wie ein Schuldirektor für diese Region und sie gab den Kindern ebenfalls Unterricht. Der Lehrer erzählte mir später, dass sie sehr streng, aber auch engagiert und gerecht sei.

Auf dem Heimweg lachten Patricio, Amir und Dave, nachdem ich ihnen die Situation mit der Nonne mehrmals vorgespielt hatte. Die plötzliche Erschöpfung während des Fußballspiels am Mittag setzte sich auch auf dem Heimweg fort. Ich musste richtig die Zähne zusammenbeißen, um mit den anderen mithalten zu können. Irgendetwas stimmte mit meinem Körper nicht, ich versuchte aber mir nichts anmerken zu lassen.

Als wir unser Dschungelcamp erreicht hatten, legte ich mich ohne etwas zu essen gleich hin.

Die Nacht war wieder furchtbar schwül. Mit Kopf- und Gliederschmerzen, unausgeschlafen und durchgeschwitzt packte ich lustlos meine Sachen für den Abmarsch zurück nach Puyo. Noch konnte ich nicht wissen, was sich in meinem Körper alles zusammenbraute. Doch öffneten sich für mich durch diesen einmaligen Ausflug in den sagenhaften Regenwald Ecuadors Türen in eine Welt, die ich zuvor nur erahnen konnte. Ich denke, fast jeder, der so eine Tour erleben durfte, wurde von der geballten Natur des tropischen Regenwaldes gefesselt. Den Zauber der Erinnerung an diesen Ort werde ich immer in mir tragen.

Leider schweben seit vielen Jahren immer dunklere Wolken über diesem Paradies. Große Ölvorkommen im Regenwaldterritorium lassen korrupte Politiker, private Ölkonzerne, Pipelinebauer und westliche Banken an einem Strang ziehen. Auch wenn heute schärfere Umweltstandards für neue Erdölkonzessionen gelten, nehmen die verseuchten Regenwaldgebiete in Ecuador immer weiter zu. Es ist paradox: Jahrelang habe ich als leitender Ingenieur in der Automobilindustrie gearbeitet und sehr gutes Geld verdient. Auch wenn es weit hergeholt ist, die wenigsten Menschen können tatsächlich behaupten, nichts mit diesem Entwicklungsprozess zu tun zu haben. Die eigentlichen Leidtragenden sind die Bewohner des Regenwaldes.

Am späten Nachmittag erreichten wir wieder die Stelle, an der Guido vom Traveler-Laden Patricio und mich vor acht Tagen abgesetzt hatte. Bald darauf kam auch schon Guido mit seinem Geländewagen und unseren großen Rucksäcken auf der Ladefläche, die wir in seinem Laden vor dem Dschungeltrip deponiert hatten, um die Ecke gebraust.

Weil Guido und Patricio noch nach Baños fahren mussten, boten sie an, uns alle mitzunehmen. Das kleine Touristenmekka Baños ist ungefähr zwei Stunden Autofahrt von Puyo entfernt und so quetschten wir uns alle fünf in den Geländewagen bzw. auf die hintere Ladefläche.

Der beliebte Ferienort Baños ist genau das richtige Ziel, um einmal ein paar Tage auszuspannen, dachte ich mir. Die Fahrt von Puyo nach Baños ist eine der schönsten Strecken Ecuadors. Leider konnte ich die Landschaft kaum genießen, ich fühlte mich gesundheitlich ständig elender.

In dem Ferienort angekommen, nahmen Dave, Amir und ich jeweils ein Zimmer in einem der zahlreichen Hostals. Nach einer ausgiebigen Dusche freute ich mich, endlich mal wieder ein schönes Zimmer mit Bett und Bad für mich alleine zu haben, da klopfte es auch schon an meiner Tür.

„Wir treffen uns gleich mit Patricio und seiner Frau in der Vulcano-Bar hier um die Ecke", sagten Dave und Amir, die ebenfalls geduscht, rasiert und umgezogen vor mir standen.

„Ich komme gleich nach", erwiderte ich.

Eigentlich hatte ich absolut keine Lust, an diesem Abend noch mal wegzugehen, obwohl die Tabletten aus meiner Reiseapotheke mich langsam wieder fit machten. Dave, Amir und Patricio waren aber so sympathische Typen, dass ich nicht nein sagen konnte. Der Abend in der Vulcano-Bar war deshalb einfach ein muss und der richtige Abschluss nach dieser erlebnisreichen Tour.

Patricios bildhübsche Frau war erst 16 Jahre alt. Er hatte uns gar nicht erzählt, dass er mit seinen 19 Jahren schon verheiratet war. Wir erzählten immer wieder unsere Erlebnisse, lachten und tranken bis tief in die Nacht. Es war wieder einer der besonderen Abende, ein Abend unter Freunden, der harmonischer kaum hätte sein können.

Wie so oft kam der Katzenjammer am nächsten Morgen. Ich fühlte mich, als ob mich jemand mit einem Baseballschläger bearbeitet hätte. Glieder- und Kopfschmerzen, dazu kamen jetzt noch Magen- und Darmschmerzen, von dem obligatorischen Durchfall gar nicht zu sprechen. Auf solchen Abenteuerreisen zwei oder drei Tage außer Gefecht gesetzt zu sein, ist ja nichts Ungewöhnliches, sagte ich mir anfangs noch zur Beruhigung.

In dem Minisupermarkt von gegenüber kaufte ich vorsichtshalber eine Jumbopackung Toilettenpapier, viel Mineralwasser und trockene Kekse. Den ganzen Tag lag ich wie gelähmt in meinem Bett, bis Dave an meine Tür klopfte.

„Na, wie siehst du denn aus?", fragte er verdutzt, als er das Elend vor sich stehen sah.

„Ich bin heute nicht so fit, aber morgen werde ich sicherlich schon wieder auf den Beinen sein", erwiderte ich Dave mit zittriger Stimme, ohne es wirklich selbst zu glauben.

Dave erzählte mir ganz aufgeregt von einer Mitfahrgelegenheit auf dem *Rio Napo* nach Coca im Norden von Ecuador und von dort aus weiter nach Iquitos in Peru. Von Iquitos aus wollte er dann seinen Traum wahr machen und den Amazonas bis zum Atlantik hinunterfahren.

„Ich würde mich sehr freuen, wenn du mitkommen würdest, Christoph", sagte Dave in einem ernsten Ton und schaute mich dabei hoffnungsvoll an.

Wie hatte ich Dave am Anfang doch so falsch eingeschätzt! Dieses Angebot von ihm hatte mich zutiefst berührt. Schweren Herzens konnte ich aber nicht darauf eingehen, ich musste mich einfach erst einmal auskurieren.

„Aber Dave, pass' bitte auf dich auf und wir bleiben auf jeden Fall in Kontakt!", gab ich ihm mit auf den Weg.

„Ob ich ein Jahr früher oder später sterbe, ist doch eigentlich egal", antwortete mir Dave enttäuscht.

Nachdem wir uns verabschiedet hatten, ich wieder in meinem Bett lag und die trostlose Zimmerdecke anstarrte, dachte ich die ganz Zeit über seine letzten Worte nach. Das mit dem ein Jahr früher oder später sterben hatte Dave doch nicht etwa ernst gemeint? Er sah von Anfang an mit seinem eingefallenen Gesicht und dem dürren Körper krank aus, obwohl er eigentlich ein sehr zäher Typ ist, dachte ich mir. Die Schmerzen im ganzen Körper lenkten mich aber wieder von diesem Thema ab.

In der Nacht fing ich dermaßen an zu schwitzen, dass nicht nur das Laken, sondern auch die Matratze klitschnass wurden, obwohl ich die meiste Zeit auf der Toilette verbracht hatte. Auch am nächsten Tag änderte sich mein Zustand nicht, im Gegenteil, die Schmerzen wurden noch heftiger. Seit zwanzig Jahren brauchte ich keinen Arzt mehr, abgesehen von den jährlichen Routineuntersuchungen des Werksarztes bei meinem letzten Job.

Noch eine Nacht warte ich ab, wenn es dann nicht besser ist, gehe ich zu einem Arzt, dachte ich mir in meiner Verzweiflung.

Es war ein großer Fehler, eine weitere Nacht verstreichen zu lassen, denn diese schreckliche Nacht war der absolute Horror! Eine Mischung aus Albträumen und Wahnvorstellungen, Krämpfen und Angstzuständen trieb mich an den Rand des völligen Wahnsinns. Ich hatte das unbeschreibliche Gefühl, jemand jagte mich, wollte mich umbringen. Das Schrecklichste aber war, dass ich mich vor Schmerzen und Magenkrämpfen kaum noch bewegen konnte. Wie in Schüben kamen dann immer wieder Schweißausbrüche und Schmerzattacken. Ich trank wegen des extremen Durchfalls kaum noch Wasser, trotzdem schwitzte ich weiter.

„Wo kann ich jetzt nur ärztliche Hilfe bekommen? Ich bin in einem kleinen Nest und nicht in der Hauptstadt Quito", stammelte ich vor mich hin, als ich wieder bei Bewusstsein war.

Ich musste irgendwie ins drei Stunden entfernte Quito kommen. Dort gab es, laut meinem Reiseführer, gute Ärzte.

Ich zog mir mit letzter Kraft meine Klamotten an und wollte zum Busbahnhof „kriechen", um mir ein Busticket in die Hauptstadt zu besorgen, doch schon nach 100 Metern kamen wieder die Schmerzattacken mit extremen Magenkrämpfen und Schweißausbrüchen. Nicht mal meinen ärgsten Feinden hätte ich diesen schrecklichen Zustand gewünscht.

Gerade noch konnte ich mich auf eine Bank retten, bevor ich umkippte. Kurzzeitig verlor ich das Bewusstsein. Noch nie hatte ich so etwas erlebt. In dieser Situation war es besonders bitter, alleine zu sein. Die Hilflosigkeit bereitete mir größte Sorgen. Unmöglich, in dem Zustand morgen nach Quito zu fahren, dachte ich mir, als ich wieder aufwachte. Diese Entscheidung rettete wohl mein Leben. Nachdem ich mich eine Weile auf der Bank ausgeruht hatte, ging es mir wieder etwas besser und ich fragte in einem Geschäft nach einem Arzt.

„Clínica Agua Santa (Klinik Agua Santa) in der Ortsmitte", war die Antwort der Geschäftsfrau.

Die Untersuchung, durchgeführt von dem jungen Dr. Montero, ihm gehörte diese private Arztpraxis, dauerte nur wenige Sekunden und dann ging alles ganz schnell.

„Paludismo", sagte der ecuadorianische Arzt, während er mir geschickt Blut abnahm, in mehrere kleine Plastikröhrchen abfüllte und gleichzeitig jemanden mit dem Handy anrief.

Er stach eine Kanüle mit intravenösem Zugang in die Vene meines Unterarms und befestigte diese mit weißem Klebeband. Dann drückte er mir eine Schachtel *Fansidar* in die Hand.

„Bitte sofort eine Fansidar-Tablette einnehmen!", sagte er in strengem Ton zu mir, während ich ein bitteres künstlich schmeckendes Zeug zum Trinken bekam. Aus einem Lager im Nachbarzimmer holte er mehrere durchsichtige Flüssigkeitsbeutel, montierte einen Schlauch an einen Plastikbeutel mit gelber Flüssigkeit und steckte das andere Ende des Schlauches an den Kanülenanschluss in meinem Unterarm. Den Flüssigkeitsbeutel hängte er an einen rostigen Metallständer mit Rollen. Wenige Minuten später kam ein Mann angerannt, nahm meine Blutproben und rannte wieder davon. Irgendwie hatte ich alles nur noch in einer Art Trancezustand mitbekommen und ich wusste die ganze Zeit nicht, was die Diagnose „Paludismo" eigentlich bedeutete. Wie ich später erfuhr, war der Mann, der meine Blutproben abholte, der Kurier eines Labors.

Trotz meines Zustandes war ich im Kopf phasenweise klar genug, um zu ahnen, dass ich ernsthaft erkrankt war. Ich ärgerte mich, nicht früher einen Arzt aufgesucht zu haben, und betete, dass es nicht zu spät war.

Diese Arztpraxis hatte noch zwei Zimmer für die schweren Fälle, deswegen wohl der Name „Clinica" (Klinik). Eines der Zimmer wurde für mich vorbereitet. Als ich dann benommen im Krankenbett dieser Mini-Klinik am Tropf hing, kam Dr. Montero zu mir, zeigte mir den Befund und las mit ernster Miene vor: „Paludismo – Plasmodium Vivax, Tifoidea, Diarrea y Deshidratacion GII-III, Temperatura, Epigastralgia!"

„Was bedeutet das?", fragte ich ihn zitternd mit einer ganz bösen Vorahnung.

„Sie haben Malaria und Typhus!", schockte mich Dr. Montero und übertraf damit meine schlimmsten Befürchtungen. Mir hatte es im wahrsten Sinne des Wortes die Sprache verschlagen.

Als der junge ecuadorianische Arzt dann ein dickflüssiges Zeug mit einer Spritze über das Injektionsventil an meinem Unterarm in meine Vene pumpte, was höllische Schmerzen verursachte, fragte ich ihn völlig verstört: „Kann man Typhus und Malaria heilen?"

„Wenn man rechtzeitig einen Arzt aufsucht, normalerweise ja! Aber warum sind Sie so spät zu mir gekommen? Ihr Körper ist sehr stark ausgetrocknet. Einen weiteren Tag hätten Sie vielleicht nicht überlebt", antwortete er mir kopfschüttelnd.

Wie beruhigend, dachte ich.

Dr. Montero erzählte mir irgendetwas über den Krankheitsverlauf von Malaria und Typhus, aber ich verstand in meinem Zustand und aufgrund der vielen spanischen Fachausdrücke eigentlich nur Bahnhof.

„Ich stelle für Sie einen Behandlungsplan auf. Jetzt müssen Sie viel trinken! Sie sind doch eigentlich kräftig, morgen wird es Ihnen besser gehen", sagte der Arzt mit ernster Miene, klopfte mir auf die Schulter und ging aus dem Zimmer.

Es war der ultimative Tiefpunkt meines Lebens. Ich fühlte mich so elend und kam mir vor, als ob ich alleine auf der Welt wäre. Da lag ich nun irgendwo in Südamerika halbtot in einem kalten Zimmer mit grauweißen Wänden, weißer Zimmerdecke, einem halb abgedunkelten Fenster zum Innenhofschacht, dunkelgrau marmoriertem PVC-Boden, einem kleinen gelben Mülleimer sowie einem Holzstuhl als einziges Mobiliar, auf dessen Lehne meine Hose lag. Der rostige Metallständer, an dem ein Beutel mit undefinierbarer gelber Flüssigkeit hing, die in meine Blutbahn floss, stand direkt neben meinem Bett. Ich lag auf der Seite und starrte apathisch auf die schäbigen Stuhlbeine.

War es das jetzt? Hat es sich denn gelohnt? Geht die Reise nun in diesem schäbigen Zimmer zu Ende? Habe ich das wirklich verdient? Vielleicht habe ich es ja verdient, schließlich musste ich ja unbedingt alles anders machen!

Nach und nach wurde mir bewusst, in welch katastrophaler Lage ich mich befand. In dem kleinen sterilen Zimmer fühlte ich mich dazu noch wie in einem großen Sarg gefangen. Je länger ich auf den Stuhl starrte, desto verschwommener wurden meine Gedanken ... bis sie sich einfach auflösten ... Meine Träume verschwanden ... Meine Hoffnung war weg ... Ich lag einfach willenlos da ...

Wie lange ich in diesem so leeren und „scheintoten" Zustand verbracht hatte, weiß ich nicht mehr. Irgendwann spürte ich, wie mich eine Hand zärtlich streichelte. Dieses sanfte Streicheln war in dem Moment ein so intensives Gefühl von Geborgenheit, wie ich es noch nie zuvor erlebt hatte. Im ersten Moment hielt ich es für meinen letzten Traum, sozusagen für die Erfüllung eines allerletzten Wunsches, bevor es mit dem Leben zu Ende ging. Aber nach und nach kehrte wieder Leben in meinen Körper zurück. Ich fühlte, dass es kein Traum war, sondern Wirklichkeit. Das Streicheln meines Unterarms kam von einer schmalen Hand aus Fleisch und Blut und dann erst registrierte ich die junge Frau, die neben mir saß.

Es war die 20-jährige Arzthelferin Maria, die mit einer Spritze eine andere dickflüssige Medizin durch das Injektionsventil in meine Vene drückte. Bei ihr hatte es aber, im Gegensatz zu Dr. Montero, gar nicht wehgetan. Sie hatte die dickflüssige Injektion gefühlvoll in meinen Arm einmassiert.

Als ich ihr völlig ergeben und mit dankbarem Gesichtsausdruck direkt in die Augen schaute, wurde sie verlegen. Schnell schloss ich meine Augen wieder und genoss zutiefst jede ihrer Berührungen. Das Einmassieren wurde wieder sanfter. Leider war kurz darauf die komplette Flüssigkeit in meinem Körper. Mit einem vertrauensvollen Lächeln verließ sie schließlich das Zimmer. Ich hatte überhaupt nicht mitbekommen, wie sie in mein Zimmer kam und dass sie eine Spritze an meinen Arm angesetzt hatte. Aber was war das für ein unbeschreiblich schönes Gefühl! Ich hätte meine Lebensretterin auf der Stelle heiraten können, obwohl wir kein Wort miteinander gesprochen hatten, ich sie zu dem Zeitpunkt erst zwei Minuten kannte und sie mit Sicherheit keine Schönheit war.

Kurz darauf kam Dr. Montero ins Zimmer und zeigte mir meinen Behandlungsplan.

Clínica Baños de Agua Santa
Paciente (Patient): Sr. Christoph

Imp. Diagnostica (Diagnose) :
Paludismo (Malaria)
Tifoidea (Typhus)

Tratamiento (Behandlung):
Bedex 1000 cc x min c/12 h (Bedex alle 12 Stunden)
Taural 5 ml iv c/8 h (Taural alle 8 Stunden)
Chloranfenicol 1 gr iv c/6 h (Chloranfenicol alle 6 Stunden)
Novalgina 5 ml iv c/12 y PRN (Novalgina alle 12 Stunden)
Sertal iv c/12 h (Sertal alle 12 Stunden)
Lacteol fort 4 cap. C/8 h (Lacteol alle 8 Stunden)
Pedialyte tomar a voluntad (Pedialyte oral)
Fansidar 500/25 3 tab. Toma unica (Fansidar, Einnahme einer Tablette)

„So viele verschiedene Dinge bekomme ich? Was ist das denn alles?", fragte ich den jungen Arzt neugierig.

„Ich habe leider ein volles Wartezimmer. Heute Abend ist mehr Zeit, dann erkläre ich Ihnen genauer die Behandlung", sagte Dr. Montero kurz angebunden, aber freundlich und verließ das Krankenzimmer.

Wieder ein wenig Lebensmut gefasst, hätte ich eigentlich eine ganze Menge Fragen bezüglich meiner Krankheiten gehabt. Habe ich eine Chance, wieder völlig gesund zu werden? Wie habe ich mir diese blöden Krankheiten eigentlich geholt? Und wie lange muss ich in dieser Klinik bleiben?

Je länger ich grübelte, desto mehr Fragen ergaben sich, auf die ich so gerne direkt eine Antwort gehabt hätte. Mit dem Behandlungsplan in der Hand konnte ich mir zumindest erklären, dass die gelbe Flüssigkeit im Tropf *Bedex* hieß und nach 12 Stunden leer sein sollte, aber sehr viel mehr Informationen hatte ich dadurch auch nicht.

Als ich mit meinen letzten Kräften nach Antworten suchte, kam meine wahre Lebensretterin, die Arzthelferin Maria, mit einer Ampulle und einer Spritze ins Zimmer. Sie brach das obere Ende der Glasampulle ab, saugte die Flüssigkeit mit der Spritze auf, spritzte fachmännisch ein paar Tropfen in die Luft und injizierte dann die Flüssigkeit über das Ventil in meinen Arm. Aufgrund der vielen Spritzen, die ich bekam, war dieses Injektionsventil an meinem Unterarm eine gute Hilfe. So bekam ich nicht Dutzende von Einstichen in meine Haut. Leider war es bei dieser Flüssigkeit nicht nötig, sie in den Arm einzumassieren.

Maria war sehr schüchtern, sie sagte kein Wort, schaute immer nach unten und ging schließlich wieder aus dem Zimmer.

Sie hatte aber eine Mappe auf meinem Bett liegen lassen und so dauerte es keine fünf Minuten, bis sie wieder zur Tür hereinkam. Anstatt aber ihre Mappe zu holen, kramte sie die leere Ampulle wieder aus dem Mülleimer heraus, schaute darauf und nahm diese mit.

Was war das denn jetzt? Hat meine Lebensretterin mir vielleicht etwas Falsches gespritzt? Eigentlich wollte ich sie auf die liegengelassene Mappe aufmerksam machen, doch sie war zu schnell wieder aus dem Zimmer verschwunden.

Die *Fansidar*-Malariatablette, die Injektionen, das gelbe *Bedex* vom Tropf und das komisch schmeckende *Pedialyte* linderten meine Schmerzen deutlich und es kam mir vor, als ob sich mein Gesundheitszustand stündlich verbesserte.

Es dauerte fast bis Mitternacht, als Dr. Montero sich erschöpft an mein Bett setzte und mir wieder dieses schmerzhafte Zeug, dick wie Honig, spritzte. Diesmal ließ er sich aber sehr viel Zeit und so konnte der junge Arzt mir viele Fragen ohne die spanischen Fachausdrücke beantworten. Die fehlenden Hintergrundinformationen über meine Krankheiten besorgte ich mir dann später.

Die Tropenkrankheit Malaria hatte ich mir wahrscheinlich dummerweise von den Mückenstichen in Guayaquil geholt. In dem Hotel hatte das Moskitonetz ein kleines Loch und die Beschreibung der Stechmücke passte genau auf die Gattung der *Anopheles*. Wenigstens hatte ich damals dieses gemeine Tier am nächsten Morgen platt gemacht.

Nur infizierte weibliche Stechmücken der Gattung *Anopheles* können Malaria übertragen. Während des Stechvorgangs gelangten durch den Speichel dieser Mücke einzellige Parasiten, so genannte „Plasmodien", in meine Blutbahn. Mit dem Blutstrom wurden diese Parasiten dann zu meiner Leber getragen, drangen in die Zellen des Lebergewebes ein und vermehrten sich dort sehr stark durch Teilung. Über meinen Blutkreislauf befielen sie dann die roten Blutkörperchen. Heftige Fieberanfälle waren schließlich die Folge.

Dr. Montero erklärte mir, dass *Malaria Tropica* im Gegensatz zu meiner *Malaria Tertiana (Plasmodium vivax)* wesentlich gefährlicher gewesen wäre und dass ich wieder völlig gesund werden könnte. Meine Malariaform hätte aber den Nachteil, dass nach Monaten, sogar nach Jahren die Krankheit wieder ausbrechen könnte, denn einige Parasiten der *Plasmodium vivax Malaria* würden im Lebergewebe ungeteilt verharren und irgendwann den Vorgang erneut beginnen.

Wie schlau und gemein zugleich diese Parasiten doch sind, dachte ich mir.

Der junge Arzt erklärte weiter, dass Typhus eine schwere fieberhafte Infektionskrankheit sei und durch Salmonellen hervorgerufen würde. Unbehandelt hätte auch diese Krankheit zum Tode führen können. Weil mein Immunsystem durch die Malaria stark geschwächt war, hätte ich mir wahrscheinlich deswegen zusätzlich Typhus eingefangen.

„Wenn es in dieser Nacht keine größeren Komplikationen gibt, können Sie morgen die Klinik wieder verlassen", sagte Dr. Montero doch tatsächlich zu mir, spritzte den Rest der Medizin in meine Vene, nahm die liegengelassene Mappe von Maria und ging aus dem Zimmer.

Unglaublich, morgen schon darf ich vielleicht mit meiner Typhus- und Malariakrankheit hier wieder raus, freute ich mich. Allerdings war ich immer noch so geschwächt, dass die Kraft gerade mal reichte, um ohne Hilfe auf die Toilette zu gehen.

Da ich ja noch am Tropf hing, rollte ich einfach den rostigen Ständer mit dem in der Zwischenzeit ausgetauschten *Bedex*-Beutel am Haken vorsichtig hinter mir her. Erst als ich auf der Toilette saß, merkte ich, dass sich die gelbe Flüssigkeit plötzlich rot gefärbt hatte. Am Schlauch vom Tropf zu meiner Kanüle befand sich eine Plastikklemmschraube, die hätte ich wohl besser vor meinem Spaziergang zugedreht oder ich hätte den Arm einfach nach unten halten sollen, dann wäre mein Blut nicht in den Beutel geflossen. Im ersten Moment hatte ich mich mächtig erschreckt, als ich das Blut im Beutel sah.

Aber noch mehr schockte mich die leere Klopapierrolle!

Nein, nicht schon wieder! Warum hab ich das nicht vorher gemerkt? Muss immer mir so etwas passieren, fragte ich mich genervt. Es war mitten in der Nacht, ich konnte doch unmöglich das Haus zusammenschreien.

Nach Abwägung aller erdenklichen Möglichkeiten und in Anbetracht der bevorstehenden Entlassung entschied ich mich schweren Herzens, meine Unterhose zu opfern. Was bedeutete in diesem Moment schon eine Unterhose mehr oder weniger, schließlich war mir ja kurz zuvor das Leben gerettet worden. Nur mit einem T-Shirt und Straßenschuhen bekleidet rollte ich so schnell ich konnte den Tropf auf dem Flur hinter mir her, bis ich mein Zimmer erreichte, zog die Jeans an und legte mich wieder ins Bett. Gott sei Dank hat die Unterhose die Toilette nicht verstopft, dachte ich mir noch und schlief beruhigt ein.

Gegen 6 Uhr morgens weckte mich Dr. Montero und verabreichte mir wieder eine Dosis. Dabei kamen wir ins Gespräch über Gott und die Welt.

Er erzählte mir, dass er in St. Petersburg studiert hatte, sich dort in eine russische Kommilitonin verliebte und sie schließlich geheiratet hatte. Nachdem beide das Medizinstudium in Russland beendet hatten, kehrten sie nach Ecuador zurück und bauten diese Klinik in Baños auf. Seine Frau arbeitete dort als Frauenärztin.

Natürlich erzählte ich ihm von meiner Reise und dem faszinierenden ecuadorianischen Regenwald. Als ich ihm die Geschichte mit dem kranken Säugling, den ein Schamane zu heilen versuchte, erzählte, schüttelte er den Kopf und begann ebenfalls zu berichten: „Als ich nach meinem Studium aus St. Petersburg zurückkehrte, musste ich erst einmal Geld verdienen, um mir mit meiner Frau diese Klinik aufbauen zu können. Ich arbeitete eine Zeitlang für ein europäisch gefördertes Entwicklungsprojekt, das zum Ziel hatte, die hohe Kindersterblichkeitsrate der ecuadorianischen Ureinwohner zu senken. Sobald eine Erkrankung gemeldet wurde, versuchten wir mit einem kleinen Flugzeug zu diesem kranken Kind in den Regenwald zu gelangen. Wir waren immer zu dritt, der Pilot, ein Soldat und ich."

„Warum musste denn ein Soldat mit dabei sein?", unterbrach ich ihn verwundert.

„Der junge Soldat sollte mich eigentlich vor aggressiven Ureinwohnern beschützen, hatte aber noch mehr Angst als ich, denn manche Stämme akzeptierten keine Ärzte, auch wenn ich ebenfalls Ecuadorianer bin. Vielleicht hat ein Schamane Angst, sein Gesicht zu verlieren, wenn es nicht ihm, sondern mir mit meiner Schulmedizin gelingt, einen Menschen zu heilen. Das Ganze war ein Himmelfahrtskommando, es gab keine richtigen Landebahnen für das Flugzeug und ich hatte immer Angst, abzustürzen. Manchmal erreichten wir die erkrankten Kinder erst, als es schon zu spät war. Eines Tages wurden wir zu einem Stamm gerufen, welcher besonders aggressiv gegen Ärzte eingestellt war. Dort lag eine Frau im Sterben. Da sich die Behandlung mehrere Tage hinzog, flog der Pilot wieder zurück. Diese drei Tage im Regenwald werde ich nie vergessen. Der Gesundheitszustand dieser Frau verschlechterte sich am ersten Tag meiner Behandlung, ihr Leben hing am seidenen Faden. Die ganze Sippe versammelte sich daraufhin und beratschlagte die weitere Vorgehensweise. Schließlich durfte ich die Behandlung unter folgender Bedingung fortsetzen: Wenn die Frau meine Behandlung überleben würde, dürften der Soldat und ich gehen. Wenn sie aber starb, müssten wir ebenfalls sterben. Sie überlebte und ich kündigte daraufhin diesen Job. Mein damaliger Arbeitgeber versuchte mich noch mit dem Angebot des doppelten Gehaltes zum Weiterzumachen zu überreden, aber ich lehnte dankend ab", sagte er zu mir mit ernster Miene und verließ das Zimmer.

Einige Stunden später, ich war wieder eingeschlafen, weckte mich meine Lebensretterin Maria mit einem fröhlichen „Buenos dias, Sr. Cristóbal!"

Sie war so fürsorglich wie immer und an diesem Morgen besonders gut gelaunt. Endlich kamen wir auch kurz ins Gespräch. Ihre Art zu reden und ihre großen dunklen Augen hatten so etwas Vertrauensvolles. Für mich war sie einfach ein Engel, der mich einen Tag zuvor gerettet hatte.

„Hab ich denn gestern wirklich die richtige Spritze von dir bekommen?", fragte ich sie mit einem Grinsen im Gesicht, nachdem sie ihre Schüchternheit ein wenig abgelegt hatte.

„Ja, natürlich!", erwiderte sie ebenfalls grinsend.

Diese Arzthelferin und Krankenschwester in einer Person hatte einen Beruf, der wirklich zu ihr passte.

Man sah Maria an, dass dieser Job ihr sehr viel Freude bereitete.
Gegen Mittag, nach nur 26 Stunden Aufenthalt, durfte ich die Klinik wieder verlassen. Dr. Montero gab mir noch einige Medikamente mit, schrieb mit dickem schwarzem Filzstift auf die Packungen, wann und wie viele Tabletten ich jeweils einnehmen sollte. Malaria war nicht ansteckend, im Gegensatz zu Typhus, und so erhielt ich diesbezüglich noch weitere Anweisungen.

„Kann ich mit Kreditkarte bezahlen?", fragte ich den Arzt, während er die Rechnung ausstellte.

„Kreditkarten können wir leider nicht annehmen", antwortete er.

„Oh, ich habe bestimmt nicht genügend Bargeld dabei. Es ist Wochenende und die Banken haben zu", sagte ich daraufhin.

„Sie sind doch Deutscher. Ich schätze eure Mentalität. Ihr seid meist korrekt. Meine Schwester lebt in Deutschland, ich wohnte bei ihr, während ich ein Praktikum an der Uniklinik Köln absolvierte. Zahlen Sie nächste Woche, dann können wir noch eine Nachuntersuchung durchführen", beruhigte mich der Arzt.

Dies zu hören, machte mich schon ein wenig stolz. Ich bedankte mich tausend Mal und ging zur Tür hinaus.

Bereits nach den ersten Schritten auf der belebten Einkaufsstraße von Baños merkte ich, dass ich kaum Kraft genug hatte, mehr als zwanzig Meter an einem Stück zu gehen. Wie eine Schildkröte schlich ich an den Geschäften entlang und ruhte mich bei jeder möglichen Sitzgelegenheit aus. Als ich schließlich auf der gleichen Bank im Park, wo ich noch einen Tag zuvor kurzzeitig das Bewusstsein verlor, eine längere Pause machte, überschlugen sich meine Gedanken. Erst in diesem Moment wurde mir bewusst, welch ein großes Glück ich gehabt hatte und wie verdammt wunderschön doch das Leben ist.

Eine ganze Weile saß ich nachdenklich auf der Bank in diesem kleinen Park und ließ bruchstückhaft mein ganzes Leben Revue passieren. Ab und zu musste ich vor Freude und Dankbarkeit zugleich gegen plötzlich aufkommende Tränen ankämpfen.

Die letzten 20 Jahre hatte ich absolut nichts mehr mit der Kirche am Hut, bin schon als Jugendlicher aus der Kirche ausgetreten, obwohl ich auch eine Art von Glauben habe. Es ist der Glaube an eine „ausgleichende Gerechtigkeit". Wenn man Gutes tut, kommt irgendwann im Leben vielleicht etwas Gutes zurück. Aber man darf es nicht erwarten oder gar einfordern. Tut man etwas Schlechtes, bekommt man es eines Tages heimgezahlt.

Vielleicht ist dies ein wenig naiv, aber so denke ich nun mal …

Als ich halb träumend im Park auf meiner Bank saß, passierte etwas, was mich tief bewegte. Eine Prozession von Katholiken ging durch die kleine Stadt, vorneweg eine kräftige Frau mittleren Alters, welche laut sang. Sie war so ein Montserrat-Caballé-Verschnitt. Sicherlich sang sie nicht so professionell, aber ich fand in dem Moment den Gesang und ihre Stimme einfach wunderschön und es regte mich noch mehr zum Nachdenken an. Vielleicht gibt es ja doch irgendetwas, was eine schützende Hand über einen Menschen hält …

Schließlich hatte ich wieder genügend Kraft gesammelt, um in mein Hostal zurückzukehren, außerdem war es ohne Unterhose doch ein bisschen ungewohnt.

Als ich mein Hostal erreichte und auf mein Zimmer gehen wollte, kam die Besitzerin des Hostals mit ernster Miene auf mich zu. Oh je, dachte ich, hoffentlich bekomme ich jetzt keinen Sack über den Kopf gestülpt und werde in einen Steinbruch vor die Stadt gebracht, so, wie damals im Mittelalter, als die Pest ausgebrochen war.

Aber ganz im Gegenteil, die alte Frau tröstete mich, gab mir einen Schlüssel für eine kleine Küche, speziell für mich alleine, und brachte mir einen heißen Tee auf mein Zimmer. So eine herzliche Reaktion hätte ich wirklich nicht erwartet. Wahrscheinlich ist sie von Dr. Montero informiert worden, denn wir trafen einige Vorkehrungen aufgrund der Typhus-Ansteckungsgefahr für die nächsten Tage.

Mit Suppen und leichter Kost, den Tabletten, Spaziergängen und natürlich striktem Alkoholverbot erholte ich mich gut. Die Rechnung von 190 US-Dollar für die gesamte Behandlung inklusive Labor und Medikamente zahlte ich sofort am darauffolgenden Montag bei Dr. Montero. In Deutschland hätte eine Behandlung dieser lebensbedrohlichen Krankheiten wahrscheinlich ein Vermögen gekostet und mit Sicherheit war ich bei Dr. Montero aufgrund seiner Erfahrung und der täglichen Routine mit diesen heimischen Krankheiten besser aufgehoben als in Deutschland.

Wie ich von der Besitzerin des Hostals erfuhr, hatten Dr. Montero und seine Frau einen sehr guten Ruf weit über diese Stadt hinaus. Ich vereinbarte mit ihm vor meiner Abreise, welche für die nächste Woche geplant war, einen letzten Termin.

Manchmal gibt es Tage, da hätte man besser im Bett bleiben sollen, dachte ich mir, während ich abends mürrisch meine Suppe aß und über das Geschehene des Tages nachdachte.

Morgens war ich noch richtig gut gelaunt, denn kurz zuvor hatte ich mich in einer Apotheke auf die Waage gestellt und zum ersten Mal seit über zehn Jahren zeigte dieses Gerät kein Übergewicht an. Als ich mir daraufhin, diesmal mit gutem Gewissen, im Supermarkt Schokolade kaufen wollte, sah ich plötzlich die Arzthelferin Maria in einem Gang stehen. Die Freude, meiner Lebensretterin begegnet zu sein, war riesig, denn ich hatte sie seit meiner Entlassung nicht mehr gesehen. Endlich konnte ich mich bei ihr richtig bedanken und sie vielleicht zu einem Kaffee einladen, dachte ich mir und lächelte sie an.

Doch als sie mich sah, bekam Maria einen dermaßen roten Kopf, dass dieser fast schon zu glühen schien. Ich wusste in dem Moment gar nicht, was ich machen sollte, und dann kam ihr Freund oder Verlobter um die Ecke. Wie konnte ich auch ahnen, dass sie mit ihrem Partner im Supermarkt war? Sie drehte sich um, tat so, als ob sie mich nicht kannte, und rannte aus dem Laden. Sie hatte sich richtig vor ihrem Freund geschämt, mich zu sehen. Das machte mich sehr traurig und obwohl ich nichts dafür konnte, tat es mir auch leid. Vielleicht hatte Maria sogar gedacht, ich wollte sie auslachen. Dies war leider das letzte Mal, dass ich ihr begegnete.

Ich zahlte meine Schokolade und ging zum Markt, um mir noch frisches Gemüse zu besorgen. Als ich an den vielen Ständen vorbeischlenderte, sprach mich ein Tourist an. Wir redeten ein bisschen belangloses Zeug auf Englisch. Er war Student und wollte mich noch zu einem Kaffee einladen, doch ich zog es vor, mich höflich zu verabschieden, und ging weiter.

Keine fünf Minuten später stand dieser Typ wieder neben mir und quatschte mich von der Seite an. Da ich eigentlich ein freundlicher Mensch bin, redeten wir noch ein paar Sätze. Ich verabschiedete mich diesmal noch deutlicher und ging zum Park. Der Typ war mit seinen vielleicht 25 Jahren irgendwie seltsam. Die soziale Komponente fehlte bei ihm völlig. Jeder normale Mensch merkt doch irgendwann, wenn er nervt. Er war dem Aussehen nach sicherlich Lateinamerikaner und obwohl ich versuchte, spanisch mit ihm zu sprechen, wechselte er immer wieder ins Englische.

Ich saß auf meiner geliebten Bank im Park, aß genüsslich die Schokolade und hatte den kleinen Latino schon fast vergessen, da tauchte die Nervensäge ein weiteres Mal auf. Er setzte sich, ohne zu fragen, direkt neben mich. Zitternd am ganzen Körper schaute er mir in die Augen, streichelte mir über meinen Oberschenkel und sagte: „I want to show you my sex. Do you want to show me your sex?"

Geschockt starrte ich ihn mit aufgerissenen Augen an. Es dauerte eine ganze Weile, bis ich laut „No gracias!" brüllen konnte.

Die halbe Portion war schwul und hatte doch tatsächlich versucht, mich auf diese platte Art anzumachen. Da hatte ich gerade meinen lieben Engel Maria „verloren" und dann baggert mich dieser Typ an und will mir seinen kleinen Penis zeigen!

Ich schmiss den Rest der Schokolade in den Mülleimer und ging ins Hostal zurück.

Kurz vor meiner Abreise aus Baños schaute ich, wie vereinbart, noch einmal bei Dr. Montero vorbei. Ich hatte einen Tag zuvor Blut abgegeben und wir wollten uns die neuen Werte gemeinsam anschauen. Die Typhus-Ansteckungszeit war mittlerweile vorüber.

„Malaria und Typhus sind kein Problem mehr. Sie sind nun sogar immun gegen Typhus", sagte er zu mir.

Immun gegen Typhus? Nicht schlecht, dachte ich mir und fühlte mich wie Siegfried, der im Drachenblut gebadet hatte.

„Hier ist aber noch etwas viel Schlimmeres", schockte mich plötzlich der Arzt und zeigte auf die Blutwerte.

„Was ist denn jetzt passiert?", fragte ich ihn erschrocken.

„Ihr Cholesterin ist erhöht", sagte er in ruhigem Ton, ohne zu lachen.

„Soll das jetzt vielleicht ein Witz zum Abschied sein?", fragte ich ihn ungläubig. „Über 70 Prozent der Deutschen haben erhöhte Cholesterinwerte und mein Wert ist mit 235 mg/dl doch noch fast im grünen Bereich", fügte ich kopfschüttelnd hinzu.

„Mag sein, dass dies in Deutschland Normalität ist, aber erhöhte Cholesterinwerte können auf Dauer sehr gesundheitsschädlich sein!", redete er mir ins Gewissen.

Dr. Montero hatte das wirklich ernst gemeint. Für ihn waren erhöhte Cholesterinwerte wirklich schlimmer als Malaria und Typhus zusammen. Er wollte mich einfach warnen.

Wir philosophierten noch ein wenig über die Essgewohnheiten der Mitteleuropäer im Vergleich zu den Dritte-Welt-Staaten in den Anden. Schließlich bedankte ich mich zum Abschied noch einmal bei ihm. Auch im Hostal verabschiedete ich mich von der alten Frau, nachdem ich meine kleine Küche mit Desinfektionsmittel gereinigt hatte.

Der Bus von Baños nach Quito fuhr am Nachmittag ab. Von meinem Fensterplatz aus schaute ich noch etwas wehmütig zurück, bis schließlich das kleine Städtchen am Horizont verschwand. Der kleine Doppelachser-Bus holperte mit monotonem Dieselmotorengeräusch über die Straße in Richtung der Hauptstadt Ecuadors. Diesmal hatte ich nicht unbedingt diesen starken Drang, etwas Großes entdecken zu wollen. Natürlich freute ich mich auf die Kulturstadt Quito, aber in diesem Moment war ich einfach schon dankbar, alles um mich herum mit allen Sinnen erleben zu dürfen. Die Gewissheit, wieder gesund und frei zu sein, erfüllte mich ganz. Ich genoss es, im Bus zu sitzen, aus dem Fenster zu schauen und all die kleinen Wunder der Natur zu beobachten. Auch in die Gesichter der Menschen, die in dem Bus saßen, schaute ich (natürlich unauffällig) und machte mir Gedanken über ihr Leben, ohne wirklich etwas über sie zu wissen. Alles in meiner Umgebung war interessant für mich. Ich fühlte mich glücklich und zufrieden.

In Quito angekommen, saß ich noch lange auf meinem Rucksack im „Paque El Ejido", einem Park in der Neustadt, und träumte demütig vor mich hin. Seltsam, dass ich mir nicht erst eine Unterkunft gesucht hatte ...

Wieder aufgewacht, fand ich spät abends ein letztes freies Zimmer. Aber wie so oft: Wer zu spät kommt ... Das Zimmer war total verwohnt, schmuddelig und teuer. Ich war jedoch einfach zu müde, ein anderes zu suchen.

Am nächsten Morgen war ich wieder realistischer eingestellt und machte mir einen Plan. Fünf Monate reiste ich nun schon durch die Gegend. Ob es daran lag oder an meinem noch krankheitsbedingt geschwächten Körper, ich weiß es nicht genau, es machte sich aber eine gewisse Reiselethargie breit. Jetzt wäre eine mehrmonatige Reisepause ideal. So könnte ich auch meine bisherigen Erlebnisse in Ruhe niederschreiben. Quito schaue ich mir noch an und dann suche ich mir einen ruhigen Ort, an dem ich länger bleiben kann, beschloss ich. Die Suche war nicht schwer. Chile bot sich an, denn dort lebten ja meine Verwandten, die ich sowieso einmal besuchen wollte. Ich hatte zwar nur einen Onkel vor über 25 Jahren ein Mal kurz bei einem Familientreffen kennen gelernt, doch aus dessen Erzählungen erinnerte ich mich, wie schön dieser Flecken Erde sein soll.

Nachdem ich ein anderes Hostal gefunden hatte, machte ich mich auf den Weg zu verschiedenen Reiseagenturen. In einer buchte ich schließlich einen günstigen Flug nach Santiago de Chile. Die *Panamericana* von Ecuador über Peru bis hinter Santiago de Chile entlangzufahren, hätte sich natürlich auch angeboten, aber ich war, wie erwähnt, einfach zu schlapp und außerdem wären dann die Erinnerungen an Estrella vielleicht wieder hochgekommen. Schließlich bin ich in Peru ein Stück dieser Strecke mit ihr gefahren.

Mein Flug von Quito nach Santiago de Chile ging erst in fünf Tagen und so hatte ich noch genügend Zeit, die schöne Altstadt sowie einige Museen zu besuchen.

Im „Casa de la Cultura" (Haus der Kulturen), dem eigentlichen Nationalmuseum, ist mir eine alte Zeichnung Alexander von Humboldts aufgefallen. Die Zeichnung zeigte detailgenau, mit Vegetationszonen in den unterschiedlichen Höhen, ein Landschaftsprofil der ecuadorianischen Anden. Mehrmals auf meiner Reise durch Südamerika bin ich auf den Namen dieses Universalgelehrten gestoßen, diesmal hatte ich Zeit und Muße, mich intensiver mit seinem Lebenswerk zu beschäftigen. Ich fand in Quito sogar ein Buch in deutscher Sprache über die Amerikareise Alexander von Humboldts. Seine Erzählungen und Beschreibungen, Bilder und Skizzen über diesen damals fast noch unentdeckten Kontinent, die exotischen Tiere und Pflanzen waren einfach fesselnd. Wenn es eine Zeitmaschine gäbe, ich würde zuerst in die Vergangenheit reisen. Was muss das für ein befriedigendes Erlebnis gewesen sein, all diese Wunder der Natur im fast unberührten Zustand entdecken zu dürfen!

Vor 200 Jahren reiste von Humboldt fünf lange Jahre durch Amerika, bestieg den Vulkan Chimborazo, war in Lima, Quito und Guayaquil, in Venezuela, Kolumbien, Mexiko, Kuba und sogar drei Wochen zu Gast bei US-Präsident Jefferson in Washington. Selbst der damals noch junge Simon Bolivar, der künftige Befreier Südamerikas, war fasziniert von den Beschreibungen des berühmten Deutschen und besuchte regelmäßig seine Vorträge in Paris.

Bevor ich nach Chile abflog, schaute ich noch einmal in einem Internetcafé vorbei. Martin und Marinalva aus Bahia sowie Dave vom Regenwaldtrip hatten mir geschrieben. Dave hatte es tatsächlich wahr gemacht und ist den Rio Napo bis Iquitos (Peru) entlanggeschippert. Nun wollte er, wie geplant, den Amazonas bis Manaus und weiter bis zum Atlantik hinunterfahren. Da konnte man richtig ins Schwärmen kommen …

Ich schrieb meinen Freunden auch eine sehr ausführliche E-Mail.

Die Flugreise nach Santiago de Chile und vor allem der Weg von dort nach Valdivia hatten mich richtig geschlaucht. Es war wirklich an der Zeit, eine längere Reisepause einzulegen.

Valdivia liegt im mittleren Seengebiet etwa 800 Kilometer südlich von der Hauptstadt Santiago de Chile entfernt. Es war kein Wunder, dass meine Verwandten sich ausgerechnet in dieser Region niedergelassen hatten, denn in mehreren Einwanderungswellen seit Mitte des 19. Jahrhunderts siedelten sich zahlreiche Deutsche in diesem Gebiet an. Die zehnte Region um Valdivia wurde unter anderem wegen der fleißigen Einwanderer zur Wiege der chilenischen Industrie und war Ende des 19. Jahrhunderts eine der reichsten Städte des Landes.

Wie sollte es anders sein – mit einer Brauerei fing alles an. Doch 1960 brach direkt in Valdivia das größte je gemessene Erdbeben unseres Planeten aus und hatte zahlreiche Menschenleben gefordert sowie viele Gebäude zerstört. Der dadurch ausgelöste Tsunami verwüstete noch das 10 000 Kilometer entfernte Hawaii und sogar Südafrika.

In Valdivia und Umgebung haben vor allem die Deutschen mit ihrem Fleiß wirklich ganze Arbeit geleistet – im positiven wie auch manchmal im negativen Sinne. Der ursprüngliche Urwald ist beispielsweise stark dezimiert, stattdessen sind neue Bäume ordentlich in einer Reihe angepflanzt worden. Hat das nicht etwas Typisches?

In der Nähe des Stadtzentrums suchte ich mir ein Zimmer in einem Hostal. Ich wollte nicht mit Sack und Pack verschwitzt bei meinen Verwandten einfach vor der Tür stehen. Ausgeschlafen machte ich mich am nächsten Tag dann aber auf den Weg zu ihnen, ohne vorher anzurufen.

Schließlich stand ich vor einem gepflegten Jugendstilhaus, das etwas außerhalb des Stadtzentrums lag. Plötzlich bekam ich ein mulmiges Gefühl. Was sollte ich denn sagen? Ich bin der Sohn von … und wollte einfach mal Hallo sagen?

Natürlich klingelte ich doch noch, denn ich wurde mächtig neugierig.

Ein chilenisches Dienstmädchen kam zum Tor und schaute mich misstrauisch an, ließ mich aber schließlich hinein, nachdem ich sagte, dass ich extra aus Deutschland angereist sei.

Im Haus wurde ich von meinem Onkel und meiner Tante empfangen. Als ich sagte, wer ich war und dass ich einfach mal kurz vorbeischauen wollte, nahmen sie mich in die Arme und führten mich in ein großes Wohnzimmer. Sie freuten sich dermaßen über den Besuch aus Deutschland, dass sie sich förmlich überschlugen.

Dieser Tag sollte für mich eine Zeitreise in die Vergangenheit werden. Mein Onkel und meine Tante sprachen ein etwas anderes Deutsch mit teilweise seltsam veralteten Ausdrücken, ohne die heutigen neudeutschen, also englischen Worte. Das Haus, die Einrichtung, die Atmosphäre – es war wie vor 100 Jahren. Ich bekam ein richtiges Déjà-vu-Erlebnis, als ob ich früher schon einmal an diesem Ort gewesen wäre.

Ein großer vitrinenähnlicher Schrank war vollgestellt mit Büchern. Die Türen hatten große Glaselemente mit Facettenschliff. In der einen Hälfte des großen Wohnzimmers standen ein stoffbezogenes Kanapee und ein grüner Ledersessel, der mit Nieten bestückt war, in der anderen Hälfte ein schwerer schwarzer Holztisch mit passenden Stühlen. Der Boden aus hellen Holzdielen und der Kaminofen machten dieses antike Haus einfach urgemütlich. Ein bisschen Ähnlichkeit hatte diese Einrichtung mit dem Wohnzimmer der alten Frau aus Paraguay, bei der ich kurz verweilte, nachdem sie mich vor dem Verdursten gerettet hatte.

Wir machten es uns bei Tee und Gebäck gemütlich. Onkel und Tante zeigten mir uralte Fotos und erzählten die Geschichte von meinem Ur-Großvater sowie meiner Oma. Vieles wusste ich überhaupt nicht und die Familiengeschichte an diesem Ort zum ersten Mal zu hören, war extrem spannend und faszinierend zugleich. Der Ur-Großvater, geboren Ende des 19. Jahrhunderts, war ein Kaufmann aus Herford, der in einer Hamburger Exportfirma tätig war. Eines Tages sandte man ihn nach Chile, um den dortigen Markt zu erkunden. Nach seiner Rückkehr war er begeistert von dem Land und witterte dort eine berufliche Chance. Er ließ sich vorzeitig sein Erbe auszahlen und wanderte trotz des Protestes der Familie aus. Er wurde durch Kupferminen und Textilhandel vermögend, baute Häuser und eine Kirche. Als gemachter Mann kam er mit 39 Jahren zurück nach Deutschland und heiratete in Herford eine zwanzig Jahre jüngere Pfarrerstochter. Sie bekamen zehn Kinder, fast alle wurden in diesem Haus in Valdivia geboren. Eines davon war meine Oma. Sie erblickte also in diesem Haus das Licht der Welt. Obwohl es nach dem Erdbeben von 1960 stark beschädigt war, bauten meine Verwandten es mit viel Liebe wieder auf.

Mein Ur-Großvater und seine junge Frau überquerten neun Mal den Äquator mit dem Schiff, sie pendelten also oft zwischen der alten und der neuen Welt.

Noch bis spät in den Abend hörte ich aufmerksam den Erzählungen aus der Vergangenheit zu. Ergriffen von all den Geschichten spazierte ich nachdenklich zu meinem Hostal zurück.

Noch einige Male hatte ich meinen Onkel und meine Tante besucht. Ich lernte auch Cousins und Cousinen kennen und machte Ausflüge mit ihnen. Sie besorgten mir auch das günstige Studentenappartement, in dem ich jetzt noch wohne. Die Einladungen zum Essen in ihrem Haus waren jedes Mal absolute Highlights! Nein, es gab keine Empanadas oder *Arros con Huevo* (Reis mit Ei), es gab zum Beispiel Rinderbraten mit Rotkraut und Klößen. Es schmeckte einfach köstlich! Die südamerikanische Küche ist natürlich auch vielseitig und sehr schmackhaft, doch nach so einer langen Zeit wieder etwas Handfestes auf den Teller zu bekommen, wer kann da schon nein sagen ... Die Stadt Valdivia ist eigentlich relativ unspektakulär, aber es gibt in der Region um Valdivia, Osorno bis Puerto Mont landschaftlich sehr ansprechende und dünn besiedelte grüne Oasen. Auf verschiedenen Wanderungen in dieser zehnten Region Chiles hatte ich manchmal das Gefühl, mich in Süddeutschland vor 100 Jahren zu befinden. Zumindest stellte ich mir die Landschaft und die Häuschen in Süddeutschland am Anfang des 20. Jahrhunderts so vor.

Einen ganzen Tag lang besichtigten wir die Rinderfarm meines Onkels an der *Panamericana* bei Osorno, etwa 100 Kilometer von Valdivia entfernt.

Als wir mit dem Geländewagen vor das Eingangstor dieser Ranch fuhren, wollte ich aus dem Auto springen und das Gittertor öffnen, aber mein Onkel bestand darauf, dass ich im Auto sitzen blieb. Warum so umständlich, dachte ich mir. Doch plötzlich sah ich, wie ein kleiner chilenischer Mann mit einem Affenzahn von einem kleinen Hügel in Richtung des Eingangstores rannte. Völlig aus der Puste gekommen, machte der Chilene unterwürfig das Tor auf und grüßte uns, als wir ihn passierten.

Wie sich später herausstellte, gehörte er zur Ethnie der *Maputche* („Menschen der Erde"). Sie lebten schon vor der Eroberung der Spanier in dieser Region.

Eigentlich ist es völlig überflüssig zu erwähnen, dass die *Maputche* zu den Verlierern der Eroberungswellen gehörten. Angeblich gebe es umfangreiche Hilfen für Minderheiten zur Strukturverbesserung in Chile, beruhigte mich mein Onkel, nachdem ich ihm meine Meinung über „moderne Leibeigene" mitgeteilt hatte.

Die Zeit verging wie im Fluge. Ich erholte mich prächtig – leider hatte ich auch bald wieder mein altes Gewicht auf den Rippen – und konnte in Ruhe meine Erlebnisse aufschreiben. In den letzten Tagen schaute ich immer öfter auf meinen alten verkratzen Globus, den ich mir auf einem Flohmarkt gekauft hatte. Das Ding war völlig abgegriffen aber spottbillig und von innen beleuchtet. Warum nicht mal ganz woanders hinreisen? Vielleicht in die Südsee, sagte ich mir und begann über verschiedene Reiseziele nachzudenken.

Morgen werde ich erst einmal die fünftägige Reise auf einer Autofähre zur „Laguna San Rafael", einem Biosphärenreservat mit riesigem Gletscher, antreten. Dieser Ausflug ist mir von mehreren Chilenen wärmstens empfohlen worden. Es soll eine der schönsten Schiffsreisen der Welt in unberührte Fjordlandschaften sein. Ich bin richtig gespannt und freue mich schon sehr darauf. Wenn ich zurückkomme, werde ich das kleine möblierte Appartement kündigen und schauen, für welches exotische Land ich mich dann entscheiden werde ...

2. Teil

Der geschichtsträchtige Ort, der magische Ausblick, die goldenen Fabelwesen, die von weißem Wacholderrauch umgebenen Pilger – nicht ohne Grund wird seit Jahrhunderten behauptet, hier den Göttern ganz nahe zu sein.

Das kleine Dachterrassencafé dieses heiligsten Tempels auf 3600 Metern Höhe mit den wenigen Sitzgelegenheiten ist simpel eingerichtet. Doch von diesem Dach aus, neben dem goldenen Dharma-Rad und all den anderen mächtigen Figuren und Symbolen, auf die Altstadt von Lhasa sowie den Potala-Palast schauen zu dürfen, das hat wirklich etwas Mystisches. Niemand wird sich hier dem Gefühl verschließen können, an einem ganz besonderen Ort zu sein.

Wie viele Menschen haben wohl die lange Reise in die am Fuße des Himalaya-Gebirges gelegene tibetische Hauptstadt mit dem Leben bezahlt? Im letzten Winter sind wieder einige Pilger und sogar Individualtouristen auf dem beschwerlichen Weg nach Lhasa erfroren. Doch seit wenigen Monaten ist die durchgehende Zugverbindung von Peking über Golmud nach Lhasa endgültig fertig gestellt. Es sind sogar Luxuszüge für die ganz reichen Touristen geplant. Allein die Fahrt soll dann mehrere tausend Dollar kosten!

Wird Tibet mit den zu erwartenden hohen Besucherzahlen seinen Zauber bewahren können? Der *Jokhang*, der wichtigste buddhistische Tempel der Tibeter, auf dessen Dachterrasse ich mich gerade befinde, wird den Ansturm sicherlich überstehen. Schließlich hat er in seiner fast 1400-jährigen Geschichte schwere Katastrophen, Kriege, Aufstände und sogar die zerstörerische Kulturrevolution überstanden – wenn auch mit teilweise sehr schweren Beschädigungen. Mit einem unbändigen Willen haben Gläubige aber immer wieder ihr Heiligtum hergerichtet. Dieses Symbol des Friedens und für die Tibeter der heiligste Tempel auf Erden darf einfach niemals untergehen.

Seltsam, warum hat es mich ausgerechnet in die tibetische Hochebene verschlagen? Ich spielte doch mit dem Gedanken, nach meiner

Patagonienreise in die Südsee weiterzureisen. Manchmal kommt es wirklich anders, als man denkt.

Wenn ich heute an die Schiffsreise zur chilenischen „Laguna San Rafael" zurückdenke, überkommt mich im wahrsten Sinne des Wortes immer noch ein eiskalter Schauer. Auf der anderen Seite begeisterte mich auch das imposante Traumpanorama auf der Fahrt in diesen riesigen südamerikanischen Gletscher-Nationalpark. Aber das schockierende Schicksalserlebnis am dritten Tage dieser Schiffsreise war wohl indirekt ausschlaggebend für die Änderungen meiner Reisepläne …

Die rostige Autofähre von Navimag legte pünktlich in dem von Valdivia 210 Kilometer entfernten Puerto Mont ab. Erste Station auf der Tour in den südchilenischen Nationalpark „Laguna San Rafael" war der Hafen Puerto Chacabuco.

Der Schlafplatz in dem großen Gemeinschaftssaal der alten Autofähre war noch die günstigste, aber wahrscheinlich auch unbequemste Unterkunft, die ich auf der teuren fünftägigen Reise bekommen konnte. Das lateinamerikanische und nicht immer bei den Nachbarstaaten beliebte Vorzeigeland Chile ist in punkto Bruttosozialprodukt, Wirtschaftswachstum und Stabilität eben überhaupt nicht mit den anderen armen Andenstaaten zu vergleichen.

Wir waren etwa 80 Reisende auf dem Schiff, darunter eine Schulklasse einer deutsch-chilenischen Privatschule. Für die Schüler war diese Reise eine Abschlussfahrt. Die anderen Touristen kamen aus aller Herren Länder, wie sich später herausstellte.

Die erste Nacht bei den verschiedensten Schnarchtönen und dem laut brummenden Schiffsdieselmotor war gewöhnungsbedürftig. Anfangs war die Fahrt im Nebel zwischen dem Festland und der Insel Chiloé über den Pazifikgolf relativ unspektakulär, aber als wir am zweiten Tag nach dem Stopp in Puerto Chacabuco, einem kleinen Nest, in Richtung „Laguna San Rafael" ablegten, konnte ich mich an der Natur kaum satt sehen. Stundenlang stand ich staunend an der Reling, während sich das Schiff die rund 200 Kilometer lange Fahrt durch labyrinthartige Fjorde und Kanäle entlangschlängelte. Nichts an der Landschaft war in irgendeiner Weise von Menschenhand verändert worden. Die robuste ursprüngliche Vegetation auf den aus dem Wasser ragenden Felsen trotzte Wind und Wetter. Wohl niemals wurden diese mit Südbuchen und Zypressen bewachsenen Inseln betreten. Ich stellte mir vor, dass es vor Millionen von Jahren vielleicht schon genauso ausgesehen hatte.

Der junge Kapitän des rostigen Dampfers hatte wirklich ein gutes Gespür für die Stimmung auf dem Schiff, denn als wir uns langsam der natürlichen Einfahrt in die „Laguna San Rafael" näherten, ertönte über die Schiffslautsprecher eine leise Melodie. Es war die berühmte Musik des griechischen Komponisten *Vangelis* zum Film „1492 – Die Eroberung des Paradieses". Der Film erzählt die Geschichte der Entdeckung Amerikas durch Christoph Kolumbus.

An diesem Ort solch eine gefühlvolle Melodie zu hören, ging wohl nicht nur mir unter die Haut. Mit den majestätischen Klängen im Ohr staunten wir nicht schlecht, als der Kapitän das Schiff vorsichtig durch den Sund in die Lagune steuerte.

Direkt hinter der schmalen Einfahrt in den rund zehn Kilometer breiten unerforschten und unberührten Lagunensee entdeckten wir eine Seelöwenkolonie, Wildgänse und Kormorane. Doch als wir uns dann im Einklang mit der Musik der mächtigen bis zu 60 Meter hohen und drei Kilometer breiten Gletscherwand näherten, traute ich meinen Augen und meinem Verstand nicht mehr, als sich ganz langsam der Nebel lichtete. Als ob ein riesiger Vorhang geöffnet wurde, erschien plötzlich das Bühnenbild: ein Lagunensee-Panorama eines faszinierenden und an ausufernder Schönheit nicht mehr zu übertreffenden Gemäldes eines unwirklich blau schimmernden Garten Edens, welches sich für immer in meine Seele einbrannte. Wir passierten im Wasser schwimmende smaragdfarbene große und kleine Eisberge. Manche Eiskristalle strahlten wie riesige Diamanten, andere, in den verschiedensten Formen, leuchteten in satten Türkistönen. Näher an der Gletscherzunge liegende Kristalle reflektierten das Licht in farblich abgestuften Blautönen.

Der in die Lagune hineinragende und sich in Zeitlupe bewegende Gletscher (er bewegt sich etwa einen Meter pro Jahr) wird von den eisbedeckten patagonischen Anden gespeist. Der höchste Berg ist mit 4058 Metern der San Valentin.

Das Schiff ging schließlich mitten in der Lagune vor Anker und ließ drei Rettungsboote ins Wasser. Es folgte eine weitere Attraktion der Reise. Mit orange leuchtenden Schwimmwesten ausgestattet, stiegen wir in die wackeligen Rettungsboote und fuhren bis auf etwa 100 Meter an die riesige blau schimmernde Gletscherwand heran. Jedes der drei Rettungsboote hatte mehrere Flaschen Whisky und die passenden Gläser an Bord. Das Highlight dieser Aktion mit den kleinen Booten war nämlich kalbende Gletscher zu beobachten sowie Whisky mit tausend Jahre altem Gletschereis zu trinken. Wir mussten nur das vom Gletscher herabgestürzte Eis aus dem Wasser fischen.

Im ersten Boot befanden sich der junge Kapitän und die Schulklasse, mit 15 anderen Reisenden saß ich im zweiten Boot. Es dauerte lange, bis wir einen von der Gletscherwand herunterstürzenden Eisbrocken fotografieren konnten. Mit tosendem Lärm platschte schließlich ein blau schimmerndes Stück Gletschereis ins Wasser und alle drückten wie wild auf die Auslöser ihrer Kameras. Noch ahnte niemand, was in wenigen Sekunden Fürchterliches passieren würde. Auch bemerkten wir nicht das schwache Erdbeben unter uns.

An zwei unterschiedlichen Stellen brachen weitere Eisbrocken aus der 60 Meter hohen Gletscherwand heraus. Diese Gletschereisbrocken waren wesentlich größer und das Herausbrechen wurde von einem ohrenbetäubenden undefinierbaren und nicht enden wollenden Krachen übertönt.

Die Leute in dem kleinen Rettungsboot um mich herum zuckten zusammen und schauten sich fragend an. Ich hatte ebenfalls ein verdammt mulmiges Gefühl, das laute Krachen machte mir Angst. Dann sah ich zu meinem Entsetzten einen immer größer werdenden Riss in der Gletscherwand vor mir. An einer anderen Stelle rund

150 Meter entfernt riss die Gletscherwand ebenfalls. Die Risse entstanden genau an den Stellen, wo zuvor die zwei großen Eisbrocken herausgebrochen waren. Und dann geschah das Unfassbare! Das gesamte 150 Meter breite und mindestens 100 000 Tonnen schwere Gletscherwand-Teilstück senkte sich.

Es dauerte eine Weile, bis ich das ganze Ausmaß begreifen konnte. Wir standen wie angewurzelt und mit offenen Mündern in unserer Nussschale und starrten auf dieses gewaltige Naturereignis. Die riesige Eiswand rutschte vor unseren Augen immer schneller nach unten, bis sie mit einem gewaltigen Donnern in der Lagune verschwand. Dadurch bildete sich eine große Welle. Schnell setzten wir uns alle hin, hektisch überprüfte ich meine Schwimmweste.

Die große Welle, die unser Rettungsboot kurz darauf erreichte und uns mächtig durchrüttelte, war noch völlig harmlos im Gegensatz zu dem, was noch folgen sollte.

Eis hat nun mal ein geringeres spezifisches Gewicht als Wasser und so stand uns das Schrecklichste noch bevor. Während wir in unserem kleinen Holzboot kaum Zeit zum Durchatmen hatten, drehte sich unter Wasser der mächtige Gletscherblock. Was dann passierte, ist mit Worten eigentlich kaum noch zu beschreiben: Mit der Unterseite zuerst schoss der gigantische 100 000 Tonnen schwere Eisberg katapultartig wieder aus dem dunklen Wasser hervor. Wie ein überdimensionaler Hochhausblock trieb die Eiswand mit rasender Geschwindigkeit auf uns zu. Ein Mädchen fing panisch an zu schreien, bis sie keine Luft mehr bekam. Gleich mehrere ältere Leute im Boot bekreuzigten sich, dann schrie eine dicke Frau: *„Atrás! Atrás! Atrás!"* („Zurück! Zurück! Zurück!") Doch dafür war es längst zu spät.

Bei mir setzte blitzschnell eine reflexartige biologische Reaktion ein, um nicht völlig den Verstand zu verlieren. Adrenalin breitete sich explosionsartig in meinem ganzen Körper aus und ließ meinen Puls in die Höhe schnellen. Dieses Schockgefühl kannte ich nur zu gut. Während Bruchteilen einer Sekunde hatte ich genau dieses Gefühl schon einmal, bevor sich damals mein Motorrad mit hoher Geschwindigkeit in ein Auto bohrte und ich über die Motorhaube flog.

Diesmal hielt das Schockgefühl jedoch viel länger an, denn es dauerte mehrere Sekunden, bis die Gletscherwand mit ihrer etwa zehn Meter hohen Bugwelle das erste Rettungsboot erreichte. Die Welle riss das Boot mit dem Vorderteil zuerst in die Höhe. Als es fast senkrecht stand, fielen die im vorderen Bereich sitzenden Schüler nach unten. Das Boot verschwand dann hinter der Welle.

Die riesige Bugwelle erreichte kurz darauf unser Boot. Ich überlegte idiotischerweise noch, wie ich irgendwie alles ganz schnell ungeschehen machen könnte. Schließlich stellte ich mir vor, in wenigen Augenblicken verletzt in der eisigkalten Lagune zu treiben. Dann krallte ich mich aber doch noch instinktiv am Holzsitz fest, duckte mich, spannte den gesamten Körper an, presste die Augenlider zusammen und hielt die Luft an.

Wie von Geisterhand wurden wir ruckartig in die Höhe gerissen, es krachten Teile der Gletscherwand mit einem ohrenbetäubenden Knall auf unser Rettungsboot. Wir flogen zur Seite. Ich hörte Holz splittern, erst dann öffnete ich die Augen. Ein riesiger Eisberg streifte mit ungeheuerlicher Geschwindigkeit unser kleines Boot und riss uns in seinem Sog mit. Wir gelangten an den Rand eines gigantischen Strudels von etwa zehn Metern Durchmesser. Unser Boot beschleunigte katapultartig, als wir dort hineingezogen wurden. Mit immer weiter ansteigender Geschwindigkeit kreisten wir im Trichter des Sogs. Trotz Schräglage drückte uns die hohe Geschwindigkeit an den äußersten Rand des Bootes. Der Höllentrip dieser engen Kreisfahrt dauerte mehrere Minuten, die mir wie eine Ewigkeit vorkamen, doch plötzlich war der Spuk genauso schnell vorbei, wie er begann.

Eine gespenstische Ruhe umgab unser kleines Holzboot. Geschockt von diesem gewaltigen Naturereignis, brachte keiner ein Wort über die Lippen. Apathisch starrten wir mit kreidebleichen Gesichtern vor uns hin. Die Angst fesselte uns immer noch. Ein älterer Herr öffnete schließlich mit zittriger Hand den vom Wasser durchweichten Karton mit den Gläsern. Die Hälfte der Whiskygläser war kaputt. Doch langsam löste sich die Anspannung, denn einer rief: „Schaut mal!", dann zeigte er nach hinten.

Einige hundert Meter entfernt sah man erst ein und dann auch das andere Rettungsboot im Nebel. Erleichtert winkten wir ihnen zu. Gott sei Dank – alle schienen überlebt zu haben!

Mittlerweile hatte der Matrose, der unser Boot steuerte, Gletschereis aus dem Wasser gefischt und zerkleinert. Eis war ja nun in der Lagune mehr als reichlich vorhanden. Ich teilte mir ein Glas mit meiner Sitznachbarin, einer Kanadierin, wie ich später erfuhr. Die zwei Flaschen Scotch waren innerhalb kürzester Zeit leer getrunken. Ich glaube, sogar eingefleischte Anti-Alkoholiker genehmigten sich mehr als einen Schluck. Den Whisky mit dem tausendjährigen Eis von unserem furchterregenden riesigen Gletscher zu trinken, war nicht nur ein Genuss, sondern gab einem auch eine gewisse Befriedigung und war die beste Medizin in diesem Moment. Leicht angetrunken stießen wir zu den anderen beiden Booten. Die Stimmung auf dem ersten Boot mit den Schülern war mehr als bedrückend. Viele der Jugendlichen weinten immer noch. Bis auf Prellungen, Verstauchungen sowie blaue Flecken war jedoch niemand äußerlich ernsthaft verletzt. Auch war seltsamerweise keiner von ihnen ins Wasser gefallen. Doch wie sich später herausstellte, waren die psychischen Verletzungen bei zwei Mädchen schwer wiegend.

Wieder auf die Autofähre zurückgekehrt, gab es nur noch ein Thema: *la Ola* (die Welle). Ob jung, ob alt, Chilene oder Ausländer, jeder diskutierte aufgeregt mit jedem und schüttete sein Herz aus, als ob wir uns schon Jahre kennen würden. Dieses Schockerlebnis schweißte uns einfach zusammen. Wir waren plötzlich wie eine große Familie. Natürlich wurde gefachsimpelt und jeder erzählte seine Sichtweise der Ereignisse. Die einen oder anderen Fragen konnten auch auf diese Weise geklärt werden. Warum aber die Boote trotz der hohen Welle und des heftigen Aufpralls nicht untergingen und nur leichte Beschädigungen aufwiesen, blieb für mich ein Rätsel.

Auch konnte ich mir nicht genau erklären, warum plötzlich dieser Wahnsinnsstrudel entstand.

Das mit dem schwachen Erdbeben erfuhren wir später in den Nachrichten. Über unser Ereignis wurde nämlich ausgiebig in den Zeitungen und im Radio berichtet. Für den Kapitän sollte der Ausflug noch ein Nachspiel haben …

Heiß geduscht ging es mir am Abend schon wieder besser. Die übliche Animation zur Unterhaltung der Touristen fiel Gott sei Dank aus. Alle Getränke, einschließlich der alkoholischen, waren auf der Rückfahrt kostenlos. Meine Malaria und der Typhus von Ecuador waren längst wieder auskuriert und so schlug ich, so, wie viele andere Reisende, mächtig zu. Dummerweise hatte ich nur meine Boots mitgenommen und diese waren nach dem Bootsausflug klitschnass. Eine mollige chilenische Studentin lieh mir freundlicherweise ihre Badelatschen aus. Es entwickelte sich auf der Rückreise mit ihr und weiteren Freunden sowie Freundinnen eine richtig nette feucht-fröhliche internationale Runde.

Claudia, so hieß die Studentin, sprach recht gut deutsch. Sie war eine Chilenin mit deutscher Abstammung und kam aus der Stadt Osorno. In Mainz hatte sie gerade ein Auslandssemester beendet. Eine asiatische Studienfreundin, die mit ihr in Mainz zur Uni ging, hatte sie für einen Urlaub nach Chile begleitet. Sie hieß Ying, ich hielt sie anfangs für eine Japanerin. Wir drei unterhielten uns auf Deutsch. Die zierliche Ying war jedoch, im Gegensatz zu mir, sehr schüchtern und introvertiert, so erfuhr ich anfangs sehr wenig von ihr.

Als wir am übernächsten Tag wieder unseren Ausgangshafen Puerto Mont erreichten, wurden wir von einer aufgebrachten, neugierigen Menschenmenge empfangen. Natürlich hatten die meisten Passagiere ein Handy an Bord und informierten ab dem ersten Netzempfang während der Rückreise Freunde und Familie. Am heftigsten reagierten die Eltern der Jugendlichen aus der deutsch-chileni-

schen Privatschule. Die Eltern der Schüler kamen meist aus der Ober-
sowie der gehobenen Mittelschicht, so verwunderte es mich nicht,
dass sie den größten Wirbel veranstalteten. Der junge Kapitän tat
mir leid, als die Eltern ihn lautstark ausschimpften und mit Konsequenzen drohten.

Auch wenn zwei Mädchen durch die Ereignisse einen Schock bekamen und wir vielleicht zu nahe an die Gletscherwand herangefah-
ren waren, mit solch einer Naturkatastrophe konnte doch schließlich
keiner rechnen.

Zurück in Valdivia hockte ich tagelang in meinem kleinen Appartement und ließ die großen und kleinen Katastrophen meiner bis dahin
neunmonatigen Reise Revue passieren. Das Schockerlebnis mit dem
Eisberg wenige Tage zuvor, die schwere Erkrankung in Ecuador,
der Gewaltmarsch in Paraguay – wie lange würde das Glück noch
auf meiner Seite sein?

Manchmal ist es wirklich ratsam, sich in sein kleines Kämmerchen –
ohne Ablenkung von außen – zurückzuziehen. Durch die Abgeschiedenheit gelingt es oft leichter, Dinge, die einen beschäftigen, zu ana-
lysieren. Ich versuche immer in solchen Phasen, aus mir herauszuge-
hen und nicht nur die Problematik, sondern auch mein Verhalten
von verschiedenen Seiten zu betrachten.

Nach reiflicher Überlegung kam ich zu der Erkenntnis, dass es
sicherlich richtig war, einen längeren Stopp auf meiner Reise einge-
legt zu haben. Die südchilenische Region war nicht nur landschaftlich bestens dafür geeignet. Durch meine Verwandten bekam ich
einige hilfreiche Kontakte, es wurde mir sogar eine Anstellung, wenn
auch nicht direkt in meinem Beruf, angeboten. Einen kleinen Be-
kanntenkreis hatte ich mir ebenfalls aufbauen können, aber echte
Freunde konnte ich in dieser kurzen Zeit nicht gewinnen. Abgesehen von Gesundheit, sind Freunde die Basis, um erfüllt und glücklich zu sein. Wie sehr mir doch diese Tatsache wieder bewusst wurde! Ich wollte auch nicht wieder in einem Angestelltenverhältnis
mein Geld verdienen, wünschte mir lieber, etwas Eigenes aufbauen

zu können. Wie sagte aber mein Onkel zu mir: „Da kommst du mindestens 25 Jahre zu spät. In Chile ist schon längst alles verteilt." Zumindest waren die vier Monate in Valdivia ausreichend gewesen, um sicher zu sein, dass ich dort nicht viel länger bleiben wollte. Wie vor der Patagonienreise geplant, kündigte ich schließlich mein Miniappartement zum Monatsende. So durfte ich noch weitere drei Wochen auf meinen geliebten beleuchteten Globus schauen und mir Gedanken über ein nächstes Reiseziel machen.

Als ich am Abend im Internetcafé eine Nachricht von Claudia aus der Nachbarstadt Osorno las, war ich richtig froh. Die Tage der Abgeschiedenheit nach der Patagonienreise schrieen förmlich nach Ablenkung, außerdem hatte ich zunehmend schlechte Laune. Ich war mit meinem Leben unzufrieden und fühlte mich einsam. Vielleicht wäre alles anders gekommen, wenn ich eine Chilenin kennen gelernt und mich in sie verliebt hätte. Um ehrlich zu sein, ist mir genau dies auch einige Wochen vor der Schiffsreise passiert. Sie war jung, hübsch, gebildet, warmherzig und genau mein Typ – aber leider überhaupt nicht an meiner Person interessiert. *„Así es la vida!"* – So ist das Leben! Es lohnt sich nicht, weitere Worte darüber zu verlieren, solche bitteren Erlebnisse verdränge ich schnellstens und buche beispielsweise eine Schiffsreise …

Claudia und ihre asiatische Studienfreundin Ying luden mich in der E-Mail zu sich nach Osorno ein. In Claudia hätte ich mich zwar nie verlieben können, aber sie war ein klasse Kumpeltyp, mit dem man hätte Pferde stehlen können. Meine depressive Phase war nach dieser Nachricht wie weggeblasen, sofort schrieb ich ihre Telefonnummer von der E-Mail ab, um sie am nächsten Tag anzurufen.

„Na, endlich mal ein Mann, der mir gefällt", sagte eine etwa 60-jährige fremde Dame zu mir, nachdem sie die Wohnungstür geöffnet hatte. Ich glaube, dass ich damals knallrot angelaufen bin. Die flotte Dame war die Mutter von Claudia und sie war mindestens genauso gut drauf wie ihre Tochter. Der Tag, die Nacht und der nächste Morgen in Osorno mit Claudia, ihrer Mutter, Ying und zwei weiteren Freunden waren einfach phänomenal. Lange hatte ich nicht mehr so viel gelacht. Die angeregten Gespräche nahmen kein Ende und der chilenische Wein schmeckte einfach zu gut, so dass wir um 5 Uhr morgens immer noch im Wohnzimmer zusammensaßen. Dieser gesellige Abend war Balsam nach meinen depressiven Tagen, solch sympathische und herzliche Menschen hatten mir einfach gefehlt. Claudia wohnte mit ihrer chilenischen Mutter in einer großen schicken Eigentumswohnung. Ihr deutschstämmiger Vater war schon vor Jahren gestorben. Wir sprachen natürlich auch ausführlich über den Gletscher und die Monsterwelle. Claudias Mutter zeigte mir Zeitungsartikel über unser schreckliches Erlebnis. Auch von einem Bericht im Radio erfuhr ich. Es hatte in der Vergangenheit sogar mehrfach Todesfälle unter unvorsichtigen Touristen, die auf eigene Faust zu nahe an die Gletscherwand gefahren waren, gegeben. Leider gab es kein einziges Bild von unserer riesigen Welle, obwohl viele Reisende mit Fotoapparaten und Camcordern ausgerüstet waren. Aber wer hätte bei dieser Monsterwelle schon die Nerven gehabt, auf den Auslöser zu drücken?

Auch Ying öffnete sich zum ersten Mal ein wenig. Dass sie Chinesin und keine Japanerin war, wusste ich bereits, aber dass sie schon 35 Jahre alt war, hätte ich nie gedacht. Das Alter von Asiaten einzuschätzen, ist wirklich manchmal sehr schwer.

Ying hatte in China Sinologie studiert und entschied sich für ein weiteres für mich sehr seltsames Studium im Ausland: Linguistik, Kulturanthropologie und Betriebswirtschaftslehre beinhaltete ihr Studium in Mainz. Ihre Bescheidenheit, Zurückhaltung und ihr ausgeglichener Charakter machten einen sehr guten Eindruck auf mich. An diesem Abend hatte sich mit Sicherheit irgendetwas in mein Unterbewusstsein eingeschlichen, ohne dass ich es wirklich bemerkte.

Es war ein einfacher Satz, vielleicht nur eine höflich gemeinte Floskel von Ying, welche meinem Leben eine völlig neue Richtung gab. Oftmals passiert Entscheidendes, wenn es überhaupt nicht erwartet wird, und erst im Nachhinein erkennt man die Bedeutung.

Die stille Ying unterbrach mich plötzlich, während ich sehr angeregt mit Händen und Füßen nach reichhaltigem Weinkonsum über meine Reiseerlebnisse berichtete. Sie fragte mit leiser Stimme, ob ich denn schon einmal in China gewesen sei.

„Nein", antwortete ich nach langem Nachdenken völlig verdutzt.

„Dann hast du aber noch nicht alles von der Welt geschen", sagte sie kurz darauf ganz trocken.

„Gut, dann fliege ich nächsten Monat nach China", antwortete ich spaßeshalber.

„Ich könnte dir China zeigen, wenn du magst", sagte sie doch tatsächlich klar und deutlich, ohne eine Miene zu verziehen.

Genau diese völlig unerwarteten Worte von Ying brannten sich tief in mein Gedächtnis ein und beschäftigten mich nicht nur an diesem Abend.

Die Aufregung, die Spannung, das kribbelnde Gefühl, ein ganz neues Abenteuer erleben zu dürfen, war plötzlich wieder zurückgekehrt. Wie sollte es anders sein, ich saß ja auch ein weiteres Mal auf meinem geliebten Platz. Eigentlich war es nicht wirklich derselbe geliebte Ort von damals, es war nur ein ähnlicher Abflugbereich, aber der Zauber, in ein hochinteressantes Land reisen zu dürfen, umgab mich genauso wie damals.

Das einfache Flugticket von Santiago de Chile über die USA nach Shanghai war nicht gerade ein Schnäppchen. Nach reiflicher Überlegung hatte ich es aber tatsächlich wahr gemacht und bin nach China geflogen. Es war Ying, die mich nicht nur an unserem Abend bei Claudia mehr als neugierig auf China gemacht hatte. Wir trafen uns an zwei weiteren Tagen, bevor sie von Chile weitergereist ist. Wir vereinbarten, uns in der Stadt Hangszou (in der Nähe von Shanghai) zu treffen. Sicherheitshalber kaufte ich mir ein umfangreiches Traveler-Handbuch über China. Ich konnte Ying einfach noch nicht so gut einschätzen, wusste nicht hundertprozentig, woran ich bei ihr war. Im Gegensatz zur westlichen Gesellschaft zeigen Asiaten nach außen hin nicht immer ihre wahren Gefühle. Mit dem

Chinahandbuch fühlte ich mich wohler. Ich war einfach unabhängiger, schließlich sprach ich auch kein chinesisch.

Ying besaß ein „Round the world" Studenten-Flugticket mit festen Flugzielen. Sie war insgesamt sechs Monate unterwegs. In ihrem Heimatland China wollte sie drei Monate bleiben.

Meine Gedanken am Flughafen in Santiago kurz vor dem Abflug richteten sich fast ausschließlich auf mein neues Flugziel. Nach fast neun Monaten in Südamerika hatte ich einfach Lust auf Veränderung, Lust, ein neues Abenteuer zu erleben. Doch bald kamen wieder die Erinnerungen an die Menschen, die Orte, die Erlebnisse, die mich prägten, in mein Bewusstsein zurück. Die Regionen in Südamerika könnten unterschiedlicher kaum sein. Das wohlhabende Schwellenland Chile, welches vielleicht in zehn Jahren auf gleicher Augenhöhe mit den mitteleuropäischen Ländern stehen wird. Der relativ reiche Süden des riesigen Brasiliens im Gegensatz zum armen Norden. Doch sind mir die Menschen in den einsamen, kargen Andenregionen Perus und Boliviens, die kaum etwas besaßen, ganz besonders ans Herz gewachsen. Das wenige, was ihnen zum Überleben blieb, teilten sie noch freudig mit fremden Menschen. Dieses Phänomen der Gastfreundschaft hat in dünn besiedelten Regionen unter einfach lebenden Menschen in vielen Gegenden der Erde Gültigkeit.

Eine ganz andere Dimension von Armut habe ich seltsamerweise in dem reichsten Land der westlichen Gesellschaft immer wieder mit eigenen Augen erlebt. Beruflich war ich oft in Detroit tätig. Wer einmal die Schattenseiten mancher Großstädte in den USA gesehen hat, der weiß, was Armut und Hoffnungslosigkeit bedeuten.

Der Flug nach Shanghai zog sich endlos hin. Wenigstens hatte ich in Los Angeles eine mehrstündige Verschnaufpause. Mit meinem Flugticket hätte ich eigentlich in L.A. meine Reise für ein paar Tage unterbrechen können, das „Land der Mitte" reizte mich aber wesentlich mehr.

Normalerweise ist man nach über 30 Stunden Flug geschafft und möchte sich zurückziehen, doch als ich am *Pudong*-Flughafen in

Shanghai in die Magnetschwebebahn stieg und mit 432 km/h Richtung Innenstadt raste, konnte ich die gigantischen Dimensionen dieser pulsierenden Metropole kaum fassen.

Der Entwicklungszyklus dieser Stadt, das Lebenstempo der Menschen schien mindestens genauso schnell zu verlaufen, wie die Magnetschwebebahn sich der Endstation näherte. Ich war wieder hellwach und fühlte mich wie ein Yanomami-Indianer, den man in Manhattan ausgesetzt hatte. Bis zu diesem Tage dachte ich wirklich, dass ich vieles gesehen hätte, doch die nächsten Monate sollte ich eines Besseren belehrt werden. Die Gegensätze in diesem Riesenreich sind in mehrfacher Hinsicht einfach unfassbar. China ist ein völlig anderes Märchen und mit keinem anderen Land zu vergleichen.

In einer der Innenstädte Shanghais fand ich eine zentral gelegene günstige Übernachtungsmöglichkeit. In der ersten Nacht in der 18-Millionen-Metropole hatte ich einen wirren Traum, an den ich mich leider nur noch bruchstückhaft erinnern kann. Der Vergleich mit dem Yanomami-Indianer aus dem südamerikanischen Regenwald war gar nicht mal so weit hergeholt, schließlich kam ich aus einer ganz anderen Welt plötzlich ins hypermoderne, aber auch zum Teil immer noch traditionelle Shanghai. Es verwunderte mich nicht, dass ich sogar in den nächtlichen Traumphasen Schwierigkeiten hatte, diese extremen Eindrücke zu verarbeiten.

Die ersten Tage ging ich in Shanghai auf Entdeckungsreise, bummelte, so, wie viele Touristen, die glanzvolle Einkaufsstraße *Nanjing* entlang. Ich bewunderte bei Abenddämmerung die Uferpromenade *Bund* mit ihren historisch europäischen Kolonialbauten und blickte auf die sich täglich verändernde Skyline des grellen High-Tech-Viertels von *Pudong*. Doch in manchen Seitenstraßen konnte man noch das eher traditionelle China mit alten niedrigen Häusern, Garküchen, Krämer- und Handwerksläden entdecken. Hoffentlich verschwinden diese urigen Oasen nicht …

Einmal schlich ich mich tagsüber in die Spitze eines der höchsten Wolkenkratzer Shanghais. In größeren Städten war dies hin und wieder eine Angewohnheit von mir. Oft gehören diese Hochhäuser großen Hotelketten. Es hat auch praktische Gründe, denn wenn man saubere kostenlose Toiletten sucht, findet man in diesen Glaspalästen fast immer welche.

Ich gelangte durch Zufall in eine Schickimicki-Cocktailbar, vielleicht war es auch ein Nachtclub. Eine Putzkolonne, die sich von mir nicht ablenken ließ, als ich durch die offen stehende Tür eintrat, reinigte gerade die Räumlichkeiten.

In der architektonisch ufo-ähnlich gestalteten Bar hatte man durch in den Boden eingelassene Riesenscheiben eine 360-Grad-Rundumsicht über Shanghai. Der spektakuläre Rundblick über die chinesische Metropole war fast schon beängstigend und gab im wahrsten Sinne des Wortes tiefe Einblicke in die explodierende Stadtentwicklung. Nicht Hunderte, sondern Tausende von Großbaustellen waren von dort oben aus zu erkennen. Ganze Wohnviertel, teilweise auch kleinere ältere Hochhäuser mussten den Großbauprojekten weichen.

Als Maschinenbauingenieur hatte ich mich damals für den Bau der Magnetschwebebahn in Shanghai sehr interessiert. Neben der Spitzentechnik war die Umsetzung solcher Megaprojekte aber mindestens genauso interessant für mich. Ein fast unmöglich einzuhaltendes Fertigstellungsdatum wurde trotz vieler offener Fragen und Probleme einfach festgelegt und auf Teufel komm raus auch umgesetzt. Für langwierige Planverfahren mit Umweltschutzauflagen, Mitsprache- oder Klagemöglichkeiten von betroffenen Anwohnern oder Projektgegnern war kein Platz. Bei Bauwerken, die zur „Expo 2010" in Shanghai fertig gestellt werden müssen, wird es wohl ähnlich sein.

Von dort oben konnte man die gigantische „chinesische Marktwirtschaft" mit ihren Auswirkungen auf die westliche Gesellschaft zumindest erahnen. Wie gefesselt klebte ich an den Fensterelementen und schaute mit einem bedrückenden Gefühl ungläubig nach unten.

Als ich abends in die Jugendherberge, in der ich mich einquartiert hatte, zurückkehrte, machte ich eine weitere seltsame Entdeckung.

In einem großen Raum auf dem Weg zu meinem Zimmer saßen in einer Reihe mehr als ein Dutzend Reisende mit kleinen Laptops auf dem Schoß. Erst dachte ich, dass dort ein Computerkurs stattfinden würde. Die Jugendlichen hatten teilweise Headsets zum Telefonieren auf dem Kopf. Einige tauschten Daten mit einem USB-Gerät am Laptop aus, andere übertrugen Fotos von ihren Digitalkameras auf ihren Computer. Alle waren gleichzeitig – ein kostenloser Service der Jugendherberge, wie ich später erfuhr – kabellos mit dem Internet verbunden. Die jungen Reisenden saßen wie die Hühner auf der Stange stundenlang vor ihren Kisten, ohne auch nur ein Mal mit ihren Nachbarn zu kommunizieren – und dies zu jeder Tag und Nachtzeit.

Ich war zwar schon lange nicht mehr in einer Jugendherberge, doch als ich die Computerkids beobachtete, fühlte ich mich wie ein Dinosaurier, den man vergessen hatte, auszurotten. Gerade der Austausch mit anderen Menschen ist für mich als Alleinreisenden manchmal überlebenswichtig. Außerdem würde ich niemals im Urlaub einen Laptop in meinem Rucksack mitschleppen.

Angesteckt von den Computerkids schaute ich am nächsten Tag in einem Internetcafé vorbei. Es freute mich sehr, dass mir Ying, wie versprochen, geschrieben hatte und einen genauen Treffpunkt in Hangzhou benannte.

Die Sechs-Millionen-Stadt Hangzhou befindet sich knapp 200 Kilometer von Shanghai entfernt. Ying hatte mit dieser Stadt wirklich einen eindrucksvollen Treffpunkt gewählt.

Hangzhou ist auch für Chinesen ein beliebtes Touristenziel. Die idyllische Gegend um den berühmten Westsee außerhalb des tristen Stadtkerns symbolisiert eine chinesische Landschaft, wie ich sie mir immer vorgestellt hatte. Dicht bewaldete Hügellandschaften umgaben den Westsee mit seinen drei Kilometern Durchmesser. Kunstvoll angelegte Gartenanlagen mit langen Spazierwegen, klassische chinesische Pavillons, wieder aufgebaute Tempel, hübsche Pagoden sowie überdachte Dammwege, die den See durchqueren, konnten ebenfalls bewundert werden.

Trotz der zahlreichen Touristen am See sprach in Hangzhou kaum ein Chinese englisch. Noch ahnte ich nicht, dass mich bald überhaupt keiner mehr verstehen würde …

Die Einheimischen schauten mich im Vergleich zu Shanghai auch wesentlich neugieriger an, doch viel gespannter war ich auf das Wiedersehen mit Ying am nächsten Tag. Eigentlich völlig verrückt, um die halbe Welt zu reisen, nur um einen Menschen zu treffen, den ich kaum kannte! Gut, ich war sehr neugierig, das „Land der Mitte" kennen zu lernen. Der wahre Grund meiner Reise nach China war aber Ying, auch wenn ich es damals nicht zugeben wollte. Andererseits wäre es auch durchaus möglich gewesen, dass wir uns nach einem Stadtbummel in Hangzhou für immer verabschiedet hätten. Noch nicht einmal einen für südamerikanische Verhältnisse völlig neutralen Abschiedskuss auf die Wange gab mir Ying damals in Chile. Sie reichte mir zum Abschied lediglich ihr zartes Händchen. Vielleicht reizte mich ja gerade diese schüchterne und introvertierte Art …

Bereits über eine Stunde vor der vereinbarten Uhrzeit ging ich nervös am Treffpunkt, es war die Touristeninformation am Westsee, auf und ab. Ich wollte keinesfalls zu spät kommen. Wir hatten September und im Gegensatz zum winterlichen Chile war es noch angenehm warm. Am liebsten hätte ich von einem sicheren Ort aus die Touristeninformation beobachtet und erst einmal abgewartet, ob sie überhaupt erscheinen würde. Doch pünktlich stand Ying neben mir. Sie ist mit ihren knapp 1,60 Metern, den schwarzen Haaren und ihrem zarten 45-Kilo-Körper eine typische Han-Chinesin. Es war für mich anfangs gar nicht mal so einfach, sie von den vielen anderen chinesischen Frauen zu unterscheiden, schließlich leben allein etwa 1,1 Milliarden Han-Chinesen in diesem Land. Sie stellen die größte der 56 anerkannten Volksgruppen in China.

Mit einem schicken roten Kleid, hochgesteckten Haaren und einer coolen Sonnenbrille sah Ying richtig verführerisch aus. Wir begrüßten uns mit einer herzlichen Umarmung. Spätestens zu diesem Zeitpunkt war es um mich endgültig geschehen, doch Ying hielt sich leider vornehm zurück.

Wir spazierten an Pagoden und Pavillons mit geschwungenen Dächern vorbei, besuchten ein Teemuseum und machten eine romantische Bootsfahrt auf dem See. Eine ganze Reihe von Reportagen und Filmen hatte ich über das aufstrebende China gesehen, doch nun das Land selbst mit einer attraktiven und gebildeten Chinesin zu bereisen, war etwas völlig anderes.

Nach einem schmackhaften Abendessen verabschiedeten wir uns und jeder ging auf sein Zimmer. Es war kein großer Zufall, dass wir in der gleichen Jugendherberge wohnten, schließlich hatte Ying mir diese Übernachtungsmöglichkeit in ihrer E-Mail empfohlen.

Es dauerte lange, bis ich einschlafen konnte, denn ich wollte einfach langsam wissen, woran ich bei Ying war. Andererseits durfte ich es bei ihrer Mentalität keinesfalls überstürzen.

In den darauffolgenden Tagen besichtigten wir weitere Sehenswürdigkeiten und fuhren am alten Kaiserkanal entlang, bis wir nach Suzhou gelangten. Die für chinesische Verhältnisse kleine Stadt ist nur eine Stunde Bahnfahrt von Shanghai entfernt. Das geschichtsträchtige Suzhou ist mit den vielen Kanälen und den berühmten Gartenanlagen ebenfalls eine echte chinesische Vorzeigestadt. Aufgrund der Nähe zu Shanghai haben sich viele westliche Firmen und deren Mitarbeiter dort angesiedelt. In der Wohnung einer Cousine Yings hatten wir eine kostenlose Übernachtungsmöglichkeit.

Bei Abenddämmerung verwandeln sich nicht nur manche Straßen Suzhous in regelrechte Gourmetküchen. In vielen Städten Chinas werden am Abend ausgewählte Straßen für den Autoverkehr gesperrt und unzählige kleine Garküchen geöffnet. Exotische Speisen wie frittierte Skorpione am Spieß, Heuschrecken oder eine seltsame gegrillte Larvenart werden dort neben bekannteren Spezialitäten angeboten.

Als wir abends nach einem ausgiebigen Stadtbummel wieder die Wohnung der Cousine betraten, wunderte ich mich, dass diese immer noch nicht zu Hause war. Erst später erfuhr ich, dass sie verreist war. Wir hatten schon die ganze Zeit die kleine Wohnung für uns alleine und Ying machte mich nicht einmal darauf aufmerksam. Irgendwann konnte ich es aber nicht mehr aushalten und fasste mir ein Herz. Der lang ersehnte erste Kuss mit meiner lieben Ying war einfach himmlisch schön und noch erotischer als Sex.

In China gibt es zwei große traditionelle Feste im Jahr, die vielleicht in einem Punkt mit unserem Weihnachtsfest vergleichbar sind: Das *Frühlingsfest* und das *Mitte-Herbst-Fest* sind Familienfeste. Aus allen Landesteilen strömen die Menschen zu ihren Großfamilien. Die Feiertage dauern etwa eine Woche an. Seit über 2000 Jahren gilt nach dem chinesischen Mondkalender das *Frühlingsfest* als Neujahrstag. Das *Mitte-Herbst-Fest* wird auch als Mondfest bezeichnet. Ying fragte mich eines Morgens, ob ich nicht Lust hätte, gemeinsam mit ihrer Familie das in wenigen Tagen beginnende *Mitte-Herbst-Fest* in ihrer Heimatstadt zu feiern.
Spontan sagte ich zu, ohne mir auch nur ein Mal Gedanken gemacht zu haben, welch große Ehre dies für mich bedeutete. Schließlich waren wir erst wenige Tage ein Paar und China ist im Gegensatz zu unserer westlichen Gesellschaft wesentlich konservativer eingestellt.
Yings Geburtsstadt Xuzhou befindet sich in der ostchinesischen Provinz Jiangsu zwischen Shanghai und Peking. Wir entschieden uns, die 600 Kilometer mit dem Zug zurückzulegen. Noch ahnte ich nicht, dass in diesen Tagen die unvorstellbare Zahl von mehr als 400 Millionen Menschen in China unterwegs sein würde. Der Bahnhofsvorplatz von Suzhou war überfüllt, die Schlangen an den Fahrkartenschaltern schienen endlos zu sein und der Zug aus Shanghai hatte einige Stunden Verspätung.
Als der Zug, der uns nach Xuzhou bringen sollte, endlich aus Shanghai in den Bahnhof von Suzhou einrollte und kurz darauf die Absperrungen zum Bahnsteig geöffnet wurden, gab es kein Halten mehr. Massen von fast ausschließlich klein gewachsenen, schwarzhaarigen Menschen rannten, als ob es um ihr Leben ginge, auf die vielen Waggons zu.

Meine Freundin und ich schritten etwas gemächlicher die Waggons ab, um einen geeigneten freien Platz zu finden, doch der Zug war schon vor seiner Ankunft in Suzhou überladen, obwohl es der längste Personenzug war, den ich je in meinem Leben gesehen hatte. Vor jeder Waggontür drückte eine gleichgroße Menschentraube und versuchte sich noch irgendwie in einen der Waggons zu quetschen. Die mittelgroße Neun-Millionen-Stadt Xuzhou (China hat über 180 Millionenstädte!) ist ein Verkehrsknotenpunkt für den Bahn- und Kraftfahrzeugverkehr in China, sowohl in Nord-Süd- als auch in Ost-West-Richtung. Vor allem die zwischen Shanghai und Peking verkehrenden Züge sind stark frequentiert und in solch einen Zug quetschten wir uns schließlich noch hinein.

Wie die Ölsardinen standen wir in der Nähe einer Waggontür, ohne die Möglichkeit gehabt zu haben, uns festzuhalten. Bei einem Zwischenhalt schafften es doch tatsächlich hartnäckige Chinesen, sich zusätzlich hineinzuzwängen. Aufgrund der extremen Enge war nun ein Haltegriff gar nicht mehr nötig.

Anfangs hielt ich das unangenehme Gefühl, zwischen fremden schwitzenden Körpern fast erdrückt zu werden, relativ gut aus. Ich hatte den großen Vorteil, in dieser Region des Landes einen halben Kopf größer und wesentlich kräftiger als Einheimische zu sein. Dies verschaffte mir zumindest ein gewisses Gefühl von Freiraum. Doch die Temperatur an diesem warmen Tag stieg im Zug stetig an und der Sauerstoffanteil der Luft fiel immer weiter ab. Es kam, wie es kommen musste: Von einer Sekunde zur anderen änderte sich mein Befinden schlagartig, so, als wenn einem die Luft zum Atmen bei einem Tauchgang abgestellt wird.

Mein Herz fing an zu rasen, ich atmete flach und hatte kalten Schweiß auf der Stirn sowie Schatten vor den Augen. Die Erinnerungen an die schrecklichen Momente in Salvador da Bahia, als ich am ersten Karnevalstag unter Menschenmassen eingequetscht wurde, waren wieder da. Ich bekam plötzlich panische Angst, zu ersticken. Doch diesmal gab es keinen Ausweg, keine Notbremse und kein Nothammer war in greifbarer Nähe. Die Fahrt sollte ohne Zwischenstopp weitere vier quälende Stunden andauern. In dem Moment hätte ich alles, wirklich alles getan, um wieder normal atmen zu können.

Wie bereits geschildert, waren an diesen Tagen über 400 Millionen Menschen unterwegs und ich war nur einer unter diesen vielen Inlandsreisenden. Ich weiß nicht, was ich gemacht hätte, wenn Ying nicht bei mir gewesen wäre. Irgendwie schaffte sie es, mich zu beruhigen und meine Panikattacke abzuschwächen.

Wie wir später in den Nachrichten erfuhren, sind allein an diesem Tage in Ostchina mehrere Züge unter den Menschenlasten zusammengebrochen.

Die Einwände gegen die teilweise brutale Umsetzung der Ein-Kind-Regelung, wie beispielsweise Zwangsabtreibungen durch die *KPCh* (Kommunistische Partei Chinas), sind durchaus berechtigt. Doch wie würde die Alternative aussehen? Bereits 1980 trat das Gesetz der Ein-Kind-Regelung in Kraft und trotzdem steigen heute immer noch, wenn auch abgeschwächt, die Bevölkerungszahlen in China an. Die 1,3-Milliarden-Grenze ist längst überschritten. Ohne diese Ein-Kind-Politik würden heute etwa 400 Millionen Chinesen mehr in diesem Lande leben!

Mit Kreislaufkollaps und schweißnasser Kleidung in Xuzhou endlich angekommen, musste mich die zarte Ying die ersten Meter auf dem Bahnsteig stützen. Wie die Ameisen schob uns die Masse schließlich automatisch aus der Bahnhofshalle. Einheimische sind vielleicht an diese Art, sich fortzubewegen, gewöhnt, bei mir löste jedoch nicht nur der öffentliche Nah- und Fernverkehr Chinas starke Beklemmungen aus. Die Übervölkerung unseres einzigartigen Planeten ist nicht nur in China ein zentrales Problem. Die Versorgung ist bereits heute nur noch theoretisch gesichert. In einigen Regionen unserer Erde herrscht Not und Verarmung. Wenn unter solch immensen Menschenmassen der Kampf um das nackte Überleben flächendeckend ausbrechen sollte, dann möchte ich nicht dabei sein …

Auf dem Bahnhofsvorplatz kam Yings Schwägerin mit einer Freundin auf uns zu. Wie sie uns unter den vielen Menschen entdecken konnte, war mir anfangs ein Rätsel. Noch merkte ich nicht, wie sehr ich in dieser vom Tourismus abgelegenen Stadt auffiel.

Yings Schwägerin hieß Nan und war 30 Jahre alt. Es war mir peinlich, in das kleine Auto von Nans Freundin zu steigen, denn mein Deo hatte bestimmt schon vor Stunden seine Wirkung verloren. Ich fand es aber eine nette Geste, dass uns die beiden Frauen vom Bahnhof abholten. Neugier war sicherlich auch ein Grund, denn Ying hatte ihre Ankunft mit neuem Freund telefonisch angekündigt und Chinesen sind ein besonders neugieriges Volk.

Der chaotische Straßenverkehr hätte mich normalerweise wahnsinnig gemacht, doch ich besaß nicht mehr genügend Kraft, um mich aufzuregen. Auf einer dreispurigen Schnellstraße kamen uns Fahrradfahrer, Lkws und Taxis entgegen. Fußgänger überquerten in halsbrecherischer Manier ganz gemächlich Fahrstreifen für Fahrstreifen einer insgesamt achtspurigen Stadtautobahn. Das war wirklich unglaublich, immer wenn eine Lücke zu sehen war, spazierten sie einen Fahrstreifen weiter, bis sie den Mittelstreifen erreichten. Von dort aus setzten sie die halsbrecherische Überquerung fort. Die Wahnsinnigen warteten teilweise Minuten zwischen zwei in einer Richtung verlaufenden Fahrstreifen, während die Autos mit über 100 km/h vor und hinter ihren Körpern vorbeirasten.

Wir fuhren durch ein großes Tor in eine Wohnsiedlung außerhalb des Stadtkerns. Die sechsstöckigen Häuser hatten Ähnlichkeit mit den Plattenbauten aus DDR-Zeiten. Yings Bruder, seine Frau Nan und die fünfjährige Tochter Mimi bewohnten mit Yings Mutter eine Dreizimmerwohnung in einem der Blocks. Nachdem Nans Freundin ihr Auto dort abstellt hatte und wir zur Wohnung spazierten, hörten wir laute Musik. Vor einem Nachbarhaus feierten Leute ein Fest mit Sängerin und Musikgruppe.

„Das wäre doch nicht nötig gewesen, extra eine Musikgruppe für unseren Empfang zu engagieren", sagte ich spaßeshalber zu meiner Freundin.

„Dies ist eine *Feier des fröhlichen Todes*", antwortete mir Ying mit ernster Miene.

Erst dachte ich an einen schlechten Scherz, doch schließlich klärten mich die drei Frauen auf. In dem Nachbarhaus starb tatsächlich ein Bewohner mit 82 Jahren und über 80 Jahre alt geworden zu sein, bedeutet in dieser Region Chinas, ein schönes langes Leben gehabt zu haben. Die fröhliche Totenfeier in der Nachbarschaft mit Musik, Speis und Trank dauerte drei Tage und drei Nächte.

Andere Länder, andere Sitten, dachte ich da nur – dieser Gedankengang sollte mir in den nächsten Wochen und Monaten ständig in den Sinn kommen.

Mit einer Taschenlampe in der Hand gingen wir durch das unbeleuchtete Treppenhaus, bis wir im dritten Stock vor der Eigentumswohnung von Yings Familie standen. Mutter und Bruder meiner neuen Freundin öffneten die Tür und begrüßten uns freudig mit Handschlag, doch als mich die süße fünfjährige Tochter von Yings Bruder und seiner Frau Nan sah, fing sie fürchterlich an zu weinen und rannte weg. Das war mir sehr unangenehm und es machte mich traurig, denn obwohl ich leider noch keine Kinder habe, mag ich Kinder wirklich sehr gerne. Die kleine Mimi mit ihren zwei schwarzen Zöpfen war besonders goldig.

Als wir in die Wohnung eintraten, war ich sehr überrascht. Im Gegensatz zum äußeren Erscheinungsbild der Wohnsiedlung waren die Einrichtung und die Aufteilung der Wohnung kaum von einer modernen europäischen Wohnung zu unterscheiden. Ich musste wegen des Parkettbodens leider auch meine mittlerweile etwas feucht gewordenen Schuhe ausziehen.

Nach dem gegenseitigen Kennenlernen, reichlich Tee und Mondkuchengenuss sowie einer erfrischenden Dusche zog ich mich zurück. In China ist der Gast im wahrsten Sinne des Wortes König.

Während Yings Mutter, ihre Schwiegertochter Nan und die kleine Mimi in einem Zimmer schliefen, bekamen Ying und ich das andere Schlafzimmer mit dem großen Ehebett. Wie unangenehm, Yings Bruder musste auf dem Sofa im Wohnzimmer schlafen. Die kleine Mimi hatte sich mittlerweile wieder beruhigt, sie war jedoch den ganzen Abend mir gegenüber sehr ängstlich.

Einmal flüsterte sie ihrer Mutter etwas ins Ohr. Nan wiederholte es laut und alle fingen an zu lachen. Meine arme Freundin musste mir ständig übersetzen, denn englisch sprach dort kaum ein Mensch. Mimi hatte ihre Mutter doch tatsächlich gefragt, warum der fremde Mann so viele kleine schwarze Haare auf den Armen hätte. Die kleine Mimi kannte schließlich nur chinesische Männer und die sind bekanntlich meist glatt wie ein Kinderpopo. Kinder sind nun mal ehrlich …

Vor dem Schlafengehen bekam ich schließlich noch eine plausible Erklärung, warum das Kind solch eine panische Angst vor mir hatte. In China werden Menschen aus der westlichen Welt nicht nur als „Langnasen", sondern auch als „Teufel" bezeichnet. Es sind die unterschiedlichen Haar- und Augenfarben, welche uns den Spitznamen einbrachten. Ebenso wie in der westlichen Welt, so sind auch in China Kindermärchen weit verbreitet, und in diesen Märchen kommen ebenfalls Teufel vor. Mit meinem europäischen Aussehen und den blauen Augen hatte ich wahrscheinlich für die kleine Mimi etwas von so einem Teufel aus ihren Märchen.

In den darauffolgenden Tagen waren wir von morgens bis abends fast ausschließlich mit essen beschäftigt. Zum Frühstück servierte uns Yings Mutter Sojamilch mit frittierten salzigen Teigstangen, angebratene chinesische Maultaschen oder auch mal eine Reis- bzw. Nudelsuppe zur Abwechslung.

Yings Cousins, Cousinen, Onkel und Tanten luden uns in der Festwoche in diverse Restaurants zum Essen ein. Jedes dieser exotischen Festmahle war unterschiedlich und hatte kaum Gemeinsamkeiten mit unseren westlichen Speisen. Den unvergesslichen Anfang machte jedoch Yings Bruder. Einen Tag vor Beginn des *Mitte-Herbst-Festes* trafen wir uns mit ihm vor einer Bank. Er war dort als Investmentberater angestellt und hatte gerade seine Urlaubswoche angetreten. Er lud uns zu einem nahe gelegenen urigen Barbecue ein. Jede Gästegruppe bekam dort einen vorbereiteten Holzkohlegrill zur Verfügung gestellt, das benötigte Grillgut konnte man in Form von Spießen an einer Verkaufstheke erwerben. Mit anderen Verwandten saßen wir schließlich auf Hockern um unseren Grill herum und schauten gespannt auf die saftigen Fleisch- und Fischspieße. Flaschenbier und Trinkbecher hatten wir uns aus einem angrenzenden Supermarkt besorgt. Diese Atmosphäre war so richtig nach meinem Geschmack. Es war der einzige Grillplatz in der Innenstadt, denn normalerweise sind aus Umweltschutzgründen Grillfeuer im Stadtkern verboten.

Der Besitzer hätte aber gute Beziehungen zur Stadtverwaltung, erklärte mir Yings Bruder.

Wie bereits geschildert, ist der Gast in China König, und so bekam ich den ersten fertig gegrillten Spieß in die Hand gedrückt. Vielleicht hätte ich das Fleisch auf dem Holzspieß einfach essen sollen, ohne vorher Ying zu fragen …

„Was sind das für vier seltsame Fleischstücke auf meinem Spieß?", fragte ich schließlich doch instinktiv meine Freundin.

„Das ist eine regionale Spezialität", antwortete mir Ying und konnte dabei ihr schlechtes Gewissen nicht verbergen.

„Und was ist das für eine Spezialität?", fragte ich erneut.

„Es ist etwas ganz Besonderes, probier' doch einfach mal!", antwortete mir Ying ungeduldig.

„Was ist das, Ying?", fragte ich ein weiteres Mal, diesmal klar und deutlich.

„Wenn du es wirklich wissen willst, es sind gegrillte Lammaugen!", antwortete Ying genervt.

Die Verwandten schauten mich gespannt an und signalisierten mit Händen und Füßen, ich sollte doch endlich mit dem Essen beginnen. Noch nie in meinem Leben hatte ich Lammaugen gegessen. Im Biologieunterricht musste ich einmal ein Ochsenauge zerschneiden und das Schwierigste damals war, die zähe Hornhaut mit dem Messer zu durchtrennen.

Wie kommt ein Mensch auf die verrückte Idee, glibberig blutige Lammaugen auf einen Holzspieß zu stecken und das Ganze dann auf den Grill zu legen, um es schließlich zu essen?

171

Mann oder Memme, sagte ich mir schließlich fest entschlossen und schob mit den Zähnen bei weit geöffnetem Mund das erste Auge vom Holzspieß direkt in meinen Schlund. Leider war das Auge zu groß, um es in einem Stück herunterzuschlucken. Ich würgte es wieder in den Mundraum und begann das Auge zu zerkauen. Das Gefühl beim Kauen und der eigentümliche Geschmack der insgesamt vier Augen lassen sich nur schwer beschreiben. Ein gewürzter Squashball hätte vielleicht ähnlich geschmeckt.

Traditionell hatte uns Yings liebster Cousin, er ist Polizeidirektor von Beruf, zum ersten großen Familienessen eingeladen. Das in einem botanischen Garten gelegene Restaurant unterschied sich in den unteren Ebenen kaum von westlichen Restaurants, doch in den oberen Stockwerken erinnerte mich der Gourmettempel an einen Hotelflur mit vielen Zimmern. Eines dieser separaten Räume am Flurende hatte der Cousin für uns reserviert.

In der Mitte des Raumes stand ein großer runder Tisch mit drehbarer Glasplatte. Zwei Kellnerinnen schenkten uns zur Begrüßung Tee ein und begannen, diverse Salate und andere Kaltspeisen auf die runde Platte zu stellen. Nach und nach füllte sich der Raum mit den Familienangehörigen. Mit einem *„Ni hao!"* (Guten Tag) begrüßten wir uns.

Für mich sollte dieses Familienfestessen mit über 100 verschiedenen Speisen ein unvergessliches Erlebnis kulinarischer Art werden. Wir saßen mit 35 Personen um den Tisch herum, als die ersten warmen Hauptgerichte gebracht wurden. Es war mir schon fast peinlich, dass der Gastgeber die Glasplatte mit dem braunen Fleischschenkel als erstes zu mir gedreht hatte. Nur mit Stäbchen ausgestattet, war es gar nicht mal so einfach, ein Stück Fleisch vom Knochen zu ziehen. Alle Augen richteten sich gespannt auf mich und warteten meinen Kommentar ab. Wie bereits erwähnt, Chinesen sind besonders neugierige Gesellen und ich war die erste „Langnase" in der langen Familientradition bei solch einem Festessen. Ying übersetzte mir an diesem Abend ohne Umschweife alles, was ich wissen wollte. Und ich war natürlich neugierig, welches Stück Fleisch ich zwischen meinen Stäbchen hatte.

„Zuchthund", sagte meine Freundin mit Betonung auf „Zucht". Zur Beruhigung erzählte sie mir, dass keinesfalls irgendwelche Straßenköter in der Küche landen würden. Nach den glibberigen Lammaugen vom gestrigen Tage konnte mich sowieso nichts mehr schocken und so aß ich genüsslich das Hundefleisch.

Der Gastgeber erzählte mir, dass Hundefleisch sehr gut für die Verdauung wäre und in der kalten Jahreszeit den Körper erwärmen würde.

Es schmeckte etwas streng, doch durch das Drehen der Platte konnte ich immer wieder neue Gerichte ausprobieren. Es gab geschmorten Flussaal, Lotuswurzel mit gehacktem Ingwer, Longjing-Teeblätter mit Shrimps, kandierte Süßkartoffeln, geschmorte Kürbisblüte, Pekingente, gedämpfte Schweinerippchen in Kürbis, Acht Schätze Tofu, Quallensalat, grünen Paprika mit Rindfleisch, süß-sauren Mandarinfisch, Flusskrebs, hundertjährige Eier, frittierte Giftschlange, Entenfuß in weißer Senfsoße, gefüllten Hahn in Lotusblatt, verschiedene andere Kaltspeisen, heiße Suppen sowie diverse Gerichte aus Sojaprodukten.

Sobald eine Spezialität aufgegessen war, wurde sie durch eine andere Köstlichkeit ersetzt. Die fleißigen Kellnerinnen sorgten dafür, dass immer etwa 30 Gerichte gleichzeitig für die Gäste zur Verfügung standen.

Aufgrund der großen Familie und weil sich vielleicht keiner lumpen lassen wollte, haben wir in den darauffolgenden Tagen gleich mehrmals am Tag die verschiedensten Restaurants in der Umgebung besucht. Wie bereits erwähnt, bot tatsächlich jedes dieser Restaurants andere Spezialitäten an. Die französische und italienische Küche waren für mich bis zu diesem Erlebnis meine Favoriten, doch die unglaubliche Vielfalt der Speisen, die frischen Zutaten, die exotischen Gewürze und nicht zuletzt die Variationen der Zubereitung geben der chinesischen Küche im internationalen Vergleich zu recht Bestnoten. Im Allgemeinen ist die asiatische Küche im Gegensatz zu manch westlicher Küche auch sehr gesund.

Erst nach heftigen Protesten meinerseits durfte ich mich Wochen später wenigstens ein Mal revanchieren, indem ich Yings Familie auch zum Essen einlud. Solch eine extreme Gastfreundschaft hatte ich noch nie zuvor erlebt.

Die *Mitte-Herbst-Festwoche* ist nicht nur kulinarisch eine spannende Zeit gewesen. Die Gespräche bei Tisch waren sehr offen und ehrlich. Vom Generaldirektor, Richter, Lehrer, Polizist, Musiker, Student, Verkäufer bis hin zum traurigen Frührentner und Arbeitslosen waren die verschiedensten Charaktere vertreten. Wie so oft wirken solch interessante Gespräche auf beiden Seiten Wunder, manch tief sitzendes Vorurteil löste sich in Luft auf, denn schon lange sehe ich nicht mehr unsere westliche Gesellschaft als das einzig Wahre und Unfehlbare an. Unser System beispielsweise von heute auf morgen auf ein Riesenreich wie China anzuwenden, würde, meines Erachtens, ein Chaos auslösen. Als freiheitsliebender Mensch geht für mich jedoch, zumindest langfristig, an einem demokratischen Miteinander kein Weg vorbei.

Nach und nach wich die Angst vor dem Teufel aus der fremden Welt und die Neugier der kleinen Mimi gewann die Oberhand. Immer häufiger begleitete sie uns beim Bummeln durch die Stadt. In einem großen Kaufhaus, das sich kaum von westlichen Konsumtempeln unterschied, kaufte ich ihr ein Stofftier. Yings Nichte wünschte sich schon seit langer Zeit einen großen bunten Hasen mit ganz langen Ohren.

Wieder zu Hause angekommen, streichelte ich den Hasen und hielt ihn lieb. Die kleine Mimi schaute mich jedoch verstört an und konnte mein Verhalten nicht verstehen. Schließlich sagte sie zu ihrer Mutter, dass sie es doof fände, ein Stofftier ständig zu streicheln.

Es ist bekannt, dass immer noch viele Asiaten, im Gegensatz zu uns, ihre Gefühle nicht so deutlich nach außen hin zeigen. Bei meiner Freundin und ihrer Familie könnte ich ein Lied davon singen. Doch war es für mich schwer zu glauben, dass kleine chinesische Kinder sich schon ähnlich verhalten.

Wochen später machte Nan eine erstaunliche Beobachtung, die sie uns sofort berichten musste. Eines Abends stand die Tür zum Schlafzimmer einen Spalt offen. Ihre Tochter saß auf dem Bett und fühlte sich unbeobachtet. Die kleine Mimi hatte doch tatsächlich den Stoffhasen im Arm, „knuddelte" und streichelte ihn heimlich, bis sie einschlief.

In der Innenstadt Xuzhous besichtigten wir mehrmals den an einem Park gelegenen ehemaligen Familiensitz meiner Freundin. Ich hatte mich sofort in dieses sanierte Ministadtviertel verliebt. Leider wurde nicht nur das traditionell chinesische Heim mit geschwungener Dacharchitektur der Familie enteignet, auch die anderen Hausbesitzer in diesem Gebiet mussten weichen. Als Ausgleich bekamen sie Eigentumswohnungen in den Hochhaussiedlungen außerhalb des Stadtkerns.

Der Grund für die Umsiedlungen ist eigentlich paradox. Abgesehen von einigen Ausnahmen empfand ich die meisten Städte, die ich auf meiner mehrmonatigen Reise durch China besuchte, mehr als gesichtslos. In wenigen Jahrzehnten wurden in weiten Teilen Chinas fast die gesamten charakteristischen Altbauten dem Erdboden gleichgemacht und stattdessen billige Hochhäuser hochgezogen.

Wenn man bedenkt, dass sich in den letzten 50 Jahren die Bevölkerung in China mehr als verdoppelt hat, ist dies leider auch nachvollziehbar. Auf der anderen Seite erkannte man nicht nur in Xuzhou viel zu spät, welch unwiederbringlicher Schaden dadurch angerichtet wurde. Seit ein paar Jahren versuchen einige wenige zu retten, was noch zu retten ist. Nun ist nicht nur Yings Familienhäuschen ein Museum für Einheimische und Touristen.

Nach den langen Spaziergängen im Innenstadtbereich hatte meine Freundin eine gute Idee zur Entspannung. Zum ersten Mal in meinem Leben besuchte ich einen Fußmassagesalon. 15 Minuten lang wurden die müden Füße in ein angenehm warmes Kräuterbad getaucht. Die eigentliche Massage dauerte dann 30 Minuten. Danach fühlten wir uns wie neu geboren. Es war dermaßen entspannend, dass wir uns direkt nach der ersten Fußmassage eine Zehnerkarte kauften.

Die Masseurin erkannte durch Ertasten meiner Fußsohlen doch tatsächlich alle meine Wehwehchen am ganzen Körper. Jeden Punkt meiner Fußsohle ordnete sie einem anderen Organ zu. Auch wenn sie beispielsweise meine Kreuzschmerzen nicht heilen konnte, eine deutliche Linderung trat in jedem Falle ein.

Manchmal besuchten wir Nan, die nur wenige Blocks weiter in einem Schuhgeschäft als Verkäuferin angestellt war. Yings Schwägerin arbeitete bereits jahrelang sieben Tage die Woche halbtags in diesem Geschäft, nur ein Mal im Monat hatte sie wegen Inventur einen Tag frei.

Obwohl wir bei mehreren Besuchen höchstens drei Kunden in dem kleinen Schuhladen erblickten, waren mit Nan ständig sieben Verkäuferinnen dort beschäftigt.

Die Erklärung für solch eine Unwirtschaftlichkeit lag auf der Hand: Das Schuhgeschäft war ein staatlich geführtes Unternehmen. Ich denke, auf diese Weise versuchte man die Arbeitslosenquote zu drücken, obwohl die offiziellen Arbeitslosenzahlen in China mit unter 5 Prozent gar nicht mal so schlecht liegen. Doch wenn zu den tatsächlichen Zahlen die vielen „Freigesetzten" aus den unzähligen maroden Staatsbetrieben dazuaddiert werden, kommt man auf ein Vielfaches, die Millionen Wanderarbeiter gar nicht mitgerechnet.

Bei unserem letzten Besuch in dem Laden deckten wir uns spontan mit einem ganzen Sack voll original chinesischer „Double Star"-Turnschuhe – ausnahmsweise kein gefälschter westlicher Markenartikel – ein. Wegen eines Totalausverkaufs wurden die Preise auf unter 5 Euro je Paar heruntergesetzt, denn auch dieser Laden wurde zum Ende des Jahres an einen privaten Investor verkauft.

Nan stand praktisch auf der Straße. Anfangs wunderte ich mich, warum sie erfreut darüber war. Am Abend lernte ich jedoch eine weitere hochinteressante Seite Chinas kennen und ich erfuhr, warum Yings Schwägerin sich über ihren Rauswurf freute.

Wir besuchten mit Nan ihre beste Freundin und deren Mann. Es war die Freundin, die uns auch damals vom Bahnhof in Xuzhou mit dem Auto abgeholt hatte. Ihr cleverer Ehemann ist Künstler von Beruf. Weil er als Maler kaum Erfolg hatte, suchte er vor einem Jahr nach einer anderen Einnahmequelle. Ihm kam die Idee, eine Malschule für Kinder und Erwachsene zu eröffnen. In Xuzhou gab es bis vor einem Jahr so etwas noch nicht. Kurse, wie wir sie von Volkshochschulen kennen, werden dort ebenfalls nicht angeboten. Er hoffte, dass aufgrund der Ein-Kind-Politik besonderes Interesse bei den Eltern bestehen würde, ihr einziges Kind zu fördern.

Vor einem Jahr war es schließlich so weit: Er setzte seine Idee in die Tat um und eröffnete die erste Malschule für Kinder und Erwachsene in Xuzhou. Über regionale Zeitungen warb er für seine neue Schule und innerhalb von nur drei Wochen hatte der clevere Maler über 1400 feste Anmeldungen vorliegen.

Heute, nach gut einem Jahr, hat er zehn Kunstlehrer unter Vertrag, zwei komplette Hochhausetagen in der Innenstadt für seine Schule gekauft und direkt bezahlt sowie diverse Eigentumswohnungen für seine Familie erworben. Einfach unglaublich, innerhalb eines Jahres vom fast mittellosen Künstler zum wohlhabenden Geschäftsmann aufzusteigen!

Yings Schwägerin hatte bereits vor ihrem Rauswurf mit dem Gedanken gespielt, ihren Job im Schuhgeschäft zu kündigen. Sie wollte mit ihrer besten Freundin die Organisation der Malschule übernehmen, doch ihre Eltern redeten ihr ständig ein, solch eine sichere Anstellung nicht aufzugeben. Nun ist sie ab Ende des Jahres freigestellt, bekommt weitere drei Jahre Lohnfortzahlung als Abfindung und hat bald eine neue Aufgabe, die wesentlich interessanter ist. Ob ihre alten Kolleginnen aus dem Schuhladen ebenfalls so viel Glück im Unglück haben werden, ist die Frage …

Die Wochen in Xuzhou vergingen und es wurde langsam Zeit, unsere Reise fortzusetzen, schließlich wollte der Bruder meiner Freundin auch mal wieder mit seiner Frau im eigenen Ehebett schlafen. Bevor wir in die alte Kaiserstadt Xi'an Richtung Westen weiterreisten, besuchten wir Yings Cousin, den Polizeidirektor. Er hatte uns schon mehrmals zu sich nach Hause eingeladen und darauf bestanden, vor unserer Weiterreise wenigstens ein Mal bei ihm vorbeizuschauen.

Seine Eigentumswohnung lag in der Nachbarwohnsiedlung. Diese unterschied sich kaum von den vielen anderen geschmacklosen Hochhaussiedlungen. Als wir in seine Wohnung eintraten, kam ich jedoch aus dem Staunen kaum heraus. Sein Domizil glich einem noblen, sehr wertvollen Museum. Eine Sammlung von Buddha-Statuen in den verschiedensten Größen erblickte ich in einem antiken Wandregal aus Rotholz. Eine lebensgroße Buddha-Statue aus hellem Birnenholz stand mitten im Eingangsbereich. Das kunstvoll geschnitzte traditionell chinesische Wohnzimmermobiliar, bestehend aus großem Teetisch, Sesseln, Hockern und einer Couch, war ebenfalls aus lackiertem Rotholz gefertigt. Die Möbelstücke beeindruckten vor allem durch ihre prachtvolle Verarbeitung bis ins kleinste Detail. Verschiedenste Einlegearbeiten aus Muschel-, Jade- und Emailleplättchen zeigten Drachen und andere Fabelwesen.

Die Einrichtung war exakt symmetrisch angeordnet und die Zimmer machten einen sehr sauberen und ordentlichen Eindruck auf mich. Kaum zu bemerken, dass in diesem Hause vier Personen wohnten.

Eine Etage höher, im Schlafzimmer, stand auf einem Podest ein erdbebensicheres Kaiserbett mit vier massiven Säulen und Holzhimmel. In der ganzen Wohnung befanden sich unzählige Steine und Steinplatten mit eingeschlossenen Fossilien. Auf seinem massiven Arbeitstisch stand ebenfalls ein wertvoller Fossilienstein mit eingearbeiteter Vertiefung. Er diente als Tintengefäß für eine klassische Schreibfeder.

Vielleicht hätte ich nicht erwähnen dürfen, wie gut mir dieses Tintengefäß mit den eingeschlossenen versteinerten Tierknochen gefiel? Nach einem ausführlichen angeregten Gespräch bei wohlschmeckendem Tee und Gebäck wollte mir doch tatsächlich Yings Cousin dieses wertvolle Tintengefäß schenken. Gott sei Dank konnte ich es noch irgendwie abwenden, solch ein einzigartiges Geschenk annehmen zu müssen. Die Offenheit und Herzlichkeit dieses überaus gutmütigen

Menschen hinterließen einen guten Eindruck bei mir. Einen chinesischen Polizeidirektor hatte ich mir ganz anders vorgestellt.

An unserem letzten Abend in Xuzhou überraschte uns Nans Freundin. Bestens gelaunt überredete sie uns, in eine neu eröffnete Diskothek mitzukommen.

Mit ihr, Nan und Ying waren wir anfangs zu viert. Ihr Mann sowie Yings Bruder hatten keine Lust auf laute Musik. Als Hahn im Korb fühlte ich mich nicht unbedingt unwohl, zumal sich vor dem Eingang der Diskothek eine weitere sehr attraktive Bekannte meiner Begleiterinnen zu uns gesellte.

An der Bar bestellte Nans Freundin eine Flasche „Chivas Regal"-Whisky und bezahlte sie, bevor ich reagieren konnte. Dies war mir unangenehm, obwohl sie es durch die Malschule ihres Mannes sicherlich verschmerzen konnte.

„Chivas" war auch der Name der Diskothek.

Der Kauf der nicht gerade billigen Flasche Whisky beinhaltete einige zum Teil seltsame Extras. Sofort wurde für uns ein Tisch an der Tanzfläche bereitgestellt. Wir bekamen zwei Karaffen grünen Tee mit Eis, Würfel mit Würfelbecher, ein komisches Kartenspiel, zwei kunstvoll dekorierte Obstschalen mit Ananas, Wassermelone und Weintrauben, verschiedene Schälchen mit Nüssen sowie Gläser für den Whisky. Dieser wurde nicht etwa pur, sondern mit grünem Eistee getrunken.

Auf der Tanzfläche tanzten fast nur Frauen zu überwiegend westlichen Mainstreamklängen. Die Männer versuchten am Rand der Tanzfläche möglichst cool auszusehen, obwohl einige mit ihren dunklen Sonnenbrillen einen eher lächerlichen Eindruck auf mich machten. China ist nun mal ebenfalls ein absolutes Macholand. In einem Glaskasten tanzten abwechselnd verschiedene Gogo-Tänzerinnen. In dieser Diskothek war ich mit Sicherheit die einzige „Langnase" – und dann auch noch mit vier Frauen in Begleitung!

Wir hatten uns den ganzen Abend glänzend amüsiert und mussten ständig lachen. Als dann aber der erste Gogo-Tänzer mit zartem

Knabenkörper seinen getigerten Männer-String hinter der Glasscheibe kurz lupfte, konnten wir uns nicht mehr halten vor lachen.

Der Abschied von Xuzhou war sehr bewegend. Vielleicht würden wieder mehrere Jahre vergehen, bis meine Freundin ihre Familie das nächste Mal besuchen könnte. Yings gutmütige Mutter, der selbstlose Bruder, die immer gut gelaunte Nan und natürlich die süße Mimi hatten mich von Anfang an wie ein Familienmitglied akzeptiert und wahrlich königlich behandelt.
Einige Verwandte und Freunde Yings wollten sich ebenfalls noch einmal persönlich bei uns verabschieden. Sie kamen extra vorbei und brachten Geschenke mit. Ein Onkel Yings überreichte mir ein Hemd. Er war einer der Verlierer der „chinesischen Marktwirtschaft". 30 Jahre lang hatte er als Vorarbeiter in einem Staatsbetrieb gearbeitet, bis dieser vor zwei Jahren privatisiert wurde. Mit seinen 54 Jahren muss er heute mit einer Minirente auskommen. Seine einzige Tochter unterstützt ihn so weit wie möglich. Noch ist es in China selbstverständlich, dass Kinder ihre Eltern im Alter unterstützen. Ob die heute heranwachsenden sehr westlich orientierten Einzelkinder diese chinesische Tradition aufrechterhalten, bleibt abzuwarten.
Yings Onkel schenkte mir das Hemd quasi von seinem letzten Geld und entschuldigte sich obendrein, uns nicht zum Essen in ein Restaurant während der Feiertage eingeladen zu haben.
Der Künstler verabschiedete sich ebenfalls und schenkte uns ein klassisches chinesisches Tuschegemälde aus seiner Malschule.
Gerade als wir zum Bahnhof fahren wollten, kam der Polizeidirektor und übergab mir einen kleinen, aber relativ schweren Karton. Ich musste ihm versprechen, diesen Karton erst im Zug zu öffnen. Natürlich ahnte ich, welch wertvoller Inhalt sich darin verbarg, doch in dieser Situation konnte ich nicht ein zweites Mal ablehnen. Wir bedankten uns bei ihm und all den anderen für die Geschenke und die wundervolle Zeit mit ihnen.
Die offenen Zweite-Klasse-Abteile im Schlafwagen nach Xi'an hatten jeweils sechs Betten quer zur Fahrtrichtung. Diesmal mussten

wir nicht in einer Menschenschlange am Bahnhof anstehen, um zu unserem Nachtzug zu gelangen. Durch einen weiteren Verwandten Yings, der seine Beziehungen bei den Bahnhofsbediensteten spielen ließ, durften wir an der Schlange vorbeigehen und uns in Ruhe unser Abteil suchen. Eigentlich mag ich es nicht, mich auf diese Weise vorzudrängeln, doch in China funktioniert nun einmal praktisch alles über Beziehungen. Es scheint eine jahrtausende alte Tradition zu sein, ob man es mag oder nicht. Von der kleinsten Genehmigung bis hin zum Studienplatz in einer der besseren Universitäten – ohne die richtigen Leute zu kennen bzw. zu schmieren, kommt man leider in diesem Land nicht sehr weit.

Wenige Minuten nachdem wir es uns im Abteil gemütlich gemacht hatten, kamen die anderen Fahrgäste hereingestürmt. Es ärgerte mich, dass sich ohne zu fragen ein älteres Ehepaar auf mein Bett setzte. Bei der erstbesten Gelegenheit, die alte Frau stand auf, um sich heißes Wasser für ihre Instandnudelsuppe zu holen, eroberte ich mir zumindest einen Teil meines Bettes zurück. Meine innere Ruhe erlangte ich aber erst wieder, nachdem der Opa ebenfalls kurz aufstand und ich schnell meinen Rucksack so platzierte, dass kein Fremder mehr auf meinem Bett Platz nehmen konnte. Als unser Terrain gesichert war, konnte ich endlich die Toilette aufsuchen.

Stunden später, ich hatte die Leute in den anderen Abteilen ausgiebig beobachtet, dämmerte mir langsam, welch asoziales Verhalten ich an den Tag gelegt hatte. Die unteren Betten dienten nämlich bis zur Schlafenszeit gleichzeitig als Sitzgelegenheit für die anderen Reisenden im Abteil.

Trotz meines egoistischen Verhaltens waren die Oma und der Opa überaus freundlich zu mir und schenkten uns sogar am nächsten Tag zum Abschied noch Äpfel von ihrem Bauernhof.

Vor dem Schlafengehen schlenderten wir auf der Suche nach Süßigkeiten durch die verschiedenen Waggons. An einem fahrbaren Verkaufsstand kamen wir mit einer neugierigen Zugschaffnerin ins Gespräch. Die Frau wollte wissen, ob Ying meine Sekretärin sei.

Ein wenig beleidigt antwortete Ying, dass ich ihr Freund sei.

Diese indiskrete Frage hörte Ying nicht zum ersten Mal. Die Bezeichnung „Sekretärin" ist in China nämlich durchaus zweideutig und für meine Geliebte gehalten zu werden, mochte sie überhaupt nicht.

Ich fand das natürlich amüsant und musste jedes Mal grinsen.

Ying freute sich mächtig, die alte Kaiserstadt Xi'an bald wiederzusehen, schließlich studierte sie immerhin vier Jahre in dieser Stadt Sinologie (Sprache, Kultur und Geschichte Chinas). Mit sieben anderen Studentinnen teilte sie sich während des gesamten Studiums ein Minizimmer im Studentenwohnheim.

Immer wieder wunderte ich mich, wie eng die Menschen und in welcher Konstellation sie zusammenleben. Ich hatte die Wohnverhältnisse des Polizeicousins, des Künstlers, eines Onkel sowie anderer Verwandter und Freunde Yings gesehen. Wie bei Nan wohnte häufig die Schwiegermutter mit in der Wohnung. In Mitteleuropa wäre dies oft undenkbar.

Nan versicherte mir auch nach mehrmaligem Nachfragen, dass ihre Schwiegermutter gleichzeitig eine ihrer besten Freundinnen sei. In den Großstädten Mitteleuropas sind – im Gegensatz zum „Land der Mitte" – die Hälfte der Haushalte Ein-Personen-Haushalte. China hat wahrlich immer noch eine Tendenz zur Gruppengesellschaft und ich bin dagegen in einer Individualgesellschaft aufgewachsen, um es diplomatisch auszudrücken.

Die Nacht brach herein, es wurde angenehm ruhig im Abteil. Ying lag in der mittleren Koje über mir, das ältere Ehepaar gegenüber und in den beiden oberen Betten schliefen zwei Studenten.

Ich kann mich nicht mehr erinnern, wie viele Stunden ich wachgelegen habe, das sanfte Rattern des Zuges inspirierte mich immer wieder zum Nachdenken. Die vielen Erlebnisse, die Eindrücke auf dieser langen Reise waren einfach zu zahlreich, zu intensiv und die Zeit, all dies zu verarbeiten, zu kurz. Wie in einem Schnelldurchlauf tauchten in meinen Gedanken Personen, Orte, Situationen, Trauriges, Belangloses oder einfach nur wunderschöne Erinnerungen auf. Kann eine Reise immer weiter fortgeführt werden, ohne wirklich zu rasten? Ist es nach Jahren überhaupt noch möglich, an einem einzigen Ort seinen inneren Frieden zu finden? Seltsamerweise stellte ich mir die Frage, warum ich ausgerechnet in diesem Zug durch die Nacht fuhr, wie ich überhaupt hierher gekommen war und wo ich eigentlich hin wollte. Je länger ich grübelte, desto mehr Fragen tauchten auf. Vielleicht kamen ausgerechnet zu diesem Zeitpunkt solch aufgestaute existenzielle Gedanken, weil dieses wochenlange enge Zusammenleben wenig Luft zum Atmen ließ. Meine tiefe Zuneigung zu Ying stellte ich jedoch niemals in Frage, ganz im Gegenteil. Ying lag nur etwa einen Meter von mir entfernt, doch erstmals seit wir ein Paar waren, schliefen wir nicht nebeneinander ein. Auch wenn es seltsam klingt, ich vermisste sie sehr an meiner Seite in dieser Nacht. Ihre rücksichtsvolle, völlig selbstlose und gutmütige Art hatte ich in dieser Intensität noch nie zuvor bei einem Menschen kennen gelernt. In fünf Wochen würde sie zurück nach Deutschland fliegen, um ihr Auslandsstudium zu beenden. Verrückt, ausgerechnet von dort reiste ich vor knapp einem Jahr aus. Wie würde es mit uns frisch Verliebten weitergehen? Nach den ersten Monaten meiner Reise stand ich vor einer ähnlichen Situation, doch diesmal hatte ich wahrlich kein Verlangen danach, alleine weiterzureisen.

Dass Beziehungen in China in vielerlei Hinsicht von Vorteil sein können, bewahrheitete sich beim Betreten unserer Unterkunft nahe der alten Stadtmauer Xi'ans. Ein weiterer Cousin meiner Freundin, diesmal war es der Generaldirektor eines staatlichen Unternehmens, hatte uns gratis in einem firmeneigenen schicken Hotel untergebracht. Nur sollte Ying nicht unbedingt an der Rezeption den Hotelangestellten auf die Nase binden, dass sie die Cousine des Generaldirektors war.
Neben dem Polizeicousin hatte dieser Verwandte meiner Freundin ebenfalls eine steile Karriere hinter sich. Auf dem Familienfest konnten wir uns aufgrund seiner beruflichen Verpflichtungen leider nur kurz unterhalten.
Ab und zu ein wenig Luxus, das ist doch auch mal eine nette Abwechslung, dachte ich mir, als wir uns auf dem riesigen Doppelbett

rekelten. Doch Ying ließ mir keine Verschnaufpause. Sie überschüttete mich förmlich mit Geschichtszahlen über die verschiedenen Dynastien dieser 3000 Jahre alten Kaiserstadt. Immerhin war Xi'an in einem Zeitraum von über 1000 Jahren Hauptstadt für zwölf Dynastien.

Schließlich einigten wir uns, neben der trockenen Theorie die Stadt zu Fuß zu erkunden. Bereits am ersten Tag war ich von dieser historischen von Peking etwa 1100 Kilometer entfernten Sieben-Millionen-Metropole tief beeindruckt.

Im Gegensatz zu vielen anderen Städten Chinas ist hier die große Geschichte dieses Riesenreiches an vielen Stellen noch sichtbar. Der Mix aus altertümlichen Gebäuden und moderner Architektur gibt dieser Stadt ein unverwechselbares Gesicht. Vor allem die im 14. Jahrhundert erbaute und heute noch fast vollständig erhaltene 12 Kilometer lange und 12 Meter hohe Stadtmauer prägt das Bild der Innenstadt. Zahlreiche Kunstdenkmäler wie beispielsweise der Glocken- oder Trommelturm, riesige Pagoden, alte Tempel, kaiserliche Mausoleen und Parkanlagen mit Pavillons machen diese Stadt innerhalb und außerhalb der Stadtmauer einzigartig. In Xi'an bewahrheitete sich, welchen Wert die Kultur eines Landes hat.

Oft spazierten wir durch das innerhalb der Stadtmauer gelegene muslimische Viertel. Die größte Moschee Chinas – sie entstand ursprünglich im 8. Jahrhundert – steht im Herzen dieses Viertels. Die Moschee hat arabische und chinesische Architektur vereint, so etwas hatte ich noch nie zuvor gesehen.

Wie sollte es anders sein, auch hier gab es zahlreiche Gässchen mit den nicht wegzudenkenden Garküchen. Wir probierten frittierten Kakikuchen.

Die Kakifrucht sieht aus wie eine Tomate, schmeckt wie eine Mischung aus Birne und Aprikose und der Kuchen besteht außer der Frucht aus Klebreis. Neben den Essbuden boten fliegende Händler verschiedene Handwerkskunst an. Die muslimischen Chinesen in dem Viertel waren, abgesehen von ihrer weißen gehäkelten Mütze, nicht von den anderen Chinesen zu unterscheiden.

Während unserer Besichtigungstouren spürten wir am eigenen Leibe, welch akutes Verkehrsproblem auch diese Stadt hat. Obwohl erst jeder fünfzigste Chinese in diesem Riesenreich ein Auto besitzt, war die Luft in der Innenstadt alles andere als sauber. In Mitteleuropa hat bereits jeder Zweite ein Auto. Kaum auszudenken, was dies für China bedeuten würde.

Viel zu spät hat man in Xi'an erst kürzlich mit dem Bau einer U-Bahn begonnen, welcher aber durch eine Vielzahl von archäologischen Funden immer wieder gestoppt wird. Doch abgesehen von dem üblichen Verkehrschaos besitzt diese Stadt immer noch einen ganz speziellen Zauber. Sie hatte nicht ohne Grund in der Geschichte dieses Landes einen Sonderstatus.

Xi'an war die erste chinesische Stadt, die sich der fremden westlichen Welt damals öffnete. Hier begann vor über 2000 Jahren die sagenumwobene und berüchtigte *Seidenstraße*, welche bis in den Mittelmeerraum führte. Diese 8000 Kilometer lange Handelsstraße bestand aus einem ganzen Netzwerk von Routen. Sie war die Verbindung zwischen Ost und West. Auf dieser Straße gelangten Waren und Güter wie beispielsweise Gewürze, Porzellan, Jade, Papier, Schießpulver und natürlich Seide in den Westen. In umgekehrter Richtung wurden unter anderem Gold und Edelsteine Richtung Osten transportiert. Die Karawanen mussten auf der unvorstellbar strapaziösen Reise mehrere Wüsten, die höchsten Gebirge und tiefe Schluchten bei extremsten Wetterbedingungen durchqueren. Ständig bestand die Gefahr, von Banditen überfallen oder von Sandstürmen überrascht zu werden. Kaum ein Händler bereiste deshalb den gesamten Weg von Ost nach West. In den größeren Städten verkauften sie ihre Ware, um wiederum neue Güter für die Rückreise einkaufen zu können.

Doch diese altertümliche Handelsroute hatte durch den regen Warenaustausch einen ganz entscheidenden Nebeneffekt: In den vielen Jahrhunderten kamen sich die unterschiedlichsten Völker näher und dies war der eigentliche Zauber der Seidenstraße. Menschen verschiedener Kulturen, Religionen, Philosophien, Vorstel-

185

lungen und Meinungen trafen aufeinander. Manche Abenteurer waren Jahrzehnte unterwegs. Viele starben durch die Strapazen der Reise. Die Seidenstraße brachte vor allem während der Tang-Dynastie (618 bis 907 n. Chr.) nicht nur den chinesischen Kaisern und Kaufleuten unvorstellbaren Reichtum. Xi'an war mit einer Millionen Einwohnern zu dieser Zeit die größte Stadt der Welt. Was hat wohl damals ein Reisender auf der 8000 Kilometer langen Seidenstraße Richtung Xi'an alles erlebt? Dieser Mensch muss doch vor Faszination fast wahnsinnig geworden sein, als er die alte Kaiserstadt betrat. Und was wird er wohl nach der Rückkehr in den Westen den Menschen alles erzählt haben?

Auf meinen Spaziergängen durch die Stadt spürte ich immer wieder diesen mystischen Zauber der Vergangenheit. Manche historische Bauwerke inspirierten meine Fantasie. Ich stellte mir vor, damals diesen Ort betreten zu haben. Nicht nur Sprache und Schrift, sondern auch Mentalität und Bräuche, einfach alles muss einem Reisenden fremd vorgekommen sein. Man hatte keine Wahl, ein Mensch aus dem Westen musste sich dieser unbekannten exotischen Welt öffnen, um überleben zu können. Doch welch ungeheure Horizonterweiterung für die damalige Zeit hatte dies für beide Seiten zur Folge gehabt!

Eines Morgens klingelte das Telefon in unserem Hotelzimmer. Eine Dame würde an der Rezeption auf uns warten, sagte uns ein Hotelangestellter.

„Ich habe die große Freude, Ihnen die Stadt zeigen zu dürfen", sagte eine etwa 50-jährige grau gekleidete Chinesin in strengem Ton, als wir zu ihr stießen.

Wie sich später herausstellte, arbeitete sie in dem staatlichen Unternehmen, in dem auch der Cousin als Generaldirektor tätig war. Yings Verwandter hatte doch tatsächlich für uns eine Dame mit Firmenwagen für einen ganzen Tag engagiert und so ließen wir uns gemächlich durch die Stadt chauffieren. Im Gegensatz zu den männlichen Taxifahrern fuhr diese Frau wesentlich gefühlvoller. Mit ihr war es ausnahmsweise mal angenehm, in einem Auto auf chinesischen Straßen zu fahren.

Nach einer Stadtrundfahrt besichtigten wir die Thermalquellen am Huashan-Gebirge. An diesem Ort hatten sich die chinesischen Kaiser schon vor 2500 Jahren in den heißen Quellen mit ihren Lieblingskonkubinen vergnügt.

Unsere Chauffeurin war fast schon beleidigt, als wir am späten Nachmittag eine Einladung zum Essen ablehnten. Wir bedankten uns höflich für den schönen Ausflug und verabschiedeten uns. Kostenlos im Hotel zu wohnen und dann auch noch herumkutschiert zu werden, das war bereits mehr als genug.

Selbst wenn wir gewollt hätten, es wäre nicht möglich gewesen, denn wir hatten nämlich am Abend schon eine andere Verabredung in einem Feuertopfrestaurant.

In China dreht sich wirklich fast alles ums Essen, dies kam mir nicht nur an diesem Tage in den Sinn. Aber der Abend wurde mindestens genauso interessant wie die Besichtigungstour tagsüber.

Nach vielen Jahren sah meine Freundin zwei ihrer Kommilitoninnen wieder, die damals mit ihr und anderen Frauen in einem kleinen Studentenzimmer wohnten. Die zwei Chinesinnen kamen mit ihren Ehemännern, die recht gut englisch sprachen, ins Restaurant. Endlich musste Ying nicht den ganzen Abend übersetzen. Die beiden Männer waren ebenfalls Ingenieure, was uns alle schmunzeln ließ.

Die Feuertopfrestaurants wurden auf Anhieb meine Favoriten. In der Mitte eines runden Tisches befand sich ein Loch, in dem ein großer Topf steckte. In den Topf wurde eine Fondmischung gegeben, welche von unten mit einer Gasflamme erhitzt wurde. In den brodelnden Fond konnte dann jeder das hineingeben, was ihm zusagte. Wir bestellten Rind-, Lamm- und Schweinefleischstreifen, die fast noch gefroren waren, dazu Fisch, Fleischklößchen, Glasnudeln, Tofu, Pilze und Gemüse jeglicher Art.

Sind die Zutaten fertig gegart, werden sie mit den Stäbchen aus dem Topf gefischt, in verschiedenen Soßen abgekühlt und verzehrt. Einfach köstlich!

Die ganze Zeremonie kann man in etwa mit unserem Fondue vergleichen. Wir verbrachten mehrere Stunden in dem Restaurant und die Gespräche an diesem Abend führten fast schon ins Philosophische. Viele Jahre hatte ich durch meine Projekte in meinem alten Job mit Menschen aus dem In- und Ausland zu tun gehabt. Diese beiden chinesischen Ingenieure, besser gesagt Genies, unterschieden sich jedoch in vielerlei Hinsicht von den mir bekannten westlichen Ingenieuren. Sie arbeiteten und entwickelten wesentlich freier, ohne starre Denkmuster und die üblichen administrativen Hürden. Es war kein Forschungszentrum an einer Uni, in dem sie angestellt waren, sie arbeiteten ganz normal in einem chinesischen Unternehmen, doch bei ihnen standen fast ausschließlich Technik und Technologie im Vordergrund. Ihre Kreativität und ihr Wissenshunger waren mehr als beeindruckend. Ich gewann den Eindruck, die Phase, nur vom Westen zu kopieren, hatten sie schon längst hinter sich gelassen. Meine damalige Tätigkeit in der Automobilindustrie bestand dagegen überwiegend aus Bürokratie. Das zu entwickelnde Produkt wurde fast schon zur Nebensache. Gegenüber unserer gesättigten Arbeitsweise ist die Arbeit dieser beiden chinesischen Ingenieure sicherlich effektiver und spannender. Kein Wunder, warum Deutschland einen akuten Ingenieurmangel hat!
In China gibt es rund 1500 Hochschulen, die mehrere hunderttausend hochmotivierte Ingenieure jährlich ausspucken. Kaum auszudenken, was die in den nächsten Jahren alles zustande bringen werden! An China geht wirklich bald kein Weg mehr vorbei.

Ich konnte es kaum fassen, es hatte tatsächlich geklappt! Meine Freundin überreichte mir feierlich die begehrten Zugtickets.
Wie einen wertvollen Schatz betrachtete ich minutenlang die zwei Pappkärtchen, bevor ich sie vorsichtig in meinem Bauchgurt verstaute. In zwei Tagen würde ein weiterer ganz großer Traum in Erfüllung gehen.
„Übermorgen fahren wir mit dem neuen Zug von Xi'an über Golmud in die tibetische Hochebene nach Lhasa", sagte ich immer wieder zu meiner Liebsten.

Die Sondergenehmigung für Tibet hatte ich am Ankunftstag in Xi'an beantragt und bereits einen Tag später erhalten. Vor Freude hätte ich am liebsten alle Menschen umarmen können.

Für die letzten zwei Tage bis zu unserer Abreise nach Tibet zogen wir in die Jugendherberge. Wir wollten nicht noch länger auf Staatskosten in dem schicken Hotel wohnen.

Am Abend protestierte ich heftig, als Ying mir eine weitere Verabredung mit einem Verwandten beichtete, denn eine Verabredung in China ist praktisch immer mit einem Essen verknüpft.

Wir waren an diesem vorletzten Abend in Xi'an nur zu dritt am Tisch. Der Verwandte war der Bruder von Yings Opa. Ganz untypisch für China wohnte er alleine, doch dies wird wohl in Zukunft gar nicht mehr so selten sein.

Am Anfang konnte ich mit dem 79-jährigen grauhaarigen Alten wenig anfangen. Er wirkte kühl und reserviert auf mich, kaum ein Lächeln kam ihm über die Lippen. Eigentlich ist mir dieses reservierte, fast schon unfreundliche Verhalten des Öfteren bei ersten Begegnungen mit Chinesen aufgefallen. Doch auch bei ihm steckte sehr viel Menschlichkeit in seinem Innersten. Die dramatische Lebensgeschichte dieses tapferen alten Mannes fesselte mich außerordentlich an diesem Abend.

Das Restaurant war wohl sehr bekannt, überall hingen Fotos vom früheren Staatspräsidenten Jiang Zemin. Laut meiner Freundin war es angeblich sein Lieblingsrestaurant. Auf der Speisekarte standen ausschließlich Gerichte aus der Region. Kurz nachdem wir einen Platz gefunden hatten, bekam jeder ein hartes flaches Weizenbrot und eine leere Schale. Wir mussten eine Ewigkeit das Brot in kleinste Stücke zerlegen. Die mit den Brotstückchen halb gefüllte Schale wurde dann gegen eine nummerierte Pfandmarke eingetauscht. Schließlich servierte man uns die Spezialität des Hauses: eine kräftige Suppe mit über zehn Stunden vorgegarten Lamm- und Rindfleischstücken, Glasnudeln, Schnittknoblauch und natürlich unseren Brotstückchen darin. Dazu gab es Petersilie, eingelegten Knoblauch und Chilisoße als Beilage.

Diese ganze Zeremonie fand ich schon ein wenig seltsam, doch das deftige Essen schmeckte wirklich hervorragend. Ying versuchte mir vergebens zu erklären, warum ein maschinelles Zerkleinern des Brotes den Geschmack der Suppe vermindert hätte. Doch sie gab auf und sagte zu mir: „Ihr werdet nie unsere Esskultur richtig verstehen können!"

Beleidigt wendete ich mich demonstrativ dem älteren Herren zu. Er und seine Geschwister waren Ärzte von Beruf. Während seine Brüder in den verschiedenen Krankenhäusern von Xuzhou arbeiteten, praktizierte er mit seiner Frau, die ebenfalls Ärztin war, in Xi'an. Wie ich aus seinen Schilderungen entnehmen konnte, war der alte Mann ein gelernter Schulmediziner. Doch mit der Zeit verstand er es immer besser, die traditionelle chinesische Medizin mit der Schulmedizin zu verknüpfen. Die Jahre vergingen und das Ärzteehepaar erlangte hohes Ansehen in der alten Kaiserstadt durch die geschickte Anwendung beider medizinischer Systeme.

„Ich war genauso alt wie du, als mein erstes Leben plötzlich endete", sagte der alte Mann mit versteinerter Miene.

Was ich dann hörte, bedrückte mich sehr. Im wahrsten Sinne des Wortes über Nacht wurde der arme Mann zur Umerziehung in ein Lager verschleppt. Er und Millionen andere Intellektuelle wurden Opfer von Maos zehn Jahre dauernder proletarischer Kulturrevolution. *Alte* Bräuche, *alte* Kultur, *alte* Gewohnheiten und *alte* Denkmuster sollten nach dem Willen des Diktators vollständig zerstört werden. Schließlich wurde der Arzt für viele Jahre zur Zwangsarbeit in der Landwirtschaft abkommandiert. Unter primitivsten Bedingungen mussten der Verwandte meiner Freundin und vor allem viele Lehrer sowie andere so genannte „Klassenfeinde" in schäbigen Baracken hausen. Tagein, tagaus schufteten sie mit ihren bloßen Händen auf Feldern in den dünn besiedelten Gebieten Chinas. Landwirtschaftliche Maschinen gab es nicht und Ochsen für den Pflug waren für die ehemalige Elite des Landes tabu. Wenigstens hatten die Zwangsarbeiter im Krankheitsfall durch ihn ärztliche Hilfe, auch wenn es an vielen Medikamenten mangelte.

Einmal stellte man ihm Erleichterungen in Aussicht, dies wäre jedoch mit dem Eintritt in die Partei verbunden gewesen. Er lehnte das Angebot kategorisch ab.

Aufgrund von akutem Ärztemangel – die Bildungsschicht im gesamten „Reich der Mitte" war mittlerweile vollkommen zerstört beziehungsweise traumatisiert – ließ sich nach und nach auch die Landbevölkerung von ihm behandeln. Schließlich gewann er immer mehr das Vertrauen der Bauern. Bis zum Ende der Schreckensherrschaft konnte sich der Arzt mit diesen inoffiziellen Diensten einige Privilegien in Form von Nahrungsmitteln erarbeiten.

Nach Ende der Kulturrevolution durfte er in seine alte Heimat zurückkehren, doch er hatte nicht mehr die Kraft, noch einmal von vorne anzufangen. Heute lebt er alleine und zurückgezogen in Xi'an. Leider war der Abend mit ihm viel zu kurz, ich hätte eine Ewigkeit seinen Erzählungen lauschen können. Der Abschied von ihm fiel mir nicht leicht.

Der Zug zog die Blicke aller Reisenden auf dem Bahnhof von Xi'an magisch an.

Er hatte nagelneue dunkelgrüne Waggons mit zwei gelben schmalen Längsstreifen und glänzenden weißen Blechschildern mit der Aufschrift „Beijing – Lhasa". Wir konnten nicht einfach, ohne innezuhalten, achtlos in diesen besonderen Zug steigen. Ehrfürchtig stand ich mit meiner Freundin noch eine Weile Hand in Hand auf dem Bahnsteig und starrte auf die Aufschrift unseres Waggons. Wir bildeten uns das Ganze nicht ein, es stand tatsächlich „Beijing – Lhasa" auf unserem Wagon.

Die gesamte Zugstrecke von der chinesischen bis zur tibetischen Hauptstadt beträgt etwa 4000 Kilometer. Von Xi'an nach Lhasa waren es immerhin noch knapp 3000 Kilometer.

Unser Zweite-Klasse-Schlafwagen hatte ebenfalls offene Abteile mit jeweils sechs Betten in Längsrichtung. Es wunderte mich, dass der Zug nicht ausgebucht war. In unserem Abteil befanden sich außer meiner Freundin und mir nur noch zwei weitere Reisende. Die beiden Chinesen hatten in etwa mein Alter. Sie waren uns gegenüber anfangs sehr zugeknöpft, man spürte aber sofort, dass sie aus gutem Hause kamen.

Die ersten Stunden nachdem der Zug den Bahnhof von Xi'an Richtung Tibet verlassen hatte, schaute ich unentwegt aus dem Fenster. Die Landschaft in der Region um Xi'an sah noch sehr fruchtbar aus. Vereinzelt arbeiteten Bauern auf ihren vom Staat gepachteten Feldern. Doch je weiter sich der Zug dem Westteil des Landes näherte, desto karger wurde die Landschaft. Im Ostteil des Landes ist die Besiedlung am dichtesten, dort befinden sich auch die meisten Millionenstädte. Der weite Westen dagegen ist mit wenigen Ausnahmen fast menschenleer. Die zerklüftete wüstenähnliche Landschaft wurde immer wieder von grünen Oasen unterbrochen. Ich genoss jeden zurückgelegten Kilometer. Zu wissen, sich langsam, aber sicher dem „Dach der Welt" zu nähern, erfüllte mich zutiefst.

Am Abend kamen wir mit den beiden Chinesen in unserem Abteil ins Gespräch. Sie waren erstaunt, dass ich ein paar Worte sowie kurze Sätze auf Chinesisch sprach. In Südamerika konnte ich mich, abgesehen von Brasilien, fließend in der Landessprache unterhalten. In China war das natürlich überhaupt nicht möglich. Ich finde es aber außerordentlich wichtig, wenigstens ein paar Worte in einem fremden Land zu beherrschen.

Ying arbeitete nach ihrem Sinologie-Studium einige Jahre als Lehrerin. Sie unterrichtete in der Grundschule von Xuzhou Chinesisch, bevor sie in Deutschland ihr Auslandsstudium begann. Vom ersten Tag an, als wir uns in China wiedertrafen, brachte sie mir regelmäßig neue Wörter bei. Die chinesischen Zeichen zu lernen, macht Spaß, denn viele Zeichengruppen sind logisch aufgebaut. Erstaunlich ist, dass die chinesische Grammatik noch einfacher ist als die englische. Aber Chinesisch ist eine Tonsprache und die verschiedenen Töne zu treffen, ließ mich anfangs fast verzweifeln.

Die beiden Männer in unserem Abteil waren bei der staatlichen chinesischen Eisenbahn beschäftigt. Als ich das erfuhr, bombardierte ich sie förmlich mit Fragen über die Tibetbahn. Sie erzählten uns voller Stolz, dass dies die höchste Eisenbahnstrecke der Welt sei und drei Milliarden Euro gekostet habe. Wir erfuhren vieles über die technischen Probleme während der Bauphase. Schließlich erzählten sie uns ganz offen, dass die Tibetbahn ein rein politisches Projekt wäre und die hohen Kosten sich niemals amortisieren würden. Als langsam die Dämmerung einsetzte, legte ich mich auf ein mittleres Bett, so konnte ich auf dem Bauch liegend noch eine Weile aus dem Fenster schauen. In freudiger Erwartung auf den nächsten Tag schlief ich zufrieden ein.

In der westchinesischen Stadt Golmud hatte der Zug einen längeren Halt. Drei mächtige nagelneue Loks, Spezialanfertigungen aus den USA mit insgesamt 11 000 PS, wurden vor die Waggons gespannt. Mit den zwei Eisenbahnern aus unserem Abteil schauten wir uns das Spektakel vom Bahnsteig aus an.
Die Zugkraft von drei Loks war auch nötig, denn von nun an ging es ins tibetische Hochland Richtung Süden. Kaum zu Glauben, auf der Strecke nach Lhasa musste der Zug Pässe von über 5000 Metern Höhe überwinden.
Unser Waggon war von Golmud an nur noch zu etwa einem Drittel besetzt. Während eines Spaziergangs durch den langen Zug sah ich in der dritten Klasse zum ersten Mal zwei Tibeterinnen. Bei ihrem Anblick erschreckte ich mich im ersten Moment. Sie sahen aus, als ob sie aus einer anderen Welt stammten. Sie hatten dunkle von der Sonne verbrannte Gesichter. Ein wenig erinnerten mich ihre dunkelroten Wangen an die südamerikanischen Gesichter aus dem Andenhochland. Die Tibeterinnen hatten ihre dicken pechschwarzen Haare zu zwei Zöpfen geflochten, sie trugen knallgelbe Kopfbedeckungen und sehr auffällige exotische bunt gemusterte Kleidung. Die wenigen westlichen Touristen befanden sich fast ausschließlich in der vollbesetzten ersten Klasse. Wie unnötig, denn meine Freundin und ich hatten von nun an für den schönsten Teil der Reise ein Abteil in der zweiten Klasse für uns alleine.

Die drei Loks hatten Schwerstarbeit auf dem Anstieg ins tibetische Hochland zu leisten. Die Geschwindigkeit verringerte sich deutlich an den langen Steigungen, doch das Panorama war so faszinierend, dass wir uns kaum satt sehen konnten.

Bizarre Canyons erinnerten uns an den Südwesten der USA. Braune felsartige Wüstenlandschaft, so weit das Auge reichte.

Nach ein paar Stunden Fahrt änderte sich wieder die Vegetation. Wir genossen grandiose Blicke auf schneebedeckte Bergriesen. Wir passierten Seen mit grünen Weiden an den Ufern sowie unzählige kleine und große Flüsse. Rinnsale flossen an manchen Stellen zusammen und schwollen zu immer größeren Flüssen an. Es ist nicht verwunderlich, dass die Quellen von Jangtse, Mekong und dem Gelben Fluss sowie vieler anderer Ströme Asiens in der tibetischen Hochebene liegen. Die Gegend war fast menschenleer, doch wir konnten in dem gebirgigen Weideland immer wieder Yak-Herden (eine spezielle Rinderart) beobachten.

Innerhalb kürzester Zeit schlug das Wetter um. Ein heftiger Schneesturm fegte über das Land. Die drei Loks bahnten sich aber unbehelligt ihren Weg in Richtung des Tanggula-Passes. Die Yaks verschwanden unter einer dicken Schneedecke, anscheinend machten ihnen solche Wetterumschwünge nichts aus.

Wir mussten an die vielen Pilger denken, die von diesem abgelegenen spiritistischen Teil der Erde ebenfalls magisch angezogen werden. Es bedarf wohl einer außerordentlichen Willensstärke, solch eine Reise bei Wind und Wetter zu Fuß zu bewältigen. Wir saßen dagegen im warmen Zug und schlürften bereits unsere vierte Instandnudelsuppe seit Xi'an hinunter.

Schließlich erreichten wir am Tanggula-Pass mit 5072 Metern den höchsten Punkt der Strecke. Einfach Wahnsinn! Als wir kurz nach dem Pass ausstiegen, um uns die Beine zu vertreten, spürten wir die Eiseskälte und vor allem die dünne Luft. Wie ich später von unseren zwei chinesischen Eisenbahnern erfuhr, wurde ab einer gewissen Höhe die ganze Zeit Sauerstoff in die Zugabteile geblasen. Dies war wohl der Grund, warum wir bis zum Halt den Höhenunterschied kaum bemerkten. Es gab sogar für jeden Bahnreisenden Sauerstoffschläuche, die man sich vor die Nase klemmen konnte. Ich hatte mich schon über die Tütchen auf unserem Bett mit dem durchsichtigen Schlauch darin gewundert.

Die Fahrt ging weiter, bergab Richtung Lhasa. Wir hätten den Zug nach dem Pass nicht verlassen dürfen, die dünne Luft machte sich nun umso stärker bemerkbar. Ying war übel und mir brummte der Schädel. Vielleicht lag es aber auch an den vielen Instandnudelsuppen ... Doch wir freuten uns trotzdem riesig auf die tibetische Hauptstadt.

Gegend Abend war es endlich so weit: Die Tibetbahn rollte langsam in den nagelneuen Bahnhof von Lhasa ein. Das Gebäude hätte auch ein Flughafenterminal sein können, dachte ich mir beim Anblick der modernen Architektur. Wie ich später erfuhr, ist der Bahnhof angeblich dem Potala-Palast nachempfunden worden. Wie man sich doch täuschen kann ...

Mit unseren zwei Eisenbahnern, zu denen wir trotz unseres Abteilwechsels immer noch Kontakt hatten, teilten wir uns ein Taxi in die Innenstadt Lhasas.

Der Taxifahrer, ein Tibeter, war völlig verrückt. Er lieferte sich Rennen mit anderen Fahrzeugen, drängte langsamere Autos von der Straße und schrie uns bezüglich des fest vereinbarten Fahrpreises an, welcher ihm plötzlich zu niedrig erschien. Im Gegensatz zu uns ließen sich die beiden chinesischen Eisenbahner überhaupt nicht von ihm beeindrucken.

Wie durch ein Wunder in der Innenstadt von Lhasa unbeschadet angekommen, verabschiedeten wir uns von den Eisenbahnern. Dem Taxifahrer bezahlten wir zuvor nur den vereinbarten Fahrpreis. Diesmal hatte ich keine Lust, einen „Gringopreis" zu zahlen. Noch von Weitem sahen wir, wie er schreiend um sein Auto hüpfte. Das schnelle Geld in dieser Stadt hat ihn wohl wahnsinnig gemacht.

Die Erwartungen an diesen Ort waren einfach viel zu hoch. Auch wenn es dunkel war und wir nur einen kleinen Teil der Hauptstadt des „autonomen Gebietes" von Tibet am ersten Abend sehen konnten, unterschied sich Lhasa auf den ersten Blick leider überhaupt nicht von den gesichtslosen Städten in China.

Geschockt, müde und mit Kopfschmerzen beziehungsweise Übelkeit quartierten wir uns in einer Jugendherberge ein.

Ausgeschlafen ging es uns am darauffolgenden Morgen schon wesentlich besser und in den nächsten Tagen und Wochen durften wir auch eine ganz andere sehr beeindruckende Seite dieser Stadt und des Landes kennen lernen.

Es ist wohl für jeden Besucher unübersehbar, dass in Lhasa mittlerweile wesentlich mehr Han-Chinesen als Tibeter leben. Sie sind, wie viele Chinesen im In- und Ausland, sehr geschäftstüchtig. Von welcher Seite und warum dieser starke Zuzug von Han-Chinesen nach Tibet forciert wird, steht sicherlich außer Frage. So verwunderte es uns nach dem ersten Schock auch nicht, warum sich die Stadt in diese Richtung entwickelt hatte. Doch wer auf bequemem Wege die Welt bereist und an interessanten Orten verweilt, trägt wohl auch, ob er es wahrhaben will oder nicht, zur Veränderung bei. Immer wieder wurde mir diese Tatsache auf meiner langen Reise bewusst.

Nach einem dürftigen Frühstück spazierten wir neugierig Richtung Altstadt, dem Barkhor-Viertel. Als wir von der Hauptstraße instinktiv in eine schmale Seitenstraße einbogen und diese entlanggingen, staunten wir nicht schlecht. Die Straße führte uns auf einen kleinen Platz, auf dem sich eine Menschenmenge versammelt hatte. Über einem mächtigen roten Tor stand mit goldenen Buchstaben auf Arabisch, Tibetisch und Chinesisch „Große Moschee Lhasa Tibet" geschrieben. Es waren fast ausschließlich Männer, die sich dort versammelt hatten. Viele von ihnen trugen weiße islamische Kopfbedeckungen.

Wir schlenderten durch verwinkelte Gassen an alten Häusern vorbei. Muslimische Männer verkauften in kleinen Metzgereien riesige Yakfleischstücke, die jeweils an einem langen Vierkantholz über den wackeligen Verkaufstheken zum Trocken aufgehängt wurden. Andere Geschäfte, die ebenfalls in alten Häusern untergebracht waren, boten in riesigen Mengen ausschließlich Yakbutter an. Diese spezielle Buttersorte mit ihrem eigentümlichen Geruch ist in Tibet ein wichtiges Grundnahrungsmittel. Fliegende Händler und Verkäufer mit bunten Marktständen boten Ware jeglicher Art an. Wir sahen alte Frauen, die apathisch mit ihren Gebetsmühlen, die sie ständig drehten, die Gassen entlanghumpelten, aber auch hübsche perlengeschmückte Frauen mit bunten Gewändern und urige Männer mit langen Bärten in traditionellen Umhängen. Chinesische Geschäftsleute mit schickem Anzug, Mönche in roten Kutten sowie westliche Touristen mischten sich ebenfalls unter das bunte Volk. Welch ein Kontrast! Noch nie hatte ich so viele ethnische Gruppen an solch einem kleinen Ort gesehen.

Schließlich gelangten wir auf den großen Barkhor-Platz vor den Jokhang-Tempel. Was wir auf diesem Platz miterleben durften, hat uns sehr nachdenklich gemacht.

Es war nicht zu übersehen, der Jokhang ist das spirituelle Zentrum des tibetischen Buddhismus. Unzählige Pilger beteten vor der weißen Fassade des Jokhang-Tempels. Wie angewurzelt standen wir an der Seite und beobachteten die Gebetszeremonie. Immer wieder sanken die Tibeter auf die Knie und warfen sich auf den Boden. Gleichzeitig schoben sie, auf den Boden liegend, die Hände nach vorne und berührten mit der Stirn den blanken Steinboden. Stundenlang vollzogen diese tief gläubigen Menschen das Gebetsritual. Der Steinboden vor dem Jokhang-Tempel glänzte durch die vielen Betenden wie poliert.

Aus allen Teilen des Landes pilgern gläubige Tibeter zu ihrem Heiligtum. Welch großen Strapazen sie auf dem langen Weg nach Lhasa ausgesetzt sind, kann man nur erahnen. Beinnahe täglich sind wir an diesen magischen Platz spaziert und haben diese faszinierenden Menschen beobachten dürfen. Wohl niemals wird man diesen tapferen Tibetern ihren Glauben, den sie tief in ihrem Herzen tragen, nehmen können.

Die erste Woche in der tibetischen Hauptstadt ließen wir es sehr ruhig angehen, die dünne Luft machte uns schwer zu schaffen. Immerhin liegt Lhasa in 3700 Metern Höhe. Ying war solche Höhen überhaupt nicht gewöhnt und mein letzter Aufenthalt in den Anden war schließlich auch schon ein paar Monate her.

Als wir auf einer Bank vor dem Potala-Palast saßen, um Kraft für den Treppenaufstieg zu sammeln, beobachteten wir ein seltsames Schauspiel. Ein wenig hilflos stand eine Gruppe von dick einge-packten tibetischen Pilgern am Straßenrand. Plötzlich klammerten sie sich alle krampfhaft aneinander und versuchten auf diese Weise im Pulk auf die andere Straßenseite zu gelangen. In der seltsamen Formation befanden sich die Männer außen, die Frauen innen. Als sich ein Auto näherte, schreckten sie ängstlich auf und tippelten hastig an ihren Ausgangspunkt zurück, obwohl sie schon fast die andere Seite erreicht hatten. Völlig unkontrolliert wiederholte sich das seltsame Verhalten einige Male. Es dauerte eine Weile, bis ich die Problematik erkannte und ihnen über die Straße half. Sie schie-nen sehr erleichtert zu sein, als sie dort ankamen.

„Tuk too jay", sagte ich einfach so zum Abschied. Es bedeutet „Dan-ke" und war zu dem Zeitpunkt das einzige tibetische Wort, das ich kannte.

Doch die Augen dieser liebenswürdigen Menschen leuchteten, als sie etwas Tibetisches von mir hörten. Leider konnte meine Freun-din ebenfalls kein Tibetisch. Schade, wie gerne hätte ich mich mit diesen von der Zivilisation so unverbrauchten Menschen einmal unterhalten.

Schließlich stiegen wir die Treppen zum Potala-Palast hinauf. Auf-grund des großen Besucherandrangs mussten wir uns einen Tag zuvor die beiden Eintrittskarten besorgen.

Der Potala-Palast war früher der Regierungssitz Tibets und des Dalai Lamas. Bedauerlicherweise wird heute der burgartige Palast mit sei-nen 13 Stockwerken und 1000 Zimmern nur noch als Museum genutzt.

Ying erzählte mir alles, was sie in der Schule über den tibetischen König Songtsen Gampo, den Erbauer des Palastes, gelernt hatte. Die Geschichte über diesen tibetischen König und seine chinesische Prinzessin, die sich während der berühmten Tang-Dynastie ereignet haben soll, ist in China populär.

Ich hörte von Ying schon viele Dinge, die ihr während ihrer Schul- und Studienzeit gelehrt wurde. Allen Chinesen ist beispielsweise eingetrichtert worden, dass Tibet von China friedlich befreit wurde und Kapitalismus ein übles Ausbeutersystem sei. Es ist bezeichnend, dass meine Freundin erst in Deutschland über Medien die negativen Seiten vom „Reich der Mitte" kennen gelernt hat. Dennoch ist für mich in erster Linie der Mensch wichtig, dem ich auf meiner Reise begegne, ungeachtet der Nationalität, Rasse, Religion oder in welchen Systemen er aufgewachsen ist. Allerdings hat China das Fenster zum Westen schon sehr weit aufgemacht, ein Zurück wird, meiner Meinung nach, kaum mehr möglich sein.

Auf 3700 Metern über dem Meeresspiegel eine Treppe zum 130 Meter hohen Potala-Palast hinaufzusteigen, schlauchte ganz schön. Dafür war der Blick von dort oben an diesem kalten Novembertag bei strahlend blauem Himmel über Lhasa und die umliegenden Gebirge umso herrlicher.

Ohne wirklich zu wissen, was sich in den vielen Jahrhunderten an geschichtsträchtigen Dramen in dem Roten und Weißen Palast des Potala alles ereignet hatte, sind wir dennoch mit großem Respekt durch die vielen ineinander verschachtelten Zimmer und Sakralräume gegangen. Wir bewunderten großflächige bunte Wandmalereien, uralte Holzsäulen, Decken und Balken mit filigranen Schnitzereien, kunstvolle Brokatstoffe, riesige massivgoldene Skulpturen, die mit Perlen und Edelsteinen sowie Korallen verziert waren, edle Porzellane, Gold- und Silbergeschirre, wertvolle Bilder, Gebetsmühlen und Schriftrollen, zahlreiche Altäre mit unzähligen Opferkerzen aus Yakbutter.

Der uns bekannte Geruch nach Yakbutter lag auch in jedem der abgedunkelten Räume des Potala-Palastes in der Luft. Zwischen den Touristengruppen konnten wir auch an diesem heiligen Ort zahlreiche tibetische Pilger bei ihren Gebetsritualen beobachten.

Als wir uns an einer Mauer mit senkrecht angebrachten schweren Gebetsmühlen ausruhten, kamen wir mit einem allein reisenden chinesischen Mönch ins Gespräch. Der Mann sah in seinen Jeans gar nicht aus wie ein Mönch. Er erzählte uns, dass er verheiratet sei, zwei Kinder habe und Lehrer im Jing-An-Tempel von Shanghai sei. Leider hatten wir nur ein kurzes Gespräch, doch waren seine Ausführungen über den vielfältigen Buddhismus umso lehrreicher.

Wie sehr sich doch diese Art des Glaubens vom Christentum, vom Islam und vom Judentum unterscheidet! Es wundert mich überhaupt nicht, dass auch in der westlichen Welt dieses tolerante und friedliche Denk- und Glaubenssystem immer mehr Anhänger findet.

Am Abend saßen wir in einem Restaurant, aßen fette Yakburger und dachten über unsere Weiterreise nach. Selbstverständlich wollten wir vor der Abreise aus der tibetischen Hauptstadt noch den Jokhang-Tempel ausgiebig von innen besichtigen.

Lhasa eignet sich hervorragend, um Touren durch Tibet bzw. in die Nachbarländer zu beginnen. Überland durch Tibet bis nach Kathmandu in Nepal und dann weiter nach Indien aufzubrechen, hatte ich Ying an diesem Abend versucht, schmackhaft zu machen. Doch dann hätte meine Freundin ihren Rückflug nach Deutschland verschieben und ein weiteres Urlaubssemester nehmen müssen.

Wir diskutierten bis in die späten Abendstunden, ohne uns wirklich einen halbwegs konkreten Reiseplan überlegt zu haben. Viel wichtiger wäre gewesen, eine Entscheidung zu treffen, wie es mit uns beiden weitergehen sollte. Zu diesem Zeitpunkt konnten wir allerdings noch nicht ahnen, dass in wenigen Stunden das Schicksal unser Leben tief greifend verändern würde …

Das tibetische Brot schmeckte zum Frühstück eigentlich wie immer. Vielleicht hätten wir aber besser nicht von dem Yakbuttertee (Tee mit viel Yakbutter und Salz) probieren sollen? Lieber blutige Lammaugen roh essen, als noch einmal in meinem Leben diesen schrecklichen Yakbuttertee trinken zu müssen, dachte ich mir, als wir auf dem Weg zum Jokhang-Tempel waren.

Es erstaunte mich, dass der tibetische König Songtsen Gampo auch den heiligen Jokhang-Tempel im 7. Jahrhundert erbauen ließ.

An diesem kalten Morgen übte der Barkhor-Platz mit seinen zwei kegelförmigen Wacholderrauchöfen und den vielen Pilgern, die den Tempel im Uhrzeigersinn umrundeten, eine besonders magische Anziehung auf uns aus. Über den Innenhof des Jokhang gelangten wir durch einen Gang in den inneren Tempelbereich. Wieder wurden wir fast von den unzähligen wertvollen goldenen Buddha-Figuren, den schweren Brokatstoffen, den alten Bildern, den Holzschnitzereien, den glitzernden Edelsteinen sowie den unzähligen religiösen Gegenständen erschlagen. Ebenso unfassbar waren auch dort die massenhaften Opfergaben in Form von Geldscheinen an den vielen Altären. Tief beeindruckt von dem heiligen Ort, der religiösen Atmosphäre und vor allem den gläubigen Menschen gaben wir selbstverständlich ebenfalls etwas.

Im Gegensatz zum Potala-Palast lebte der Jokhang, denn wir standen plötzlich inmitten einer imposanten Messe. Zahlreiche Mönche mit roten Kutten und bunten Umhängen sowie seltsamen schwarzen Kegelhüten mit Goldspitze hockten sich gegenüber auf langen Holzbänken. Jüngere Mönche mit ebenfalls roten Kutten, jedoch ohne die bunten Umhänge und Kopfbedeckungen saßen dahinter. Wir standen mit Gänsehaut demütig in einer dunklen Ecke, als die Mönche in einer gleich bleibenden tiefen Tonlage ihre Gebete anstimmten.

Schließlich gelangten wir über eine schmale Treppe zur Dachterrasse des Jokhang-Tempels hinauf. Ying war von dem morgendlichen fetten Yakbuttertee immer noch übel, an die Höhenluft hatte sie sich ebenfalls noch nicht gewöhnt.

„Ruhe dich hier aus, mein Schatz! Ich gehe mal schnell zu einer Apotheke und besorge mir etwas gegen meine Übelkeit. Wir treffen uns hier gleich wieder", sagte meine Freundin und verschwand.

Und so kam es, dass ich von diesem geschichtsträchtigen Ort aus, neben dem goldenen Dharma-Rad und all den anderen mystischen Figuren, auf die Altstadt von Lhasa, den Potala-Palast bis hin zu den umliegenden Bergketten blicken durfte. In der warmen Sonne konnte man die traumhafte Aussicht an diesem Wintertag herrlich genießen. Es war auch ein wunderbarer Ort, um auf den wichtigsten Menschen in meinem Leben zu warten, und zugleich ein ausgezeichneter Platz, seinen Erinnerungen freien Lauf zu lassen. Ich schwärmte von den zahlreichen eindrucksvollen Erlebnissen während meiner langen Reise. Auf welch seltsame Weise Ying mich doch in Chile kennen gelernt hatte! Ist das denn wirklich alles Zufall gewesen?

In Gedanken versunken merkte ich gar nicht, wie die Zeit verging. Schließlich riss mich irgendetwas aus meinen Tagträumen. Obwohl ich seit meiner Ausreise aus Deutschland keine Uhr mehr trug, spürte ich die verstrichene Zeit. Wo war Ying? Sie wollte doch gleich wieder da sein? Ich beugte mich über die kleine Mauer der Dachterrasse, schaute direkt nach unten auf den Barkhor-Platz und versuchte unter den vielen Menschen meine Liebste ausfindig zu machen. Aber ich konnte sie nirgends entdecken. Die schrecklichsten Gedanken gingen mir durch den Kopf und alle Versuche, diese Überlegungen zu verdrängen, schlugen fehl. Im Gegenteil, ich steigerte mich in die grauenvollsten Szenarien immer weiter hinein.

Schließlich hatte ich nicht mehr die Geduld, zu warten, und ich entschied mich, zu unserem Quartier zurückzugehen, in der Hoffnung, sie vielleicht dort anzutreffen. Gerade als ich mich umdrehte, um die Dachterrasse des Jokhang-Tempels zu verlassen, stand Ying auf einmal neben mir.

„Was ist passiert?", fragte ich aufgeregt meine Freundin, während sie mich mit ängstlicher Miene anstarrte. Doch sie antwortete mir nicht. Ohne weitere Fragen zu stellen, nahm ich Ying in die Arme und hielt sie ganz fest.

„Ich bekomme ein Kind von dir, lieber Christoph!", flüsterte sie ganz leise in mein Ohr.

Ich glaube, mein Herz stand für mehrere Sekunden still, als ich diese Worte vernahm. Wirklich, auf alles wäre ich gefasst gewesen, aber niemals hätte ich damit gerechnet, dass ich Papa werde. Der Schock wich schnell und die Freude über dieses einmalige Geschenk stieg ins Unermessliche. Von nun an werden wir ein ganz neues Abenteuer gemeinsam erleben dürfen …

Der Autor

Christoph Pokrandt wurde 1964 in Hessen geboren.
Heute pendelt er zwischen seinen Wohnsitzen in Köln, Andalusien und der Provinz Jiangsu in China.

Mit 16 Jahren stand er bereits auf eigenen Beinen und nutzte diese Unabhängigkeit, um mehr als 60 Länder zu bereisen. Später absolvierte er ein Kraftfahrzeugtechnik-Studium an der FH Wiesbaden. Er finanzierte seine Reisen und das Studium durch diverse Jobs, hauptsächlich an Flughäfen.
Nach Beendigung seines Studiums arbeitete er zwölf Jahre lang als Diplom-Ingenieur bei einem Automobilunternehmen in Köln, bis er vor nicht allzu langer Zeit in sich kehrte, seinen Job und sein Leben in Deutschland hinter sich ließ und sich auf eine lange Reise begab, von der er in seinem ersten Buch erzählt.

Besuchen Sie auch die Internetseite des Autors: **www.fernschmerz.de**